여성주의 시티즌십의 모색

여성주의 시티즌십의 모색

조형 외 지음

이화여자대학교출판부

책을 펴내며

2004년 가을, 이화리더십개발원에 「21세기 시민사회와 시티즌십 연구」팀이 형성되었다. 이화리더십개발원이 시민, 시민사회 연구에 관심을 갖게 된 데에는, 현대사회의 맥락에서 리더십의 토대로서 시티즌십의 중요성, 그리고 시민사회 발전을 위한 각계 리더들의 소명에 대한 인식이라는 배경이 있었다. 국가적 영웅이나 대기업가로 상징되던 리더의 상이 변화하고 지구화가 진행되는 시대에, 어떤 분야의 리더도 특정 집단이나 조직의 지도자이기 이전에 탁월한 시민이어야 하고, 다른 시민들과 더불어 마을, 지역사회, 국가사회, 국제사회, 지구사회에 참여하고 역동적인 시민공동체를 구성하는 구성원이어야 하기 때문이다. 즉, 리더를 규정하는 리더십은 사회공동체 구성원으로서의 지위와 자격, 권리와 책임, 품성과 역량의 토대 위에 더한 그 무엇이다.

그렇다면, 모두가 자기 리더십을 요구받는 이 시대에 시티즌십과 시민은 무엇을 의미하는가? 그들이 만드는 21세기 시민사회의 속성은 무엇인가? 또한 한국사회의 시민과 시민사회의 현 상태는 어떻게 이해할 수 있는가?

우리는 이들 기초적인 질문에 대한 탐구를 시작하면서 젠더 관점이 필수적으로 요청된다는 인식을 함께했다. 역사 속에서 여성은 '리더'는 물론 '시민'이라는 지위로부터 배제되거나 주변화되어왔다. 이제 이런 여성들의 경험과 시각으로부터 시티즌십을 재조명해볼 시기가 온 것이다. 그것은 우리의 연구가 여성들의 경험과 고민을 정치화하며 시티즌십을 젠더의 문제로 제기하는 일종의 운동적, 젠더 정치적 성격을 지님을 의미한다.

그 때부터 거의 2년 가까이 각자의 연구는 10여 차례의 집담회와 세미나를 갖고 토론에 토론을 거쳐 이 책이 빛을 보게 되었다.

돌이켜보면 한국사회에서 시민과 시민사회에 관한 재조명이 활성화된 것은 1987년 이후의 일이다. 정치적, 제도적 측면에서의 민주주의 진전, 그리고 정보지식사회와 지구화로 표현되는 지구적 변동의 영향은 21세기로 진입하는 한국사회를 이전과는 다른 모습으로 크게 바꾸어놓았다. 시민운동단체들도 새로운 사회적 아젠다를 제기하면서 이전의 '민주화운동'과는 다른 시민사회운동의 영역을 확고히 하였다. 이 변화한 사회성격에 대한 규명 혹은 변화에 대한 해석, 나아가 이 변화의 방향은 어디를 향하고 있는가를 두고 1990년대에 시민사회 연구와 논쟁이 전면화되었다. 이들은 먼저, 변화한 한국사회 인식이라는 과제에 기존 서구적 시민사회론은 어떻게 답하고 있는가, 그리고 민주화 이후 (지식인들은) 한국의 시민사회가 나아갈 방향을 어떻게 제시할 것인가라는 문제를 화두로 삼아 주로 이론적 연구에 집중했다.

연구진은 최근 가장 활발하게 활동하는 시민사회 연구자들 중 핵심 멤버 몇 분을 초청하여 집담회 시리즈를 가졌다. 집담회는 이 시대의 시티즌십과 시민사회를 어떻게 정의할 것인가, 젠더 관점에서 시티즌십 개념은 어디까지 발전했는가에 초점을 맞춰 초청된 학자들의 발제를 듣고 집중 토론을 벌이면서 문제의식과 해답의 방향을 공유하고 때로는 이견을 확인하는 데에 매우 생산적이었다.

특히 연구진에게 의미 있는 성과는, 집담회 시리즈를 거치면서 지구화시대, 21세기의 시민과 시민사회에 관한 논의에서 지금이 바로 "시민사회의 형성력으로서 여성주의가 특정한 역할을 할 수 있는"(윤혜린) 시점이라는 점, 그것은 여성 연구자들에게 주어지는 기회이며 책무라는 점, 이 때 여성주의는 좁은 의미의 '여성문제'에 대한 천착을 넘어서 세상을 보고 패러다임적 변화를 추구하는 가치이고 동력이 될 것이라는 점에 대해 연구진들이 확신을 갖게 되었다는 점이다. 이로써 우리는 여성주의적 관점에서 '근대적 시민'을 넘어서는 지구화 시대의 시민의 의미를 탐구하고 대안적 시티즌십에 기초한 시민공동체의 모습을 모색하는 과제를 받아들이게 된 것이다. 그리하여 우리 연구의 방향은 '여성주의 관점에서 보는 대안적 시티즌십과 시민사회 연구'로 좀 더 구체화될 수 있었다.

이러한 배경 하에서 조형은 지구화, 정보화, 위험사회화, 각종 경쟁의 심화 등으로 특징지어지는 당대의 사회적 장들에서 우리가 주목해야 할 시민화 과정의 단계들에 대한 큰 그림을 설정한다. 이에 따르면 현 단계는 부르주아 시민화, 복지주의 시민화 단계를 거쳐 여성주의 시민화 단계로의 진입이 요구되는 시점이다. 따라서 기존 단계의 한계를 극복하고 대안적 시티즌십의 재구성을 위한 제안과 함께 한국사회와 그 구성원의 시민화 상태를 점검하고 향후 과제를 도출하기 위한 논의에 들어간다.

한국사회는 지난 반세기 동안의 독특한 정치, 경제, 사회적 변화의 경험 속에서 시민화는 지체되고 불균형적으로 진행되었으며, 국가와 시장과 시민사회에 상존하는 강력한 가부장제적 권력은 시티즌십에 대한 논의는 물론 새로운 패러다임적 재구성을 논할 여지를 주지 않았다. 그러나 이제는 여성주의적 성찰을 바탕으로 시민의 지위에 따르는 권리와 의무를 재구성해내고 이를 더욱 확장시켜 '대안적 시티즌십'을 모색해야 하는바, 이는 "민주적이고 적극적인 시티즌십으로, 개별 시민들을 자신의 삶과 공동생활의 적극적 주체로서 강화해주고(empowering) 시민사회를 그들의 참여 공간으로 발전시키는 형태로 재구성" 하는 것이다. 이러한 시티즌십 개념 안에는 시민의 권리만이 아니라 공동체 형성의 문화적 토대이자 시민의 품성인 시민성(civility) 또한 중요한 요소로 제시되고 있다. 시티즌십 연구를 통해 이론과 실천이 만나고 새로운 사회 변화의 패러다임이 창출되는 것, 그리고 시민권 운동 및 시민성 확산을 통해 시민사회가 성장하고 성숙하는 것이 바로 여성주의 시티즌십의 정치적 올바름이 아닌가 한다.

누가 여성주의 시민임을 자임할 수 있는가의 문제는 시티즌십이 어떤 종류의 정체성이며 여성주의 시티즌십이라면 어떤 차별화된 콘텐츠를 갖는가, 그리고 가부장제와 각종 위계적 사회 질서를 극복하고자 하면서 우리가 지향하는 대안 사회에서 여성주의 가치가 어떻게 시티즌십 안으로 통합될 것인가 등의 문제와 밀접히 연관되어 있다. 윤혜린의 논문에서는 현실 사회가 여성을 배제하는 힘과 자율성과 참여의 기회를 지원하는 힘이 동시에 작동하는 다차원적 사회 공간임을 파악하면서 지구시민사회 맥락에서 여성주의 시티즌십의 세 가지 핵심적 요소를 지적한다.

우선 가족, 직장, 지역, 계급, 사회, 국가, 민족, 지구시민사회에 이르는 다경계성의 사회 안에서 시민은 다중적 존재로서 중층적 관계를 맺는 시티즌십을 담지한다. 사회의 타자였던 여성의 입장에서는 시민화, 여성주의 시민화, 지구시민성을 담지하는 시민화라는 여러 목표가 중첩된 운동이 요구된다. 이러한 중층적 정체성 구성은 각자에게 '시민되기'의 역동적 과정을 견디고 또한 협상해내는 인식적 책임감을 요구한다고 본다. 그리고 여성주의 관점에서 특히 부각되는 시티즌십 요소가 몸의 주권, 성의 시민권, 재생산 영역의 자기결정권으로 요약되는 몸의 권리에 있음을 논의하면서 시티즌십의 미시적 자리매김을 시도한다. 마지막으로 "지구시민사회의 맥락 안에서 여성주의 운동은 여성집단의 권익운동에 머무는 것이 아니라 사회전체의 가치를 변혁하는 대안운동"이므로 국경을 넘어선 시각의 지역운동, 지역적 이슈로 연결된 전지구적 연대, 평화, 생명, 다양성 등의 탈위계적 가치와의 실천적 결합을 주장한다. 지구적, 지역적 가부장제 사회의 변화 주도자(change agent)로서 여성이 진정한 주체로 스스로를 구성하는 정치적 행위성(agency)이 무엇보다 소중하다고 할 것이다.

좀더 구체적인 논의로 들어가보자. 국내의 사회운동, 복지정책, 생활정치 영역에서 한국 여성은 온전한 시민인가, 이들은 어떤 방식으로 시민사회에 통합되어 있는가에 관한 경험적 자료에 기초하여 한국 여성들이 어느 정도 시민화되었는지를 검토할 필요성이 있다. 양민석과 양난주, 최진의 논문들은 이런 맥락에서 매우 적실하고 유용한 논의 지점들을 보여준다.

우선 양민석은 한국 시민사회와 시민운동을 젠더적 관점에서 고찰하고 있다. 그의 논문은 그간 논의되어온 시민사회 담론의 성맹적 한계를 지적하고, 시민사회 공동체가 추구해온 시티즌십이 다양한 차이를 인정하지 못하는 '보편적' 개인에 천착한 이데올로기적인 규정성을 갖고 있음을 확인한다. 시민운동의 영역에서도 선차적 과제를 강조하는 공익적 시민운동이 이슈선택과 운동과정에서 젠더 편향성을 보이며, 가부장적 시티즌십의 위계 안에 여성을 하위주체로 만들고 있음을 비판한다. 또한 시민운동의 권위적 성별체계에서 나타나는 내적 가부장성을 설명하면서, 시민운동에서 문제의식 없이 행해지는 성차별과 불평등한 젠더구조가 일상 속의 가부장제와 상호 맞닿아 있음을 성찰적으로 인식한다. 여성운동 역시 이러한 가부장적 권위주의 문화로부터 자유롭지 못함을 지적하며, 젠더문제들이 부단히 제기되고 인식되면서도 반복되는 이유가 한국사회에서 가부장제가 아비튀스로 체계화, 내면화되어 있기 때문이라고 설명한다.

이어서 논자는 시민운동이 스스로 저항하던 정치권력을 닮아가고, 시티즌십의 과제를 제도적 측면에서 천착해온 한계를 극복하기 위해서는 가부장제의 체화된 메커니즘을 인식하고 이해할 수 있는 젠더 감수성이 필요하고 그것을 위한 공론화와 전략들이 모색되어야 함을 강조한다.

양난주는 시티즌십의 포괄적 권리들 가운데 사회권의 맥락에서 여성의 배제와 차별을 살펴본다. 평등주의적 전략으로서 현실화된 사회권 프로그램 안에서 여성이 배제되는 원인과 통합 방안을 국민연금제도 안에서 여성의 수급권을 중심으로 구체적인 논의를 펼치고 있다. 노동시장 중심성이 전면화되고, 상품화된 노동력만이 가치와 보상지위를 갖는 자본주의 사회에서 두 가지 생애지위를 갖는, 즉 임금노동자와 돌봄제공자로서의 중층적 역할을 수행할 수밖에 없는 여성의 사회권은 배제되는 결과를 갖는다는 것이다. 국민연금제도에서, 노동시장에서 주변화된 여성은 독자적인 수급권에서 열등한 지위를 갖고 피부양자로서의 파생적 수급권에서 여성의 돌봄노동에 대한 사회적 인정을 찾아볼 수 없다. 그리하여 여성의 노동권 보장, 돌봄노동을 인정하는 제도적 개선과 더불어 여성의 '생존의 위협으로부터 자유로울 권리'(조형)를 보장하기 위해 기여에 근거하지 않고 보편적으로 시민권에 의해 지급되는 기초연금제도의 도입이 불가피함을 주장하고 있다.

이와 함께 논자는 여성의 사회권 보장을 포괄하여 성통합적 시티즌십을 형성하기 위하여는 시장과 가족, 생산노동과 재생산노동, 남성노동과 여성노동이라는 분화와 단절의 경계가 허물어져야 한다는 점을 강조하고 있다. 이를 위해 노동에 대한 포괄적인 해석을 통해 시민들의 다양한 사회적 활동과 기여가 노동의 범주 안으로 포섭되어야 함을, 이렇게 노동에 대한 위계와 성별분업의 경계를 해체하는 것을 통하여 성통합적 사회권과 시티즌십이 실현된다는 점을 전망적으로 논의했다.

위에서 양민석의 논점이 시민사회 운동에서 여성의 배제적 통합방식에 있고 양난주의 경우는 여성의 사회권 실현을 위해 복지정책 등에서 성통합성이 견지되어야 함을 주장하는 것이라면, 최진은 이와 더불어 여성 시민의 정치적, 사회적 강화를 위한 시민화 정치의 과제를 제시한다.

최진은 초기 가정주부들이 가족의 건강을 위한 안전식품 확보 방법으로 시작한 생협운동이 주부를 시민으로 만들어온 과정에 주목하면서 현 단계 여성 정치세력화의 과제와 전망을 논의하고 있다.

한국사회의 시민화 수준을 단 하나의 기준으로 계량하거나 진단하는 일은 우리의 능력을 넘어서는 것 같다. 단지 현재 여성주의 가치 기준에서 볼 때 무엇이 문제이고 또 어떻게 극복되어야 하는가라는 포괄적인 전망을 만들어볼 수 있었다. 여성이 능동적인 사회구성원으로서 사회변화를 인지하고 변화된 사회의 규범과 가치를 창출, 공유, 실천하는 실험들을 사회 곳곳에서 이루어낼 때 시민사회 안팎에서 여성주의적 관점이 관철된다고 볼 수 있다. 이러한 시민사회의 형성과 성장은 비정부 시민운동단체의 결성과 저항활동만으로 충족되지 않는다. 최근 지역사회 안에서 자생적으로 형성되는 시민공동체들은 더욱 생산적이고 적극적인 모형을 제시한다.

이은희는 서울 도심에서 성미산 마을 지역공동체를 만들어온 주민들과 마을의 시민화 과정에 대한 사례 연구 결과를 정리한다. 가족 돌봄과 자녀양육, 소위 사적 영역에서의 필요로부터 시작된 협동조합형 공동체가 국가기구로서의 학교와 상업적 사교육을 거부하는 대안학교, 생협을 비롯한 다양한 마을 운영 모임들로 네트워크가 이루어진다. 이 마을은 어린이로부터 성인에 이르기까지 모두가 생명, 평화, 공존, 배려 등 여성주의적 가치와 민주적 삶을 실천하는 학습의 장이기도 하다.

결국 어린이로부터 성인, 노년에 이르기까지, 노동과 경제의 장에서 돌봄과 가치의 장에 이르기까지 시민의 통합적인 삶이 온전히 펼쳐

질 수 있으려면 우리 사회가 경쟁/성공/효율성을 지양적으로 극복하면서 다른 상위의 가치들(생명, 평화, 공존, 배려……)을 채택하여 민주적 삶을 실천하는 길에 들어서야 하지 않는가 생각한다. 이러한 대안적이고 문화적인 지향성이 개인과 사회의 시민화라고 이름붙일 수 있는 바이고, 이러한 흐름 안에 여성주의가 체화되어 시민사회 안팎에서 새로운 공동체들이 모색된다면 여성 시민은 역동적인 사회구성원으로서 새로운 시민성의 구현자가 될 것이다.

끝으로 시민사회에 관한 자신의 연구에 대해 발제해주고 토론과정에서 자신의 지식과 학자적 견해를 진솔하게 아낌없이 개진해준 오장미경, 문승숙, 홍윤기, 이병천, 이선미, 최현 교수께 진심으로 감사드린다.

2006년 여름

조 형

차 례

여성주의 시민화 시대의 시티즌십과 시민사회

조 형*

1. '시민화' 과정으로서의 시민과 시민사회

시민은 현대사회 구성원들에게 부여되는 독특한 자격이고 정체성이다. 시민에게는 일정하게 기대되는 시민다움, 즉 가치와 규범, 권리와 행동양식을 포괄하는 시티즌십[1]이 전제된다. 시민들 삶의 영역인 시민사회는 시민적 주체성이 발현되는 장이기도 하며, 국가 및 시장경제로부터 상대적으로 자율적인 공간이다. 이러한 시민, 시티즌십, 시민사회 개념들은 서구 민주주의 발전사와 더불어 오랜 기간에 걸쳐 형성 발전되고 세계로 확산되었다. 이러한 발전과정은 세계역사 속에서 사회와 그 구성원의 시민화(citizenization)[2] 과정으로, 현대적 시민, 시

* 이화여자대학교 사회학과 교수.

1) 시티즌십(citizenship)은 시민과 시민사회를 규정하는 정의적 요소이다. 시티즌십은 우리 말로 시민권, 시민성, 시민의식 등 다양하게 번역되고 있으나, 이들 모두를 포괄하는 시민다움의 의미에 손상을 주지 않기 위해 시티즌십을 그대로 사용한다.

민사회 개념들은 그 과정의 현 단계 결과물인 것이다.

이 글은 역사적 시민화의 과정이 '자연적'인 진화가 아니라 사회적 갈등과 투쟁을 필요로 했으며 또한 사회집단에 따라 불균형적으로 성취되어온 것임에 주목한다. 서구에서 근대국가 형성 이후 시민화의 거시적 과정에는 세 단계의 주요 발전 계기가 있었다.

첫 번째는 18세기 대혁명을 계기로 부르주아 남성들이 신권(神權)을 지닌 왕과 절대국가로부터 자유로울 권리를 획득한 부르주아 시민화의 단계이다. 당시 진보적 자유주의 시민권론에 기초하여 부르주아 남성들이 시민적 권리를 획득하게 되었으며, 사회가 국가로부터 분리 가능한 영역으로 이해되기 시작한다. 이로써, 자연상태에 대비되는 문명사회의 대명사로 일상적으로 사용되었던 시민사회(civil society)라는 용어는, 야만적인 전제 국가로부터 자율적 정체성을 획득하게 된다.

두 번째 단계는, 19~20세기를 거쳐 노동자들이 계급적 투쟁을 통해 시민적 자유권과 참정권을 획득하고, 그 위에 다양한 사회경제적 권

2) 시민화(citizenization)라는 용어는 간혹 농촌 주민의 도시 주민화라는 뜻으로 사용되기도 하지만(예 : 중국), 여기에서 사용하는 의미에 근접한 용례는 발전도상국의 시민세력 성장에 의한 선거나 정치체제의 민주화에서 찾을 수 있다. 1998년 12월 23일자 『LA Weekly』는 멕시코 민주화 투쟁의 목적을 단순히 깨끗한 선거, 다당제 도입 혹은 정권 교체에 있는 것이 아니라 "정치 체제의 '시민화'"에 있다고 밝힌다. 최근에는 시민화 혹은 지구적 시민화라는 용어가 학술논문에 사용되기 시작했다.
이 글에서는 시민화를 사회, 개인, 집단의 3가지 차원에서 개념화한다. 하나는 민주적 시민사회의 형성과 성숙이라는 의미의 사회적 시민화, 두 번째는 개인들이 각자 생애 안에서 사회화 과정을 통해 시티즌십을 내면화하고 시민으로 성장하는 과정으로서의 개인 차원의 시민화, 세 번째는 노동자, 여성 등 사회 집단의 시민적 지위 획득과 온전한 시민으로의 성장을 뜻하는 시민화이다. 사회의 시민화와 구성원들의 개별적, 집단적 시민화는 상호 규정적인 관계에 있다. 시민사회는 시민화되어 시민으로서 행동하는 개별 구성원들의 집합이다. 사실적 범주로서의 시민사회는 구성원들이 제도적으로 시민의 자격을 획득하는가에 더하여, 얼마나 많은 시민들이 시민으로서 내적 성장을 이루고 어떻게 시민적 행동을 하는가에 따라 그 성격이 규정된다. 또한 역으로, 시민사회 성장의 수준은 시민들의 개별적 성장에 직접적으로 영향을 미치는 것이다.

리가 추가되는 복지주의 시민화 단계이다. 이 시기에 시민사회는 국가와 자본주의 권력에 대한 대항담론과 조직적 저항운동을 만들어내는 시민들의 영역으로 활성화된다. 시민들이 국가의 구성원이자 노동자와 소비자로서 시장경제에 참여하는 한, 시민사회가 국가의 공적 권력과 자본주의 시장경제의 힘으로부터 완전히 독립적일 수는 없다. 시민사회는 국가와 시장이 실제로 교차하는 지점이며 동시에 국가와 시장의 기능을 감시하고 발전방향을 제시하고 공적 권력에 대해 영향력을 행사할 수 있는 집단적 행동을 생성하는 장이 된 것이다.

여기에서, 두 번째 단계까지의 시민화가 남성과 여성에 대한 차별적 처우를 공식화하고 있었다는 점을 주목하게 된다. 공적 영역에서 시민의 권리가 처음에는 부르주아 개별 남성에게, 다음으로 남성 노동자들에게 주어지며, 여성들은 이 때까지 시민의 지위로부터 배제되었다. "복지국가의 고유한 프로젝트는 '국가 주체(state subject)'를 구성하는 것이었으며, 이는 젠더화된 방식으로 진행되었다" (Anthias and Yuval-Davis, 1991 : xi)는 해석이 이를 잘 표현해준다.

세 번째 단계에서 여성들은 마침내 시민사회 주역으로 합류된다. 남성에 이어 여성들에게 시티즌십이 확대되는, 여성 집단의 시민화가 이루어진 이 단계는 19세기 말 여성 참정권 운동이 계기가 되어 20세기 중반 참정권이 안정되고, 1960년대 이후 여성운동 제2의 물결에 의해 다시 활성화되며 현재로 이어지고 있다.

그런데, 이 세 번째 단계는 여성들이 제도적으로 시민의 범주 안에 포함되는 것 이상의 중요한 의미를 지닌다. 이 단계의 특징은 기존 남성중심적 시민권 개념이 도전받고, 동시에 시민권과 시민사회 속성에 대한 근본적인 변화가 모색된다는 점에 있다. 세 번째 단계를 추동해온 여성주의 이론가들은 시민권에 대한 '월스톤크래프트 딜레마'[3])를 넘어 이제는 시티즌십의 패러다임적 전환을 추구하고 있다. 이들의 관심은 여성문제를 뛰어넘어 계급, 성별, 인종, 민족 등 시민사회의 다원적 구성에 주목하여 가부장제만이 아니라 특정 인종과 민족 간의 권력과 갈등을 문제시하고 여성들만이 아니라 권력과 기회로부터 배제되어 있는 소수집단의 시각에서 그들의 입장과 이해관계를 반영하는 여성주의적 문제를 제기한다.

기존 시민권의 확보냐 아니면 수정 보완이냐의 선택을 넘어서 삶의 질을 중시하는 여성주의 관점에서 시민과 국가와 사회의 재구성을 시도하는 새로운 접근은 현대적 시민권 개념의 변화를 촉구하고 권리 측면만이 아니라 가치와 관계적 측면을 강조하여 배제로부터 포용, 경쟁으로부터 보살핌을 시민사회의 중요 가치로 도입하기를 주장한다. 현 단계는 가히 여성주의 시민화 단계라고 할 수 있다.

어느 사회에서나 부르주아 자유주의 시민화, 복지주의 시민화, 여성주의 시민화가 순차적으로, 자연적으로, 혹은 동일한 방식으로 진행되지는 않는다는 것이 역사적 사실이다. 오늘날 실재하는 시민과 시민사회는 각 사회가 과거 역사 속에서 시민화의 과정을 어떤 독특한 방식으로 구현해왔는가에 따라 다양한 양태로 존재한다. 그런 의미에서 이들은 역사적이고 맥락적인(contextual) 개념이다. 그러므로 시티즌십은 시공을 초월하는 고정된 개념이 아니라 그것이 사용되는 시대적 맥락에 따

3) '월스톤크래프트 딜레마(Wollstonecraft's dilemma)'는 여성주의자들이 흔히 고민하게 되는 남성적, 공적 영역의 보편적 권리를 획득할 것인가, 아니면 여성적, 사적 영역의 '자연적' 보살핌과 종속의 문제를 주장할 것인가 사이의 'either/or'의 선택에 관한 이원적 대립을 지칭한다. 즉, 편입과 통합에 의한 평등화인가, 아니면 차이와 분리에 의한 평등화인가 사이의 선택의 문제인 것이다.

라, 각 나라의 역사와 정치 · 사회적 맥락에 따라 커다란 편차를 드러내며 또한 변화한다. Siim(2000)은 영국, 프랑스, 덴마크의 비교 연구에서 시민의 다양한 모델(vocabularies of citizen)이 역사적으로 젠더 관계에 다르게 영향을 미쳐 각 사회의 여성 시티즌십에 독특성을 부여했음을 보여준다.[4)]

지난 반세기 동안 한국의 정치사회적 역사는 사회와 구성원들의 시민화 과정과 현재적 결과에 한국적 특성을 조성하였다. 대한민국의 여성과 남성이 헌법과 관련 법률들에 의해 시민으로서의 권리와 의무를 지니는 형식적 시민의 자격을 갖춘 것은 1948년의 일이다. 그러나 그 후로도 모든 국민의 실질적인 시민의 권리와 지위는 국가에 의해 제한되기 일쑤였고 노동운동, 민주화운동, 여성운동을 통해 점진적으로 성취되어왔다. 그 결과 국가와의 관계, 그리고 이해관심이 다른 타인과의 관계에서 개인들의 권리에 대한 인식은 매우 고조되었지만 지금도 시티즌십에 대한 명확한 개념이 일반화되지 않고 있으며 '시민' 이라는 용어가 '국민' 에 비해 익숙하지 않다. 시민과 시민사회가 시티즌십의 정착과 발현에 의해 형성된다고 할 때 우리에게 현대적 시민과 시민사회는 아직까지 모색과 형성의 단계에 있다고 할 수 있다. 이는 단기간 안에 자본주의적 산업화, 근대국가의 형성과 민주화, 세계화 과정을 모

4) Siim(2000)은 이들 3개 복지국가에서 상이한 시티즌십 모형이 여성과 공적 영역과의 관계를 지배해온 양태를 비교분석하였다. 자유주의 전통이 강한 영국에서는 남성 가장의 역할이 사회정책에 그대로 반영되어 여성의 경제활동이 활성화되었음에도 불구하고 일하는 어머니에 대한 온전한 시티즌십의 인정과 국가의 지원에 인색하다. 혁명적 공화주의 전통을 지닌 프랑스에서는 보편적 시티즌십이 강조되기는 하지만 여성의 특수성 또한 중시하여 공적 역할을 담당하고 정치에 참여하는 여성에게도 모성을 강조하는 온정주의 경향이 강하다. 반면 사회민주주의 전통의 덴마크에서는 공사영역이 균형잡힌 정치문화 속에서, 비록 중요한 사회적 역할분리가 여전히 나타나기는 하지만 노동시장과 정치에 여성 참여가 활발한 것으로 해석한다.

두 경험하면서 위의 세 단계 시민화 현상들이 복잡하게 결합되어 거의 동시적으로 진행되고 있는 한국 현대사를 반영한다.

이 글은 시티즌십과 시민사회 형성의 세계적 추세와 한국의 사회사적 특성을 배경으로 한국인과 한국사회의 시민화 과제를 검토하고자 한다. 다음 절에서는 시티즌십의 개념 구성, 즉 무엇을 시티즌십으로 볼 것인가에 대해 정리하고, 3절에서는 현대사회의 특성과 여성주의적 시각을 반영하여 고전적 개념화가 지니는 한계를 넘어서는 시티즌십 개념의 재구성 방향을 제시한다. 4절에서는 한국 사회와 구성원의 시민화의 현 수준을 점검하고 앞으로의 과제를 검토해보기로 한다.

2. 현대 시티즌십 개념의 주요 이슈들 : 시민권과 시민성

시민은 시티즌십으로 정의되는 사람들이다. 즉 시티즌십에 의해 비로소 여자, 남자, 흑인, 백인, 농민, 도시인, 부자, 가난한 자, 선배, 후배, 이웃, 길가는 사람, 버스를 탄 사람, 어머니, 언니가 동등한 정치사회적 개체로서의 시민이 된다. 민주주의 사회에서 시티즌십은 적어도 규범적으로는 이들 다양한 구성원들을 시민이라는 하나의 동질적인 범주로 간주하게 하는 보편 개념이다.

그렇다면, 현대사회의 구성원을 시민으로 만드는 시티즌십이란 무엇을 말하는가? 시티즌십은 그 자체가 이론적으로 매우 논쟁적인 개념(a contended concept)이다. 시티즌십 개념에 관한 해묵은 논쟁은 그것이 한 공동체의 멤버십, 즉 일종의 지위(status)에 집중되거나, 아니면 개인과 국가 간, 또는 공동체 안의 시민들 간의 관계에서 공(共)주체성(홍윤기, 2002)에 기초하여 사회에 참여하는 일종의 실천(practice)을 의미하는 개념에 집중되어 벌어졌다. 이러한 논쟁은 자유주의(liberalism)와 공화주의(republicanism)의 대립으로부터 비롯되어 최근에는 공동체주의(communitarianism), 시민공화주의(civic republicanism) 등이 가세하고 있다. 이 글에서는 시티즌십이 개인주의와 공동체주의 양자택일의 문제가 아니라 이 두 가지가 결합된 형태이어야 한다고 보고, 시민의 지위와 시민적 실천에 관련된 일련의 가치와 규범과 관계를 표현하는 개념으로 이해한다.

자유주의 계열의 시티즌십 개념은 절대적 권력으로부터의 시민의 자유권을 핵심으로 하여 개인의 사상의 자유, 정부와 종교의 권력으로부터의 자유, 그리고 생존권과 사유재산권, 자유로운 기업활동과 시장경제, 법에 의한 이들 자유와 평등의 보장 등을 강조한다. 다만 시민의 자율적이고 합리적인 판단과 공동생활의 능력을 보완하기 위한 권리의 보편성과 평등성, 정의와 공정성의 진작을 위한 제한적인 도덕률(혹은, 시민적 의무와 책임)을 시티즌십의 기본 요소로 도입하고 국가가 최소한의 물질적 복지를 제공할 것을 추가했다. 그러나 자유주의 시민론에서 여성은 이중적이고 불명확한 위치를 점하고 있다. 즉 여성은 한편 자유롭고 평등한 존재이며 동시에 부인이나 어머니로서 종속적인 존재라고 하는 모순적이고 애매한(undecidable) 위치가 부여되곤 하는 것이다(Nash, 2001).

공화주의는 귀족이나 독재자의 전횡적 권력으로부터 개인과 공동체를 법으로써 보호하는 법치주의 정치철학에 기초한다. 개인들 또한 시민으로서의 의무와 덕목을 가질 것을 강조한다. 한편 공동체주의는 개별 시민보다는 공동체와 사회를 우선시하며, 자유주의, 자본주의, 사회주의의 대안으로 시민사회와 사회자본의 중요성을 강조한다. 시민의 능동적 참여와 공공 서비스 제공을 중시하여 공동체 구성원들의 참여적 시민활동과 실천을 개인들의 사회윤리적 의무와 책임으로 규정한다. 아리스토텔레스와 마키아벨리를 이어받은 시민공화주의(civic republican) 또한 주요 의사결정에 시민이 참여할 것을 강조하면서, 제반 권리와 의무를 적극적으로 수행하여 개인과 국가와 사회의 발전에 기여해야 한다는 능동적 시티즌십(active citizenship) 개념을 지지한다. 이는 자신의 권리를 행사함에 있어 다른 시민들의 자유권을 침해하지만 않으면 된다는 자유주의적 수동적 시티즌십(passive citizenship) 개념과 대조된다.

시티즌십에 대한 자유주의적 개인주의나 공화주의와 공동체주의의 사회중심적 논리는 공히 전제적 권력으로부터 개인의 법적 자유권을 중요시하고 있다. 그러나 각기 개인과 사회, 어느 것을 더 우선시하는 가에서 차이가 두드러진다. 그런데, 만일 개개인의 시민적 지위와 권리 측면만을 강조할 경우, 시민들이 지나치게 개별화되고 시민들의 행동은 이해관계 추구에 치중함으로써 하나의 민주적 공동체를 이루기 어렵도록 사사화(privatized)되고 파편화(fragmented)될 수 있다. 반대로 공동체 안에서의 시민적 실천만을 강조한다면 전체를 위한 개체의 과도한 희생과 자유의 제한을 강요하는 전체주의 경향이 나타날 수가 있다. 따라서 어느 하나만을 지나치게 강조하기보다는 개인과 공동체, 권리와 참여 간의 균형이 중요해진다.

사실상 시민적 실천과 시민의 지위는 상호 의존적이고 보완적인 관계에 있다는 점에 주목할 필요가 있다. 즉, 시민의 권리는 이를 확보하고 유지하기 위한 실천을 필요로 하며, 시민들의 정치참여 등 실천적 행동은 시민이기 때문에 정당화된다. 시민이라는 지위는 일정한 권리와 의무 및 책임을 가질 수 있는 정치적 자격요건이며, 시민들은 주어진 권리를 향유하고 의무를 준수해야 한다는 일정한 제도에 준하여 행동하도록 요구된다. 그런데 사회는 일반적으로 구성원들 간의 권력의 불균형 분배를 특징으로 한다. 이러한 권력구조 안에서 일어날 수 있는 권리 제한, 억압과 차별 등 정의롭지 못한 제도와 정책과 권력자의 행동에 대해 시민은 실천적 행동의 능동적 주체(active agency)가 될 것을 요구받는다. 그런 점에서, 시티즌십을 "시민의 권리와 시민적 참여 간의 관계로 나타나는 하나의 역동적 과정(a dynamic process)"으로 보는 리스터(Lister, 1997 : 41)의 해석은 매우 타당해 보인다.

이제까지의 이론적 논쟁을 종합하면, 시티즌십은 시민의 권리 및 의무(제도)와 참여적 실천(행동)으로 구성된다고 본다. 그런데 이것은 시티즌십의 한 축이고, 시민의 지위나 참여적 실천만큼, 또는 그보다 더 기본적인 시티즌십의 또 다른 축에 주목할 필요가 있다. 시민들 간의 관계적 행동에 관한 문화적 차원의 시민성(civility)이 그것이다. 사회구성원들이 법에 의해 권리와 의무를 지님으로써 시민의 지위를 획득하고 국가나 시장에 요구하고 저항하는 행동을 한다고 하여 시민과 시민사회가 완성되는 것은 아니다. 개별 시민의 차원에서 시민성은 시민적 정체성과 가치관과 품성으로 구성되는 시민문화 측면의 시티즌십이며, 시민 간의 관계에서 성숙한 사고와 행동의 기초가 된다. 시민의 내면적 자질과 그 집합으로서의 사회문화적 기반이 형성될 때 평등한 권리 또한 보장될 수 있고 공(共)주체적 시민들 간의 관계가 가능해진다.

시민권과 더불어 시민들 간의 상호 배려와 신뢰, 평등한 관계형성을 통한 공동체적 삶을 영위하는 데에 필수적인 요소가 바로 사회적 차원의 문화적 토대로서의 시민성이다. 이는 사회자본으로서 중요한 의미가 있을 뿐 아니라, 시민들에게 사회적 권력 관계에 개입하는 중재적 힘을 부여해준다는 의미에서 더욱 중요하다.

경제적인 차원만이 아니라, 정치적, 문화적 차원에서 세계화가 급속히 확산되는 상황에서 제기된 지구적 시티즌십(global citizenship)의 핵심은 시민성에 관한 것이다.[5] 전지구적 사회의 전개로 인한 새로운 위험의 보편화와 도전, 전쟁과 테러, 폭력 등 시민윤리 와해 현상이 전지구인의 삶과 공동체를 위협하게 됨으로써 시민성에 대한 재조명이 중요한 과제가 되고 있는 것이다. 특히 다원적 사회의 시민성이 강조된다. 다민족 국가, 다인종 사회, 최근 유럽에서 문제가 되고 있는 이민자의 시티즌십만 하더라도 소수자들에게 시민적 지위와 시민권을 부여하는 것으로 끝나는 일이 아니라 그들을 시민으로 수용하고 평등하게 관계를 맺는 시민성의 기반 없이는 실질적인 민주사회로 갈 수 없는 것이다. 이와 똑같은 논리가 성별과 세대, 성인과 아동이라는 다원적 요소에도 확대 적용될 수 있다.

우리나라에서 시민성의 개념은 도덕교과서에 쓰인 국민윤리나, '용감한 시민'의 타인을 위한 자기희생으로서의 시민의식 정도로 이해되어왔다. 시민, 시민사회 논의에서도 시민성이 시민의 권리나 시민운동과 같은 실천의 측면만큼 중요하게 부각되지는 않는다. 우리 사회에

5) 특히, 자유로운 국제이동과 세계적 경쟁력을 강조하는 자유주의적(libertarian) 논의에 반하여 지구시민으로서의 의식, 책임감, 참여, 다문화 간의 감정이입적 이해를 강조함으로써 시민성의 탈국경 확산을 요구하는 지구적 시티즌십에 관한 최근의 시민공화주의적(civic republican) 담론에 주목할 필요가 있다. Global citizenship에 관한 최근 논의는 Brodie(2004), Muetzelfeldt & Smith(2002), Murphy & Harty(2003), Schattle(2005) 참조.

서 시민성에 대한 성찰 부족은 지난 반세기 동안 외부로부터 주어진 민주국가의 토착화와 압축적 자본주의 시장경제의 성장에 적응하면서 시민과 시민사회의 형성이 지체되어온 것과 무관하지 않다. 사라진 전통의 자리를 대체할 대안적 가치를 시민성에서 찾을 수 있을 것이며, 시민성은 앞으로 가장 주목해야 할 시티즌십 요소라 하겠다.

정리하자면, 시티즌십은 일련의 시민적 권리와 의무, 그리고 시민적 가치와 행동규범을 포함하는 시민성으로 구성된다. 그렇다면 시티즌십의 현대적 모형을 구축하고자 할 때, 급속하게 진행되는 세계화, 정보기술 발전과 확산, 환경파괴 등 현대라는 시대의 특성에 부응하는, 그리고 여성주의 시민화 단계의 요구에 적합한 시티즌십은 어떻게 재구성되어야 하는가? 다음 절에서는 현대적 시민의 권리 및 의무, 시민성의 의미를 정리하면서 시티즌십 개념의 재구성을 위한 시론적 개념화를 시도한다.

3. 대안적 시티즌십 개념의 구성

1) 시민권 개념에 대한 여성주의 관점

자유주의 시민권 및 마샬(T.H. Marshall)의 시민권 이론에 대한 비판에 근거한 여성주의적 시티즌십 논의는 시티즌십 개념에 새로운 패러다임적 요인을 제공하면서, 여성주의 시민화 단계 시민권 정치(politics of citizenship)의 핵심을 이룬다.

20세기 후반의 복지국가와 시민권 논의에 가장 큰 영향력을 끼친 마샬은 시민권을 공민권(civil rights), 정치권(political rights), 사회권(social rights)으로 구분하고 이들이 서구에서 순차적으로 확대되었음을 주장한다.[6] 기본적인 인간의 권리와 재산권 및 언론과 집회, 결사의 자유를 포함하는 공민권은 17세기에 가장 먼저 도입되었고, 그 뒤를 이어 참정권을 핵심으로 하는 정치적 권리가 인정된 것이 19세기였으며, 사회권이 수립된 것은 20세기에 들어선 이후의 일이라는 것이다. "사회권은 경제적 안녕과 보장의 권리로부터 사회적 전통을 공유하고 그 사회의 기준에 따라 문명화된 삶을 영위할 수 있는 권리"로 광범위하게 정의된다(Marshall, 1963 : 74). 복지국가가 건강, 생계, 교육, 노동 등을 사회적 권리로 인정하고 사회정책화한 점에서 사회권은 복지권이라고도 한다.

마샬의 시민권의 범주화 및 단계적 발전에 관한 이론은 학계에서 커다란 반향을 일으켰지만, 여성의 관점에서 볼 때 그 또한 남성중심적인 젠더 편견에서 자유롭지 못하다. 보겔과 모란(Vogel & Moran, 1991)은 마샬이 노동계급의 시민권에 초점을 맞춤으로써 결과적으로 여타의 구분, 특히 양성 간 젠더 분리가 존재함을 은폐 내지 주변화했다고 분석한다. 월비(Walby, 1994)의 지적대로 마샬은 여성의 시민권이 남성과는 매우 다른 양태로 진전되어왔음을 간과하고 있다. 예를 들면 여성들은 참정권 투쟁으로 정치권을 획득한 이후에도 오랫동안 가정 내의 종속적 위치에서 해방되지 못하고 신체적 자유권을 누리지 못하는 등 공민권 일부가 거부되었고, 복지국가에서도 사회권으로부터 배제되거나 남성 가장과 차등화된다. 더욱이 성적 선택권이나 재생산

6) 마샬(T.H. Marshall)의 이러한 순차적 시민권 발전론은 마치 각 부문의 시민권이 자체적 계기를 통해 확대되어온 듯이 진화론적 해석을 하였다는 점에서 비판받는다(Giddens, 1982, p.171).

권과 같은 권리는 아직도 대다수 국가에서 시민권 범주에 포함되지도 않고 있다. 이로써 공민권, 정치권, 사회권이 순차적으로 보편화되었다는 주장은 남성들의 역사적 경험에 기초한 해석일 뿐이다.

여성주의자들이 기존 시민권론에 대해 제기한 더욱 근본적인 문제는 시티즌십 개념의 대전제들에 관한 것이다. 여성주의적 비판은 첫째로 시민권을 공적 영역(public sphere)에 국한된 권리로 제한적 해석을 함으로써 사적 영역(private sphere)의 권리는 배제한 점, 둘째로 보편적 시민권에 의한 평등의 실현가능성을 과대평가한 점에 집중된다.

시민권에 관한 한, 공적 영역과 사적 영역의 구분은 매우 중대한 함의를 지닌다. 즉, 사회에서 통용되는 시민권 개념은 공적 영역에서의 시민과 국가와의 관계, 시민과 시민 간의 관계에 적용된다는 자유주의 이론에 기초한다. 그리하여 부부 관계나 형제자매 간의 관계에서 일어나는 갈등의 문제는 가정 안에서 해결해야 할 사적인 문제로 치부된다. 시민권이 그 정의에서 가정이나 사적 관계에는 해당하지 않으므로 시민권으로부터의 여성 배제는 아주 '자연스럽게' 진행되었다.

그러나 개념상으로 구분이 명확한 것처럼 보이는 공적 영역과 사적 영역 간의 경계는 매우 불확실할 뿐더러 이들이 중복되어 어느 영역으로 분류하기가 모호해지는 경우도 허다한 것이 현실이다(Pateman, 1989 ; 조형 외, 2003). 경험적으로 일상생활에서 공과 사의 구분은 임의적인 경우가 많다. 또한, 전형적으로 정치는 공적 영역으로 규정되지만 표면적 정치에 중대한 영향을 끼치는 것은 이면의 사적 조직과 거래임을 부정하는 사람은 없다.

소위 사적 영역에서의 사회적 관계들이 법률적 관계로 성립하는 사례도 많아졌다. 예를 들면, 가족원들에게도 각자의 위치에 따라 친권, 상속권, 부양의무 등 법적 권리와 의무가 부과된다. 사적 영역의 요구에 의해 정해진 이들 권리는 사적 영역 내의 지위라는 특수성에 기반하여 차별적으로 인정한 권리로서 일반적 시민권과는 구별된다. 요컨대, 오늘날 시민권의 범주는 정치, 경제 등 공적 영역의 권리로 한정하고 가족이나 사적 영역이 연관되는 경우에 이는 부차적인 권리 영역으로 간주한다.

여성 집단을 시민의 지위로부터 배제하거나 이등시민으로 만드는 중요한 근거가 되어온, 근거가 불확실한 공적 영역과 사적 영역의 구분, 후자를 여성의 일차적 공간으로 규정하는 관행, 공적 영역 중심의 시민권의 개념화에 대한 비판은 남성 중심적 시민권론에 대한 여성주의 비판의 핵심을 이루었던 것이다.

시티즌십의 보편성에 관한 전제는 더 신랄한 비판의 대상이 되었다. 시민권은 이론적으로 한 공동체사회 안의 누구에게나 일반적으로 부여되는 보편적 평등 권리(universal equal rights)이다. 그러나 실제로는 재산, 인종, 성별, 계급 등의 차이에 따른 사회적 권력관계의 조직 원리에 따라 시민권은 차별화되고 불평등하게 적용되어왔다. 여성의 입장에서 볼 때, 보편적 평등이란 남성들 간의 보편주의를 의미할 뿐이고 가부장적 편견이나 백인 우월주의를 반영한다. 이렇듯 보편적 평등권 이론은 사회 내의 권력 요소들이 간과된 채 그럴 듯하게 포장되고 (Taylor, 1989) 이데올로기화하여 다른 집단을 시민적 지위로부터 배제하는 현실을 은폐하고 지속시키는 주요인으로 작용한다.

여성주의자들은 젠더 분리를 전제로 한 공과 사, 보편성과 특수성 간의 이분법적 논리에 의해 여성이 시민적 지위로부터 배제되고 시티즌십의 젠더 불평등이 초래되었으며, 이는 궁극적으로는 젠더에 따른 사회적 권력의 불균형으로부터 유래한다는 통찰에 이르게 된 것이다.

그렇다면 이 문제를 해결하는 방안은 무엇인가? 문제해결의 방향과 대안들을 제시함에 있어 여성학자들은 중요한 딜레마에 빠진다. 이때 주요 쟁점은, 남성중심의 기존 시민권의 보편화를 통해 여성에게 시민권 확대를 추구할 것인가, 아니면 남성들과는 다른 여성의 가치와 경험의 차이를 존중하는 시민권 개념을 새로이 창출할 것인가의 딜레마, 소위 월스톤크래프트 딜레마이다. 여성주의 학자들 사이에서도 의견이 갈리는데,[7] 후자를 선택하는 이들은 시티즌십을 다양한 시민 집단들 사이의 경험적 차별성을 반영하고 사적 영역의 문제를 포함하는 시민권으로 재개념화할 것을 주장하여, 예컨대 성적 선택의 자율성, 재생산권 등 소위 사적 영역으로의 시민권 범주 확대가 불가피함을 강조한다.

대안적 여성주의 시티즌십을 논하는 대표적 학자들로 우선, 허구적 보편성 대신 집단별 경험의 특수성을 반영하는 시티즌십의 재개념화를 주장하는 부류가 있다. 이들은 여성과 여타의 소수자 집단에게 온전하고(full) 평등하며(equal) 적극적인(active) 시티즌십을 회복하는 방안을 제안한다. 집단의 역사와 이해관계 등의 특수성에 기초하여 보편 권리(universal rights) 대신 특수 권리(special rights)를 인정하는 차별적 시티즌십(differentiated citizenship)과 광범위한 정치적 평등화를 위한 집단 대표제(group representation)를 제안하는 영(Young, 1989), 이와 비슷하게 차별화된 보편적 시티즌십(differentiated

7) 시티즌십 자체가 논쟁적 개념이고 여성주의 입장도 다양하므로 여성주의적 시티즌십 논의들에서도 입장 차이가 드러나는 것은 쉽게 예상된다. 일부 급진주의 여성학자들은 여기에서 한걸음 더 나아가, 여성의 도덕성과 여성적 가치의 우월성에 근거하여 여성 특유의 경험과 가치와 활동을 기반으로 하여 남녀 모두에게 해당하는 여성중심적 시티즌십 개념을 요구하기도 한다. 구체적 입장 차이들에 관해서는 Lister(1997), Voet(1998), Siim(2000) 등 참조.

universal citizenship)을 제안하는 리스터(Lister, 1997), 개개인의 다중적 정체성(multiple identities)에 기반한 다원적 민주주의(pluralistic democracy)를 주장하는 무페(Mouffe, 1992) 등이 대표적 주자들이다.

다음으로 정체성, 성(sexuality), 감정, 생활양식 등 새로운 이슈를 포함하는 사적 시민권 개념을 제안하는 부류이다. 이들은 주로 성적 자율선택권, 재생산에 대한 자율권, 친밀관계에 대한 선택권 등으로 대표되는 사적 시민권을 주장하는데, 이는 이전의 남성중심적 시티즌십 논의에서는 제기되지 않았던 새롭고 급진적인 확장논리이다. 그런 만큼 기존의 시민권 논리와 갈등을 빚기도 한다. 예를 들면, 성적 시티즌십의 경우, 이성애를 시티즌십의 필요조건으로 간주하던 기존 시민권 개념과 충돌하게 된다(Richardson, 2000). 또한 여성들의 재생산권은 사회재생산에 대한 국가적 이해와 밀접하게 연관되어 논란이 되기도 하면서, 여성들이 주장하는 사적, 성적 시민권의 도입이 쉽게 결말이 나기 어려운 성정치(gender politics)의 문제임을 시사한다.

국내에서도 여성 시민권에 대한 논의가 일어나고 있다(장미경, 2001 ; 신인령 외, 2002 ; 조형 외, 2003 등). 시민권 개념의 재구성을 제안하는 장미경(2001)은 부르주아 개별 남성들의 권리, 공적 영역에 국한된 권리, 국가가 형식적으로 부여하는 권리로 개념화되는 자유주의 시민권 이론의 한계를 극복하기 위해, 여성을 비롯한 다양한 집단과 관계를 중시하고 사적 영역의 권리와 국가와 정치에 대한 참여의 권리를 포함하는 방향으로 시민권 개념을 재구성할 것을 제안한다.

이상의 여성주의적 비판과 대안들은 기존의 남성 중심적 시티즌십론의 패러다임 변화를 요한다. 여성운동을 비롯한 기존 젠더정치에서는 여성(과 기타 소수집단)의 시민권 확보가 첫 번째 핵심 주제였다. 즉, 여성들에게도 남성이 획득한 만큼의 시민권을 인정함으로써 동등성을 확보하는 것이다. 그러나, 현재에는 이러한 제한적이고 형식적인 동등성 확보에 그치지 않고, 시민권 범주를 공적 영역으로부터 사적 영역까지 포괄하고, 경험과 이해가 다른 모든 집단을 하나로 간주하는 보편적 시티즌십보다는 다원성을 존중하는 시민권의 개념화를 주장하기에 이르렀다.

시티즌십의 새로운 패러다임을 현실화하기 위해 시민권 개념 확장과 제도적 보장은 필수조건이다. 그러나 충분조건은 아니다. 남성중심적 시민권 개념이 극복되어 여성과 다른 소수집단이 사회 안에서 시민으로 존중되고 이들의 시티즌십이 온전하게 보장되는 때에 비로소 여성주의 시민화 단계에 이르게 될 것이다. 이를 위해서는 사회적 권력의 불평등구조 자체의 변화가 동반되어야 한다. 이는 폭넓은 시민화의 정치(politics of citizenization)를 요한다. 제도적 시민화에 더하여, 사회의 시민화, 즉 시민사회 성숙에 필요한 시민성과 시민문화가 중요해진다. 시민성에 관해서는 돌봄에 관한 여성주의 논의를 주목할 필요가 있다. 돌봄에 관한 논의는 현재, 돌봄 윤리의 개발, 여성들이 제공해온 돌봄서비스를 가치 있는 노동으로 인정하는 방안, 돌봄을 받을 권리를 제도화할 것을 제안하는 수준에 있다. 돌봄과 보살핌을 포함한 여성주의적 시민성의 개념화 및 시민화의 정치에 대한 정교한 논리 개발이 요구되는 시점이다.

2) 시민의 권리와 의무

시민의 권리와 의무를 어떻게 규정할 때 남성중심적 시민권 개념의 한계를 극복하고 동시에 현대 사회의 도전들에 대응할 수 있을 것인가? 여기에는 몇 가지 조건이 충족되어야 한다.

첫째로, 새로운 시티즌십 모형은 비단 여성만이 아니라 사회를 구성하는 다양한 구성 집단 간의 권력불균형을 간과해온 기존 시티즌십 개념의 약점을 적극적으로 보완해야 할 것이다. 지금까지는 시티즌십이 포함과 배제를 동시에 구사하는 양면성(janus-faced nature, Lister, 1997)을 지닌 기제로 작용해왔지만, 새로운 시티즌십은 어느 소수집단도 시민적 지위와 권리로부터 배제되지 않도록 배려하는 새로운 정의와 공평성의 원칙을 구현하는 것이 중요하다.

시민권은 빈부 차이, 인종이나 성별 차이, 사회적 권력의 차이에 관계없이 시민 모두에게 공평하게 주어지는 일반적 평등권(general equal rights)이어야 한다. 이 때 시민들의 사회적 위치에 따라 특수권리(special rights)를 인정해야 할 필요가 생긴다. 아동, 노인, 여성, 동성애자, 소수민족, 이주자, 장애인 등 사회적 약자들이 특별한 배려와 보호를 받을 권리, 그리고 각종 사회적 특전과 행동에 대한 권리에서 배제되지 않을 권리 등이 그것이다. 이처럼 보편주의 평등의 원리는 "다름에도 불구하고 동등하게" 인정하는 권리와 더불어 "다름에 대해 다르게" 처우하는 정의와 공평성의 권리로 해석될 필요가 있다. 따라서 여성주의 학자들이 지적해온 바와 같이 시티즌십의 남성중심적 개념화와 여성 배제의 경향을 극복하고 다양성(diversity)과 차이(difference)를 고려하여 소수집단의 특수한 경험과 이해를 반영하는 재개념화를 필요로 한다.

둘째로, 시민의 권리와 의무를 공적 영역 내지 정치 영역에 국한하지 않고 사적 영역의 시민적 이슈에까지 확대하는 재해석이 요구된다. 여성주의자들이 제안한 다양한 사적 영역 시민권 문제를 사회화하는 일, 즉 "사적인 것을 정치화하는" 새로운 시민권에 주목할 필요가 있다.

셋째로, 고도의 세계적 자본주의 경제의 확산, 위험사회의 도래, 정보화 등 현대적 사회조건의 특수성이 고려되어야 할 것이다. 최근의 급속한 변화들로 인하여 시민권의 내용이 확장되어야 할 뿐만 아니라 시민의 권리와 의무에 대한 새로운 인식이 요구된다. 예컨대, 현대 가족은 더 이상 개개인들이 필요로 하는 보살핌의 욕구를 충족시켜줄 수 없는 '가족해체의 위기'를 맞고 있다. 따라서 보살핌의 사회적 권리가 중요해진다(조한혜정, 2006 ; 허라금, 2006).

이러한 요건을 반영하기 위해 시민의 권리와 의무를 4가지 범주로 구분하여 살펴본다. 시민권에 대한 마샬의 분류 대신 현대적 환경에서 시민의 존엄한 삶의 필요에 따라 범주화한 것이다. 즉 생존과 안전의 확보로부터 시민의 사회참여의 권리까지로, 구체적으로는, (1)개인과 집단의 기본적인 생존과 안전을 위협하는 다양한 요소들로부터 보호(protection)받을 권리, (2)사회 안에 축적된 다양한 특전(privileges)을 누릴 권리, (3)자율적 선택(choice)의 권리, (4)시민적 실천과 참여(participation)의 권리이다.

아래에서는 기존 시민권 논의에서 익숙한 것들도 재분류하여 제시한다. 특별히 현대 시민의 삶에서 새로이 고려되어야 할 사항을 중점적으로 다룬다.

(1) 생존의 위협과 위험(risks)으로부터 보호받을 권리

생존과 안전을 위협하는 각종 위험과 폭력으로부터 자유로울 권리는 가장 기본적인 시민권이다. 오늘날은 건강상실, 신체장애, 빈곤, 실직, 재해에 의한 피해 등 고전적인 위험만이 아니라 현대적인 위험요소들이 추가되고 있다. 각종 안전 사고, 환경문제, 불안정해진 결혼과 가족, 점점 확산되어가는 고용불안정문제 등은 이전에 없던 개인들의 삶을 위협하는 위험요소들이다. 특히 성폭력을 포함하여 각종 폭력의 피해가 증폭되고 있는 현실에 유의할 필요가 있다. 여성을 비롯하여 다양한 사회적 폭력에 쉽게 노출되는 어린이, 장애인, 노인, 빈곤층 등 취약계층과 소수집단에게 특별한 배려가 요구된다.

전지구화로 인한 국가의 약화 현상이 거론되지만, 시민의 생존과 안전을 위협하는 요인들이 증대함에 따라 국가의 부담과 기능도 증대한다. 구체적인 원인제공자를 찾기 어렵고 경제적 계급과는 무관하게 모든 사람이 노출되는 새로운 유형의 위험이 나타나는 위험사회(risk society)에서는(Beck, 1997) 위험의 예방과 위험 발생 이후의 적극적 대처에 대한 국가와 시민사회의 특별한 관심이 필요해진다.

위험사회의 도래와 더불어 시민권 차원에서 현재 특별한 관심을 요하는 문제 사례를 두 가지만 들어본다. 하나는 보살핌 또는 돌봄의 위기이고, 다른 하나는 소수의 빈곤층만이 아니라 기존의 중산층에게까지 광범위하게 확대되고 있는 고용불안정문제이다. 누구나 일생에서 건강과 안전의 위험으로 인하여 타인의 보살핌이 필요하게 될 경우가 생긴다. 과거에는 가족이, 더 정확하게는 가정 내에서 여성들이 '자연스럽게' 그러한 서비스를 제공하였다. 그러나 오늘날은 그러한 전통적 가족과 여성 임무의 개념이 사라지고, 보살핌 제공을 보장하기 어려워지고 있다. 이제 생존과 안전이 위태로워진 개인들이 보살핌을 받을 권리를 제도화해야 한다는 요구에 대한 진지한 검토가 필요하다.

21세기 고용의 문제는 과거의 실업문제에 국한되지 않는다. 정규직 수요가 점차 감소하고 평생직장 개념이 무너지고 있는 노동시장에서 노동자들은 도시비공식노동으로, 비정규직 노동자로, 고용과 실직, 전직을 반복하는 불연속적 취업자로 '노동유목민'이 되는 상황이 이미 시작되었으며 이러한 사태는 더욱 가속화될 것으로 예측된다(Beck, 1999). 벡은, 앞으로 국가와 지방자치단체들은 실업수당 대신 시민들이 노동 활동과 더불어 시민사회에서 수행하는 '시민노동'에 대한 '시민수당'을 지급해야 할 것이라고 주장한다. 앞으로 대다수의 시민이 이와 같은 불안정 노동자 혹은 '노동유목민'이 되는 경우를 대비하여, 불연속적 취업에 대한 권리, 취업노동과 동시에 가족노동 혹은 시민노동에 종사할 수 있는 권리를 시민권 차원에서 검토해야 할 때가 올 수 있을 것이다. 그 이전에라도 비정규직 노동자, 청년층 실업자에 대해 기존의 실업에 대한 접근이 아닌 새로운 시민권적 접근이 요구된다.

(2) 사회적 특전(privileges)에 대한 권리

여기에서 사회적 특전이라 함은 사회 안에서 과거로부터 축적된 사회적 산물인 재화 및 서비스를 말한다. 시민 개개인은 자기 개발과 행복 추구를 위해 이들 사회적 특전에 접근하려는 욕구를 지닌다. 이들 사회적 특전에 접근할 수 있는 기회는 시민의 권리에 속하며, 보편적 평등원칙에 따라 누구에게나 그 기회가 평등하게 개방되는 것이 중요하다. 권리 행사를 통해 개인의 성장과 공동체의 발전이 가능해지므로 이들은 동시에 시민의 의무로 부과된다.

교육 기회와 직업은 이러한 사회적 특전의 전형적 유형으로, 교육제도, 노동시장, 민주정치제도 등에 의해 생성된 과거의 업적을 배경으로 한다. 한 사회 안에 축적되는 재산 또한 사회적이고 역사적인 업적이다. 따라서 재산권도 사회적 특전에 대한 권리에 속한다. 한 시점에서 개개인이 소유하는 재산은 사유권이 인정된다고 하더라도 사회 안에서 축적된 특전의 한 부분인 것이다.

최근 논의되는 문화적 시민권, 정보권 등도 여기에 속한다. 문화적 시민권에는 문화를 생산하고 공유하는 문화적 권리와, 다문화 간 접촉의 기회가 확대되면서 다양한 문화의 보존과 타문화에 대한 접근권이 포함된다. 정보가 폭발적으로 증가되고 정보화에 계층화가 급속하게 진행되는 정보화 사회에서는 특히 정보에 대한 접근의 권리가 모든 시민에게 보편적으로 주어져야 할 권리가 되었다. 시민 개인이나 집단이 시민적 권리를 행사하기 위해 필요한 정보와 기회에 접근할 수 있는 권리도 여기에 포함된다. 정보권이 시민의 권리로 인정되면 국가기구, 기업, 사회조직 등에는 정보에 대한 평등한 접근권을 보장할 의무가 부과되고, 이와 동시에 사적 정보를 보호해야 하는 임무 또한 중요해진다.

역사적으로 특정 집단에 대한 시민권 제한, 시민의 지위로부터의 배제, 그로 인한 차별과 불평등은 바로 사회적 특전에 대한 접근에 관한 것이었다. 사회적 특전에 대한 시민의 권리는 이해당사자들의 권력에 의해 제한되기도, 확대되기도 해왔던 것이다. 대표적으로, 직장이나 정치권에서 나타나는 여성의 진입과 상승에 대한 차별과 배제, 즉 유리천장 현상은 가부장적 권력구조에 의한 사회적 특전으로부터의 여성 배제를 의미한다. 바로 이러한 역사적, 구조적 불이익이 여성들에 대한 잠정적 우대조치를 정당화해준다.

(3) 자율적 선택의 권리

기존 시민권 개념에서 사상, 표현, 결사, 종교, 거주지 등에 대한 개인의 자유로운 선택권은 기본권에 속한다.

여기에 더하여 성적 정체성, 성적 관계, 재생산 등 친밀성(intimacy) 영역에 대한 자기결정권을 포함하는 성적 시민권(sexual citizenship)[8]과 재생산권(reproductive rights)[9]을 시민권으로 인정하라는 요구가 여성들에 의해 최근 강하게 제기되고 있다. 성적 결정과 행동에 관한 자기결정권에 대한 요구는 오늘날 이성애에 바탕한 결혼과 가족에 대한 전통적 개념이 깨지고 동성애 결합과 동거 등 친밀관계가 변화한 것(Giddens, 1992)을 반영하는 것이기도 하다. 이들 새로운 권리는 구체적 정의와 시민권으로서의 위상에 관한 논란이 지속되는 가운데 부분적으로 법제화되고 있다.

성적 시민권에 포함되는 내용은 일차적으로 성적 정체성과 지향의 선택권이다. 출생에 의한 성별이나 이성애적 결합만이 아니라, 트랜스젠더, 동성애, 이중적 성적 지향 등에 대해서도 평등한 지위와 권리 확장을 요구하는 것이다. 다음으로, 재생산과 무관한 성적 표현 및 결합의 자유, 즉 성적 소비에 관한 자율권으로, 이것은 성적 친밀관계의 대상과 조건을 자유로이 선택할 권리를 포함한다.

8) 일부 학자들이 성적 시민권에 포함시키는 성폭력과 그 위협으로부터 자유로울 권리는 위의 첫 번째 권리 범주에 속한 것으로 본다.

9) 구소련과 동유럽의 사회주의체제 하에서 여성들은 재생산권을 부여받았다. 국가는 여성에게 노동권과 더불어 자녀의 출산과 양육을 포함한 재생산권을 통해 사회적 재생산에 기여하도록 한 것이다. 그러나 동유럽의 변화에 대한 연구에서 여성학자들은 사회주의 하의 재생산권이 가부장적 정책이었을 뿐 아니라 자본주의화 이후 여성들의 재생산권이 더 이상 효력을 발생할 수 없게 된 점에서 사회주의국가와 자본주의국가가 모두 젠더 평등에 철저하지 못함을 비판한다(Einhorn, 1993 ; 1995).

최근의 재생산권 논의는 재생산을 위한 신체적 건강권과 낙태 결정권으로부터, 임신의 상대 및 출산의 사회적 법적 조건을 선택할 권리까지를 포함한다. 특히 후자는 불임술, 대리모를 통한 임신과 출산이 가능해진 재생산관련 기술 발전에 따른 권리 확장을 의미한다. 동성애자의 부모될 권리도 여기에 포함된다. 재생산권이 실질적으로 권리로서 적용되기 위해서는 임신과 출산 이후의 양육과 보육에 대한 권리까지 연결되어야 한다는 것도 여성들은 강조한다.

사실상 성적 시민권과 재생산 시민권은 높은 강도의 저항을 받고 있다. 이러한 갈등은, 개인의 이해가 집단의 이해 및 사회윤리와 충돌할 것에 대한 기존 자유주의, 공화주의 진영들의 우려보다 훨씬 강도 높은 보수 대 진보 간의 쟁점이 되고 있다. 이들이 기존 시민권 논의에서 배제되어온 소수자들의 경험을 반영한 전형적인 차이의 권리들임을 감안할 때, 가부장권과 종교 권력의 전횡을 배제한 객관적이고 합리적인 문제해결의 길을 모색할 필요가 있을 것이다.

(4) 시민적 실천과 참여의 권리

민주국가에서 개인들은 선거 참여를 통해 정치권을 행사할 뿐 아니라 다양한 형태의 정치적 행동으로 영향력을 행사할 권리를 갖는다.

시민단체의 결성이나 새로운 시민적 요구를 표출하는 실천의 권리는 사상과 표현의 자유, 시민적 행동의 자율적 선택권을 전제로 한다. 그러므로 세 번째 범주의 시민권과 불가분의 관계에 있다.

시민적 실천과 참여의 권리는 소극적 자유권이 아니라 적극적 자유권이다. 즉, 시민사회의 일원으로서 실천에 참여해야 한다는 적극적인 의미의 권리인 것이다. 현대사회에서 사회참여와 실천은 개인적 차원의 단기적 이익추구보다는 공동체의 장기적 이익을 위한 시민적 의무와 동전의 양면을 이룬다.

이 범주의 권리는 공적 영역만이 아니라 가족과 생활세계를 포함하는 전사회적 영역으로 확대될 필요가 있다. 어디에서나 시민들은 자유의지에 따라 가치와 주장을 자유롭게 표현하고 행동하며 공적, 사적 지배세력에 저항할 권리가 보장되어야 한다. 나아가 새로운 대안적 생활방식이나 공동체를 창출하는 등 긍정적 실천을 통해 사회생활에 참여하는 권리도 존중되어야 한다.

3) 시민성

시민성(civility)은 시민으로서의 자기 확립과 다른 시민과의 관계성을 중시하고 이를 위해 개인의 이익과 자유를 타협하는 사고에서 출발한다. 시민성이란 자기성찰을 통해 자기충족을 추구하는 시티즌십, 공동체의 일원으로서 타인을 배려하고 존중하며 그들과의 관계를 중시하는 시민이 갖추는 문화적 덕목과 역량이라고 할 수 있다.

공화주의 전통에서는 시민들의 자기완성(self-mastery)을 적극적인 의미의 자유(liberty)의 조건으로 간주한다. 시민사회는 일종의 적극적인 사회조직으로서, 시민들이 진리 안에 생활하고(living in truth) 정치적으로 열린 공간이 되어야 하며, 시민은 바로 그러한 공간의 주체가 되어야 한다는 의미에서이다.

한 사회의 집합적 시민성은 시민적 공동체(civic community)의 근간을 이루고 집단의 문화적 성숙 수준을 상징하는 척도가 된다.[10] 시

10) 여기서 말하는 문화로서의 시민성은 아몬드와 버바(Almond & Verba, 1963)의 시민문화(civic culture, civic virtues), 후쿠야마(Fukuyama, 1995)의 신뢰(trust), 퍼트남(Putnam,

민성은 성숙한 시민문화를 정착시키는 데에 필요한 시민들이 갖출 품성이며 개개인의 인성으로 내면화된 공익성으로, 일종의 민주시민적 자기리더십(self-leadership)을 말한다. 시티즌십의 핵심인 시민성을 일종의 자기관리(care of the self)라고 개념화하는 화이트와 헌트(2000)는 19세기에서 20세기로 넘어오면서 시티즌십의 형태가 변화되었음을 관찰한다.[11]

요컨대, 시민성이란 사회구성원 개개인의 시민적 자기리더십이고, 현대적 자기리더십을 갖춘 시민들이 만드는 집합적 문화현상이다.

그렇다면, 현대사회의 시민성을 구성하는 구체적인 내용은 무엇인가? 박승관(2003)은 참여와 토론을 통해 민주주의를 진전시키고 성숙하게 하는 '숙의 민주주의'를 가능하게 하기 위한 조건을 개인성과 시민성으로 대별한다. 그리고 시민성의 구성 요소로 인지적 차원의 시민

1993)의 사회자본(social capital)과 유사하다고 할 수 있다. 그러나 21세기 시티즌십의 한 측면으로 개념화한 시민성과 이들 기존 개념들과의 관계에 관한 후속연구가 필요하다.

11) 화이트와 헌트(White & Hunt, 2000)에 의하면, 19세기 시민은 사회공동체에 순응하기 위한 공공 덕목들(public virtues)로서, 청결과 몸매, 자기 통제, 근검절약, 근면, 박애 등 신체적, 정신적, 도덕적 요소들을 갖추도록 요구되었다. 이러한 시민적 품위(respectability)를 갖춘 자와 그렇지 않은 자는 구별되고, 가정과 학교는 어려서부터 '품성 기르기(building character)'를 강조하였다. 시민성은 공동체 유지를 위한 통치 기법의 일환이라고 볼 수도 있다. 특히 19세기적인 공공 덕목의 경우, 계급과 성분, 성별에 따라 다른 기준을 제시함으로써 순응적 시민 훈육과 현상체제 유지의 기제로 이용된 측면이 있음을 주목할 수 있다. 반면, 20세기로 들어서면서 시민성은 인성(personality)의 일부로 자리 잡게 된다. 특히, 개인주의 강화와 더불어 시민성은 훈련된 고정된 덕목이 아니라 각자가 자기실현(self-realization)과 자존감(self-esteem)을 고양하는 능동적 개성으로 인식되고, 이 때 시민성 함양의 목표는 타인의 존경이 아니라 자신의 정체성(identity)이고 성실성(integrity)이며 자기충족(self-fulfillment)이 된다. 이러한 시민적 인성을 갖추기 위해 개인들은 자타가 어떤 독특한 주체임을 인정할 수 있도록 도덕적, 지적, 신체적, 실천적 속성을 꾸준히 개발하고 수정하는 노력을 요한다. 이러한 자기개발과 자기관리는 단순히 객관적으로 처방된 특성을 내면화하는 것이 아니라 스스로 자신을 성찰하는 프로젝트인 것이다. 품성으로부터 인성으로의 변화는 자기자신에 대한 인식은 물론 타인과의 관계 및 시티즌십의 형태의 차이를 함축한다.

적 이해, 시민 정신적 태도, 더불어 말하기/듣기의 행동유형, 시민적 참여에 의한 공동체 구성을 제시한다.

여기에서는 집합적 문화의 차원보다는 개인 차원의 시민성에 초점을 맞춰 그 구성 요소를 (1)시민적 가치관과 신념의 공유, (2)시민적 자기정체성, (3)시민적 역량과 감수성으로 구분하여 간략히 서술한다.

(1) 시민적 가치관과 신념의 공유

현대사회의 특징 중 하나는 다원성에 있다. 다양한 가치관과 신념이 공존하는 사회인 것이다. 민주사회에서 이들 다양성은 충분히 존중되어야 할 권리를 갖는다. 다양성에도 불구하고 기본적인 가치와 생각을 공유하는 것은 다양한 개성과 자유가 공존할 수 있는 조건이며, 사회적 신뢰의 기저가 된다.

민주주의가 이상적인 공동체적 삶의 방식임을 믿는 것은 민주사회 시민성의 근간이 된다. 특히 이념, 계층, 성별, 인종 등에 따른 시민의 다양성에도 불구하고 더불어 평등과 평화적 공존의 원칙 하에 시민적 신뢰의 구축을 통해 민주적 공동체를 형성, 유지하는 것이 더욱 중요해졌다. 기본적으로 국가, 제도, 정치, 사회적 관계 등의 민주화에 동의하고 이를 위해 참여하려는 태도는 현대적 시민성의 기초이며 출발점이라고 할 수 있다.

평등, 평화, 상생의 여성주의적 가치는 현대 위험사회에서 시민들이 반드시 공유해야 할 가치이기도 하다. 환경파괴의 위협 아래 인간과 자연의 상생 가치가 중요해진 점에 대하여는 재론의 여지가 없을 것이다. 또한 전쟁과 테러, 폭력에 대한 거부와 평화 존중의 가치 또한 과거 어느 때보다 강조될 필요가 있다.

오늘날 세계의 시민들은 평화, 평등, 상생의 가치에 입각하여 지역이나 국가 단위를 넘어선 전지구적인 사고와 성찰적 행동을 할 것을 요구받는다.

(2) 시민적 자기정체성

이전에 비해 훨씬 복잡해진 현대사회에서 개개인의 역할이 다양해졌고 정체성 또한 다중화되었다. 화이트와 헌트(2000)에 의하면, 자기충족과 자기표현의 목표를 강조하는 20세기 시민들은 이기주의, 자기우월성 등 반사회적 경향으로 빠질 위험이 있다. 이러한 경향은 한국사회에서도 납세거부, 군입대거부 등 국가 권위에 대한 도전을 비롯하여 선거 불참여, 시민사회 참여거부 등 자신의 이익을 중심으로 하는 시민들의 이해타산적 행위의 증가에서 뚜렷이 나타난다.

시민적 정체성은, 자신만이 아닌 다른 시민들의 존재를 인식하고 그들과 더불어 구성하는 공동체의 일원으로서 지니는 정체성을 말한다. 따라서 시민으로서의 정체성은 공공성, 공익성으로 요약되며, 진실로 공동체를 위한 것이 무엇인가에 대한 자기성찰과 시민적 책임의식에 의한 행동을 통해 형성된다. 이러한 시민적 행동은 시민으로서의 자긍심(self-esteem)과 자기충족감(self-fulfillment)을 유발한다. 결국, 공동체적 사고와 행동을 통한 자기완성이 시민적 자기정체성의 핵심이다.

(3) 시민적 역량과 감수성

시민적 역량은 시민으로서의 감수성을 갖고 행동과 실천을 하는 능력이다. 개인의 목적보다는 공동체의 일원으로서 정보를 해석하고 의사결정을 하며 자신의 의견을 개진하고 토론할 수 있는 능력, 즉 시민적 판단과 결정과 토론의 능력을 말한다. 현대에는 특히 개인적 성공 능력이나 처세술로서의 역량이 아니라, 타인과 공동체와 환경을 배려하고 돌보는 역량이 요구된다.

이 때 동료 시민의 입장에서 사고하는 감정이입(empathy), 평등한 시민으로서 상대방에 대한 배려(caring) 등 상호성(reciprocity)과 다양성에 대한 존중은 중요한, 그러나 경쟁사회에서 간과되기 쉬운 시민적 감수성이고 행동규범이다. 시민적 감수성에 기초한 수평적 관계의 원리는 현대사회의 개성적 시민들이 공동체를 이룰 수 있는 기본적 품성이다.

민주주의에 대한 신념, 시민적 자기정체성, 역량과 감수성을 포함하는 시민성은 제도적 시민을 행동하고 생활하는 시민으로 만드는 시티즌십 요소이다. 그것은 타고나는 것도 아니고 단기간 내에 형성되는 것도 아니다. 사회화 과정, 학교 교육과정을 거쳐 시민사회 속에서 사회적 관계들을 경험하는 가운데 지속적인 자기성찰을 통해 획득된다. 따라서 시민성은 시민과 시민사회의 기초가 되는 동시에 시민사회 성장에 의해 형성되는, 시민사회와의 상호의존적 관계를 보여준다. 시티즌십이 "역동적이고 능동적이며 지속적으로 협상되는 관계들의 복합체(a dynamic, active and continually negotiated complexity of relationships)" (Stasiulis, 2002)로서의 시민사회를 구성하며 동시에 이를 반영하는 과정이라고 개념화할 수 있는 것은 바로 이런 상호의존성 때문이다.

4. 한국 시민과 사회의 시민화의 현주소

시티즌십은 시민으로서의 일정한 권리와 의무 및 시민성으로 구성되는 정태적 틀이 아니라 정치, 경제, 사회문화의 변화 및 시민사회의 성장과 더불어 변화하는 과정이다. 한국 사회와 구성원의 시민화 과정은 어디까지, 어떤 형태로 진행되어왔는가? 이 절에서는 먼저 우리 사회에서 일상화되고 있는 '시민'이라는 용어의 용례를 관찰하여 사회적 시민화의 현주소를 점검하고 앞 절에서 개념화한 시티즌십의 개념 틀을 활용하여 한국의 시티즌십과 시민사회의 과제를 제시하고자 한다.

1) '시민'의 한국적 의미 : '시민 없는 시민사회'

한국에서 시민 담론은 요즈음 두 개의 다른 차원에서 일견 서로 무관하게 활성화되고 있다. 하나는 도시 주민으로서의 시민이라는 용어가 지방자치제도 및 지역정치와 결합되어 나타나는 현실 언어 정치적 차원이고, 다른 하나는 시민사회 이론을 재조명하는 학문적 차원이다. 전자는 '시민' 개념을 도시 행정구역 주민의 의미를 벗어나지 못하게 하고 개념상의 발전을 지체시키는 기제가 되고 있다. 반면, 학계에서는 이러한 일상적 용법과는 별도로 현대 시민사회에 관한 이론작업이 이루어지고 있다.

'시민 없는 시민사회'라는 역설적 문구는 이러한 한국 특유의 시민화 단계를 반영하며, 동시에 시민과 시민사회 성장의 지체현상을 상징적으로 표현한다. 이 문구는 적어도 세 가지 다른 측면에서 조명해볼 수 있다.

첫째는 '시민 없는 시민사회'라는 조어의 직접적인 배경과 관련된다. 이 문구는 1980년대와 1990년대에 시민사회 논의가 활발해지면서 당시 민주화를 추동해오고 시민사회 성장에 주도적인 역할을 한 시민단체들에 대한 일종의 자기반성적 비판에서 생겨났다. 대부분의 당시 사회운동단체가 중앙 집중적이고 엘리트 중심적 지도력에 의존하며 지역과 시민의 뿌리가 허약하다는 점을 압축적으로 시사한 것이다. 다시 말해서, 시민사회를 지향하는 시민단체와 시민운동은 있으나 보편적인 시민주체의 형성이 미흡하다는 뜻이다.

이러한 비판의 의미는 충분히 수용할 필요가 있다. 그러나, '시민 없는 시민사회'는 한국의 역사적 맥락에서 시민사회 형성과정의 불가피한 단계적 특징이라고 해석할 수 있다. 우리 사회에서 권력과 자원의 중앙 집중 경향은 어제 오늘의 일이 아니다. 또한 우리는 중요한 사회변동에서 지식엘리트 세력이 핵심적 역할을 담당했던 오랜 역사적 전통을 지니고 있다. 이런 경향이 비단 제도정치의 차원만이 아니라 사회운동에서도 그대로 반영되고 있다.[12] 그러나 1990년대부터는 시민단체들이 지역에서 자생적으로 형성되고 사회 저변에서 다양한 이해를 대변하는 집단들이 우후죽순 격으로 나타나, 비로소 시민사회의 형성기반이 확대되는 단계가 시작되고 있다.

12) 지역에서 출발한 저항운동이 중앙에서 성공함으로써 비로소 완성되는 사례, 즉, 1960년 3·15 선거 이후 부마사태로부터 시작하여 4·19로 마무리된 경우가 그랬고, 1980년 5·18 광주항쟁으로부터 시작되어 1987년 6월 항쟁과 6·29 민주화 선언으로 이루어진 민주화운동의 성공도 이를 말해준다. 또한 시민사회 형성에서 주도적 역할을 해온 것은 지식인 엘리트 집단이었다. 먼 과거로 거슬러 올라가지 않더라도, 1960년대 이래 정치개혁을 통한 정의 실현은 지식인 집단의 가장 중요한 역사적 사명으로 간주되었다. 1970~80년대 노동자와 농민들이 대거 참여한 계급기반 운동에 정치적 민주화운동의 이념과 컨텐츠를 제공하는 이데올로그 역할을 한 것도 지식인 집단이었고, 1990년대의 새로운 사회운동 단체들 또한 지식인 중심으로 설립되어 풀뿌리 회원들을 모집해가는 등, 기본적으로 중앙 집중, 엘리트 중심의 성격을 벗어나지 못한 것이다.

둘째로, '시민 없는 시민사회'는 '시민'은 없고 '국민'만 있는 현실 정치에서의 시민화 지체현상을 상징한다.

우리 사회에서 일상어로서의 '시민'은 시(市) 행정구역과 연계되어 협의로 사용된다. 시민은 특정 시의 주민으로, 군(郡), 도(道) 혹은 다른 시의 주민과 구별되는 지역 정체성을 의미한다.[13] 지방자치제도가 도입된 이후 지역정치의 활성화를 통해 시민(市民), 도민(道民), 구민(區民), 군민(郡民) 등이 지역정치의 주체라는 자격이 주어지면서 결과적으로는 시민이 도시지역 주민의 의미로부터 벗어나기는 더욱 어려워졌다. 이러한 시민 개념에는 지역적 배타성이 내포되어 있으며, 지역 간 구별과 갈등의 가능성도 강화되는 경향을 보인다. 이러한 사실은 시민의 어원이 고대 그리스 도시 주민으로부터 비롯되어 17~8세기를 거치면서 주권국가의 자유롭고 평등한 구성원으로서의 보편적 개념으로 발전한 서구와 비교할 때, 우리는 아직 시민과 시티즌십이 일반적 개념으로 발전하는 단계로 가지 못하고 있는 상황임을 보여준다.[14]

반면에, 우리 사회에서 시민보다 더 널리 사용되고 때로는 보편적 시민을 대체하는 용어는 '국민'이다.[15] 시민권은 '국민의 권리'로, 시

13) 주민등록이 보편화되기 이전 시민증과 도민증이 따로 있었을 시기에 시민(증)은 근대, 문명을 대표하고 도민(증)은 전근대와 야만을 상징하는 차별적 상징이었다. 근대화과정에서 도시와 농촌 간의 현격한 경제사회적 격차는 물론 문화적 차별이 우리의 시민 개념에 아직도 내장되어 있을 가능성을 시사한다.

14) 우리 사회에서 시민이 도시 지역주민이라는 뜻 이외의 의미로 사용되는 예는 그리 많지 않지만 사례가 전혀 없는 것은 아니다. 예를 들면 '시민의식,' '용감한 시민' 등이 있다. 이들은 나 아닌 타인 내지 집단의 이익을 위한 자기희생, 의협심과 정의감, 불의에 맞서는 용맹성 등을 함축한다. 이 때 시민은 특정 도시의 거주자가 아니라 사회 공동체의 구성원이라는 뜻으로서, 시민의식은 시민성의 한 요소로서 개인보다 공동체를 우선시하는 시민적 덕목(civic virtues)에 비견된다.

15) '국민 여러분'으로 시작하는 대통령의 신년사나 성명서에서 국민은 말 그대로 대한민국 국적을 가진 사람 전체를 뜻하며, 그가 운영하는 국가의 각종 정책의 대상이 되는 다양한 집

민윤리(civic ethics) 대신 '국민윤리'가 일반화되는 현상이 대표적 사례이다.

국민과 시민은 근대국가의 범주에 소속된 구성원의 지위(status)에 따른 권리와 의무, 소속감과 정체성을 갖는다는 점에서 일치한다. 그러나 두 개념 간에는 중요한 차이점이 있다. 시민은 국가로부터 상대적으로 독립된 시민사회를 구성하는 실천적 주체(agency)로서의 성격이 있으며, 최근에는 국경을 넘는 글로벌 시민, 글로벌 시티즌십의 개념이 대두되는 반면, 국민 개념은 본원적으로 국경을 초월할 수가 없으며 적극적 주체(active agency)이기보다는 국가에 종속된 수동적 주체(passive subject)의 의미가 강하다. 시민보다 국민을 강조하는 경우에는 국가주의 내지 애국주의의 이념적 기제에 종속되기 쉽기 때문이다.

우리 사회에서 국민이 시민을 대체하게 된 데에는 국가중심적 전통의 역사적 배경이 있다. 우리는 오랜 왕조시대의 신하와 백성으로부터 일제하의 황국 신민을 거쳐 해방 후 비로소 독립국가의 주권자로서 시민의 지위를 획득하였다. 그러나 민족 정체성과 독립국가의 염원을 낳은 식민지배 경험과 분단으로 인한 민족국가의 미완성 경험은 민족국가에 대한 특별한 정서를 낳게 했다. 또한 대한민국 국민들은 이러한

단의 총체이고 또한 선거에 의해 자신을 추대해준 유권자들이다. 이 때 유권자 모두를 자신의 지지자로 보려는 심리도 엿보인다. 이는, 국가대표선수급 운동선수나, 가수나 배우와 같은 연예인들이 '국민의 성원……'을 호소하고 감사하는 경우에 모든 국민을 자신(들)의 팬으로 간주하는 것과 유사하다. 정당인 혹은 정치인이 국민을 호명하는 것도 이와 비슷한 맥락에서이다. 많은 경우 그들이 말하는 국민은 국민 전체가 아니라, 그들과 정치적 이해관계를 공유하는, 다시 말해서 자기들을 지지하는 국민 일부를 뜻하는 경우임에도 국민 전체를 호명한다. 국민이라는 단어의 이러한 한국식 용법에서 모호한 범주의 시민 다수를 대상화하는 경향을 볼 수 있다.

독립국가, 통일국가의 중요성을 무의식 속에 각인시키기에 충분할 정도로 강력하게 훈육되어왔다. 이러한 애국주의, 민족주의적 국가주의는 전통적 집단주의와 결합되어 개인주의적 사고와 행동을 이기주의라고 매도하기 일쑤이다.

제1공화국 이래 최근까지도 국가 영역은 다른 사회 영역을 압도했고, 따라서 시민의 형성과 시민사회의 발전이 지체되었다. 1970년대 지식인, 노동자, 농민을 중심으로 한 민중세력의 민주화운동은 시민사회 활성화에 획기적인 역할을 담당했으나, 다른 한편 1970년대 개발독재는 경제적 발전의 성과에 대한 국민의 자존감을 부추김으로써 국민적 정체성 또한 강화하는 이중적인 효과를 가져왔다. 국민 정체성과 애국심을 자극한 계기는 민주화 이후에도 외환위기, 경제적 불황 등 1990년대에 이어진 국가적 위기 상황에 반복되어 발생한다.

국가중심적 경향을 부추긴 이와 같은 역사적 맥락은 오랜 권위주의 국가 독재와 최근의 지역정치 열기와 더불어, 시민 개념을 특정도시의 주민 이상으로 보편화하는 데에 장애가 되어왔다.[16] 그리하여 다양한 이해집단과 시민단체들이 형성되고 있는 현 시점에서도 '국민'이라는 용어는 시민, 시티즌십, 시민사회의 성장을 지체시키고 있으며 시민사회가 국가로부터 미분화된, 또는 덜 자율적인 상태에 머무는 데에 한몫을 하고 있는 것이다.

셋째로, '시민 없는 시민사회'는 최근 학계의 시민사회론 안에서도 발견된다. 우리 학계에서 시민사회에 대한 이론적 재조명이 시작된 것

16) 일부 학자들은 서구와 비교하여 아시아에서의 시민 개념과 시민사회 형성이 지체되거나 다른 유형을 보이게 되는 것을 국가와 개인 사이에 존재한 가족, 친족 등 강력한 중간적 공동체에서 그 원인을 찾기도 한다(Nisbet, 1974).

은 1980년대 민주화운동의 연장선상에서 나타난 시민운동과 급증한 비정부단체(NGO)들이 기존의 민중단체와 민중운동을 대체하게 된 상황을 접하게 되면서 이러한 사회운동의 지형 변화에 대한 설명과 전망이 필요했기 때문이었다. 시민사회 논의는 마르크스주의 운동론의 비판을 받아가면서 신사회운동론으로 시작되어 본격적인 시민사회론으로 빠르게 전개되어왔다.

신사회운동론이 대두한 배경은, 계급적 성격이 강했던 1970~80년대 이후 환경, 여성, 주민, 소비자의 권리 등에 관심을 둔 다양한 가치를 추구하는 단체들의 출현이다. 이들 단체는 기존의 소위 민중민주계 운동단체들이 소강상태에 접어든 시기에 대거 출현함으로써 기존 사회운동의 정치지향적 성격 자체를 변화시켰던 것이다. 이러한 현상을 신사회운동론은 한국 사회운동의 국면 전환이며 따라서 사회변화의 질적 변화를 시사할 수도 있다고 해석한다(임희섭과 임종회, 1998). 그러나 신사회운동론은 사회운동의 성격 변화를 가져온 주체를 '시민'(계급) 세력이라고 할 수 있는가, 그리고 그것은 시민사회의 형성과 성장을 의미하는가 등의 시민과 시민사회에 관한 적극적인 논의로 연결시키지 못하고 현상 기술 이상으로 나아가지 못했다.

시민사회 범주론이라고 칭할 수 있는 논의들은 그람시, 하버마스, 킨, 아라토 등의 이론을 원용하면서 국가 및 시장과의 관련 하에 한국의 시민사회 영역을 어떻게 설정하는 것이 타당한지에 대해 관심을 기울였다. 시민사회가 시장/경제영역을 포함하는 영역인가, 국가와 시장경제를 제외한 나머지 잔여 영역의 전부를 시민사회라고 할 것인가, 아니면 그 일부만을 시민사회로 볼 것인가에 대한 논쟁이 대표적이다(유필무와 김호기, 1995). 이들 논의는 한국 시민사회가 형성되었음을 전제하고 이론적 분석에 치중함으로써 구체적으로 시민사회를 구성하는 시민은 누구인가, 과연 우리 사회에서 시민사회가 형성되었다고 볼 수 있을 것인가, 그러한 시민사회는 과연 어떤 모습인가 등의 현실적인 질문으로부터는 유리된 채 진행되었다.

한편, 최근의 새로운 시민사회 논의는 한국에서 시민사회는 언제부터 어떤 과정으로 형성되었으며, 어떤 구조적 특성을 갖는가, 앞으로 시민사회가 풀어야 할 과제는 무엇인가에 집중되어 있다. 1970~80년대의 민주화운동이 일단 성공을 거둔 이후 자발적 비정부단체들의 급증과 동구 사회주의의 몰락에서 영향을 받은 이들 진보 사회과학자들의 초미의 관심사는 무엇보다 시민사회의 역동성을 추동할 시민계급 혹은 시민계급 대행자, 즉 민주화 이후 민주주의 운동의 주체와 그들의 실천 전략에 초점이 맞춰져 있다. 민주화운동의 외연 확장의 가능성을 시민으로부터 찾음으로써 한국의 시민사회론을 새로이 정립하려는 것이다.[17)]

1990년대 이후 시민사회에 관한 이들 논의들에서 공통적으로 발견되는 문제는, 시민사회를 구성하는 시민은 무엇으로 정의할 수 있으며 과연 우리들과 우리 사회의 시민화 수준은 어떠한가와 같은 기본적인 질문을 생략하면서 여전히 '시민 없는 시민사회' 논의를 하고 있다는 점이다. 이러한 질문을 생략하고서는 한국 시민사회 형성의 역사나 현 단계의 특성에 관한 논의는 추상적이고 규범적인 차원에서 그칠 우려가 있다.

1990년대 후반부터 일군의 여성학자들도 이러한 진보적 시민사회

17) 이러한 노력들은 2002년 창간된 학술지 『시민과 세계』 게재 논문이나 한양대학의 제3섹터 연구소 등에서 이루어지는 연구 등에 집중적으로 나타나고 있다.

론의 경향과 일정한 관계를 가지면서도 독자적인 관심사를 갖고 시민사회 논의에 가담하게 된다. 여성들의 시티즌십, 특히 시민권에 관심을 집중시킨 이들 논의는 1980년대 이후 전면적인 시티즌십 개념의 전환을 시도하면서 민주주의 시민사회의 제도적, 문화적 기반을 다지는 새로운 시티즌십 이론에 관심을 두어왔던 서구 여성이론가들과 맥을 함께 한다.

한편 한국 여성운동은 1980년대 후반 이래, 헌법이 여성에게 명목적으로 부여한 평등권을 실질적 평등권으로 전환하는 법제화를 통해 여성의 시민으로서의 권리를 회복하고 여성정책을 활성화하는 노력을 경주하여 새로운 시민운동의 대표적 모형으로 부상하였다. 성적 차이에도 불구하고 여성을 남성과 동등한 시민의 범주에 포함시키고 나아가 공직과 정치 현장에서 여성 대표성을 제고하기 위한 시민참여 투쟁, 성주류화 정책의 도입 등 성공적인 결과를 거두어온 여성운동은 최근에는, 보육, 저출산, 난자기증 등 기존의 시민권 개념 안에서 공론화하지 못했던 '사적 영역'의 문제들을 정책 대상으로 제기한다. 우리 사회에서도 여성의 관점에서 시민권의 정의와 범주를 재고해야 하는 시점에 이르게 된 것이다. 이러한 변화는 학계에서의 시민사회이론 발전에도 중요한 역할을 할 것으로 기대되지만, 아직 시민사회론과는 직결되지 않고 있다.

시민사회 논의에 시민을 회복하기 위해서는 한국 시민사회의 영역이나 주도세력을 논하기 전에, 한국인은 어느 정도 시민화되었는가, 그 시민들이 구성하는 시민사회는 어떤 특성을 갖고 있는가 등의 기초적인 물음을 다시 제기할 필요가 있다. 한국에서는 기본권의 제도적 보장을 자유민주주의의 기초로 당연시하면서도 시티즌십에 관한 논의는 활발하지 않았다. 최근에 와서 여성의 시민권에 관한 논의를 비롯하여 국내의 외국인들 지위와 권리에 관한 관심이 높아지고 시민사회론이 재조명됨으로써 시티즌십 논의도 새로운 관심 대상이 되었다. 이러한 추세는 우리 사회의 민주주의와 시민사회 성장을 위해 매우 고무적인 일이다. 무엇보다 한국적 맥락에서 시민과 사회의 시민화의 현 단계 특성을 파악하기 위해서는 시티즌십 개념과 현실적 상황과 현상들을 접목하는 분석이 요구된다.

2) 한국의 시티즌십과 시민화의 과제

'시민 없는 시민사회'는 우리 사회에서 개인과 사회의 시민화, 특히 시민과 시티즌십 개념의 발달이 지체되어왔음을 시사한다. '시민'의 개념이 도시민의 의미에서 벗어나지 못하고 시민사회의 성숙이 지체되는 것과 시티즌십 개념의 미발달은 서로 밀접한 관계에 있다. 따라서 여기에서는 앞 절에서 정리한 시티즌십 모형에 비추어 우리 사회의 제도, 사회적 참여, 시민의 차원에서 시민화의 진행 수준을 점검하고 앞으로의 과제를 정리해보겠다.

(1) 제도적 차원의 시민화

헌법을 비롯한 우리의 법제도는 기본적으로 19세기 자유주의적 시민권 개념에 기초한다. 고전적 시민의 권리와 정치적 권리는 1948년 헌법으로 보장되고 있으나, 사회적 권리는 그 이후 누적적으로 확대되어왔으며 아직 선진 복지국가의 수준이 되지 못하고 있다(조형 외, 2003). 아직도 여성, 아동, 노인, 국내에 거주하는 외국인 등은 온전한 시민권을 누리는 시민의 범주에서 배제 또는 주변화되고 있는 것이다.

시민권 범주를 3절에서 재정리한 대로, 위협과 위험으로부터의 자유권, 사회적 특전과 기회에 대한 접근권, 자율적 선택권, 행동과 참여의 권리 등 4가지 현대적 시민권 범주에 비추어 한국 사회의 시민권 현황을 점검해볼 때 그 불완전성이 명백하게 나타난다.

먼저, 위협과 위험으로부터 자유로울 권리이다. 우리의 법이나 정책적으로 보장되는 권리는 빈곤, 실직 등 생존권 위협에 대한 보호와 같은 고전적인 권리에 제한되어 있고, '문명화된 삶'의 기준에 대한 사회적 합의도 이루어지지 않고 있다. 특히 심각한 현안인 청년층 실직문제와 노인 여성의 빈곤화 현상에 대한 제도적 대안은 찾아보기 어렵다. 또한 극심화되고 있는 성폭력으로부터 시민을 보호하는 문제 또한 국가가 적절히 대응하지 못하고 있으며, 날로 불안정해지는 결혼과 가족의 문제는 시민의 권리 차원 문제가 아니라 사적 문제로 치부하는 경향이 있다.

또한 안전사고, 환경오염, 고용불안정 등 새로운 위험이 시민들 사이에는 중요한 이슈로 제기되기 시작했지만, 정부는 아직 개인의 의도와 무관한 이러한 위험으로부터 시민을 보호하고 이를 권리로 보장하는 문제에는 체계적으로 접근하지 못하고 피해자 보호 차원에서 소극적으로 접근하고 있을 뿐이다. 여기에 더하여 과거에는 상상도 못하던 가족해체의 위기와 그로 인한 '돌봄의 위기'로 보살핌의 권리를 고려하게 되었다(조한혜정, 2006). 고령화사회 도래와 더불어 이 문제는 진지한 제도적 검토가 요구되고 있다. 또한 울리히 벡이 제안하는 시민노동을 검토해볼 필요가 있다.

사회적 특전에 대한 권리는 시민들이 가장 민감하게 반응하고 따라서 선거를 의식한 모든 정치인과 정부의 관심이 집중되는 권리이다. 모든 국민이 교육, 노동, 재산, 정치참여 등에 관해 일정한 권리를 갖는 것은 일찍이 제도적으로 보장되었고, 보편적인 권리 행사의 풍토가 어느 정도 자리를 잡았다. 그러나 새로운 시대적 변화를 반영하는 문화권, 정보권 등에 대한 제도화 노력은 아직 초보 단계에 있다.

현행법으로 인정되는 사회적 특전에 대한 권리들에도 문제가 있다. 먼저 계층별, 성별, 지역별 특성을 고려하지 않는 보편성의 법원칙은 특수 집단의 특수적 권리를 인정하는 데에 장애가 되고 있다. 여성에게 잠정적 우대의 원칙을 적용하여 모성보호를 평등으로 인식하고 정치적 대표권을 재개념화하는 정도에서 양성 간의 평등을 도모하는 특수적 권리를 인정한 것은 그나마 다행스러운 일이다. 그러나 아직도 장애인, 외국인, 새터민 등 소수민에게 인정되는 특수적 권리는 제한적이다. 또한, 시장경제의 팽창과 더불어 시민사회 안에 계층구조가 정착됨에 따라 권리 행사로 인하여 사회적 불평등이 심화되는 문제가 심각해졌다. 결과적으로 개인적 권리에 대한 자유주의 원칙과 사회적 평등과 형평을 중시하는 공동체주의 원칙 간의 균형을 위한 타협점을 모색하는 것이 정치적 주요 현안이 되고 있다. 교육 문제, 비정규직 문제, 부동산 가격 문제 등이 그 사례이다.

자율적 선택권 측면은 매우 형식적으로 인정되고 있다. 군사독재 시기까지 제한되었던 사상, 표현, 결사의 자유권이 1980년대 이후 비교적 자유로워졌으나, 분단으로 인한 제한은 아직 유효하다. 성적 시민권은 성문법적인 차원보다는 실질적인 시민적 자유권에 대한 법해석에 따라 하나씩 인정되어가고 있다. 최근 판결에 의해 트랜스젠더 남녀에 대한 법적인 성적 정체성의 변경이 가능해졌다. 그러나 동성애자의 결혼이나 자녀입양은 합법화되고 있지 않다.

재생산권의 경우, 임신과 출산은 시민적 권리이기보다는 부부의 사적 관심사이며 가족의 일로 여겨진다. 예를 들면 재생산을 위한 건강과 임신에 문제가 있는 경우 이에 대한 해결을 국가가 보장하지 않고 시장에서 의료비를 지불하고 구매해야 한다. 대표적인 예로 불임치료는 의료보험 대상도 되지 않는다. 저출산 문제 또한 사회활동을 하는 여성들의 이기적 타산으로 치부하거나, 애국주의에 호소하여 문제를 해결하려는 것은 전근대적인 발상이다. 양육과 보육에까지 확대된 재생산권의 제도화를 시도해볼 만하다.

실천과 참여의 권리는 권위주의 군사정권 시대의 종말과 더불어 1980년대에 이르러 시민들의 권리로 정착이 된 것으로 보인다. 개인이나 집단의 신념에 따른 여론 형성과 표현이 자유로워졌고 집단행동의 유형도 다양해졌다. 시민사회의 요건인 행동과 실천의 권리가 회복된 것은 시민사회의 활성화와 직접적인 상관성을 갖는다.

요약하자면, 한국의 법제도는 고전적 수준의 시민의 권리와 의무를 부과하는 정도여서 제도적으로 아직 복지주의 단계에 이르지 못하고 있으며, 새로운 환경 변화에 따른 요구에도 효과적으로 대응하지 못하고 있다. 또한 시민권에 관한 법의식은 아직도 남성중심적이고 자민족중심적인 보편성 원칙이 지배적이어서 특수한 집단의 권리를 보장하는 데에 매우 인색하다. 그런 의미에서 한국의 제도적 시민화의 현 단계는 자유주의에서 복지주의로 넘어가는 정도의 단계에 있다고 정리할 수 있다.

한편 여성주의 시민화 단계에 이르기 위해서는 전혀 다른 패러다임이 요구된다. 새로이 발생한 권리 요구들—예컨대 위험들로부터 보호받을 권리, 문화와 정보에 접근할 권리 등의 보편적 권리, 성적 시민권과 재생산권 같은 특수적 권리 등—을 올바르게 개념화하고 제도적으로 반영해야 하며, 시민적 권리와 의무의 일반성/보편성과 특수성(집단적 특수성을 고려하는 권리) 간, 개인적 자유와 공동체적 책무 간에 균형점을 찾는 일이 중요한 제도적 과제로 남아 있다.

이러한 과제는 일차적으로 국가의 기능이지만 시민들의 요구와 실천이 중요한 계기가 된다는 점에서 시민사회의 몫이기도 하다. 특히 개별 시민들의 시민화와 사회적 시민화의 관점에서 볼 때, 시민의 권리와 의무의 제도화는 하나의 기본 요건이다. 더욱 중요하게는 배려와 돌봄의 가치를 존중하는 시민성과 시민문화의 정착이 요구된다.

(2) 참여와 실천적 차원의 시민화

시민으로서의 모든 행동은 법적 권리와 의무에 준하고 적극적인 시민성을 보여주도록 요구된다. 여기서 말하는 시민적 참여와 실천은 주어진 권리의 행사보다는 권리에 대한 요구와 관련되며, 따라서 시민권의 제도화에 선행하거나 확대를 위한 실천이 포함된다. 나아가 시민적 실천은 국가와 시장에 대한 저항, 대안적 헤게모니 담론 생성을 통한 체제의 변화를 시도하는, 사회적 시민화를 상징하는 정치적 행동이다.

한국 사회에서 국가와 시장에 저항하는 시민적 실천은 해방 이후 지속적으로 이어져왔다. 특히 1970년대 이후 노동운동과 민주화운동은 억압적 상황에서 수행한 정치적 투쟁에서 성공을 이끌어냄으로써 1987년에는 한국 정치사와 시민사회의 대전환의 계기를 마련하게 되었다. 정치적 민주화는 정치적 시민권의 회복을 의미했고 실천적 차원에서 사회적 시민화의 기회를 증대시켰다. 오랫동안 잠재되었던 시민적 실천의 요구와 역량이 1990년대 이후 비정부조직 활동의 급속한 확대와 정치적 참여로 발현되었다. 시민단체의 종류가 다양해지고 그 수는 정확하게 집계할 수 없을 정도로 증가되어왔으며, 최근 들어 이런 시민단체에 참여하는 인구도 많아졌다. 단체들은 인적, 물적 자원의 확보로 시민참여와 사회운동의 역량이 매우 강화되었다. 풀뿌리 조직도 활성화되는 추세를 보이며, 이는 사회운동 단체만이 아니라 대안학교나 지역 단위로 진행되는 시민 공동체의 형성에서 잘 나타나고 있다.

그런데 이러한 전반적인 시민적 실천 활동의 양적 증대만큼 질적 성숙이 이루어지고 있는지, 그리하여 시민사회의 규범적 자기정당성이 확보되고 있는지에 대해서는 의문이 제기된다. 많은 단체와 조직들이 지역, 계층, 동호인 등의 집단 이기주의적 성격을 보이고 시민운동에서조차 연고주의와 권위주의적 행태가 만연하며 소통과 교섭의 기술이 결여되는 등 질적 미성숙 양태를 보인다. 이러한 특성은 시민사회의 미발달, 혹은 이중성(현대성과 전통성의 동시적 표현) 문제라고 지칭된다.[18] 이는 강력한 국가 및 시장에 비해 취약했던 시민사회가 상대적으로 강화되는 과정이기도 하지만(김호기, 2002), 강화되는 시민운동의 주체들이 민족논리, 계급논리로부터 현대 시민운동의 논리를 생산해내지 못한 상태임을 말해준다. 즉, 시민운동이 시티즌십을 체화해내지 못하는 것이다.

시민운동 내부에 아직도 남아 있는 심각한 모순은 가부장적 관행이

18) 김호기(2002)는 한국의 시민사회를 이중적 시민사회(dual civil society), 즉 "한편에서의 전통주의, 보수주의, 집단주의와 다른 한편에서의 근대주의, 진보주의, 개인주의가 공존하고 결합"(p.51)된 상태라고 규정한다.

다. 성별분업, 여성에 대한 공식 · 비공식 배제, 성희롱 등 가부장적 폐해가 근절되지 않고 있는 것이다. 이러한 권위주의적인 가부장적 조직 문화는 지양되어야 할 것이며, 건강한 시민문화의 정착은 한국의 시민사회와 시민운동의 성숙을 위해 가장 중대한 현안과제라고 할 수 있다.

(3) 시민사회 구성원의 시민화

시민권의 제도적 보장과 실천의 기회가 확대되어 시민적 요구와 참여 활동이 활발해진 것은 그 자체로 사회 성원들의 시민화의 진전 상황을 말해준다. 그러나 앞에서도 지적하였듯이, 문화적 차원의 시민성은 제도적, 실천적 차원에 비해 시티즌십과 시민사회 성장에서 가장 낙후된 부분이다.

시민성을 구성하는 세 가지 범주들, 즉 시민적 가치, 자기정체성, 시민 역량과 감수성에 기초하여 우리는 몇 가지 스스로에게 질문을 던질 수 있다. 시민적 실천에서 가장 앞서 가는 시민주체를 포함하여 얼마나 많은 시민들이 자유와 평등, 평화와 다양성 존중, 인간과 환경의 상생 등의 가치를 심도 있게 내면화하고 있는가? 권리의식만큼 공동체적 책임의식을 지니고 그것을 수행함으로써 시민으로서의 자긍심과 정체성을 갖고 있는 시민들은 얼마나 되며, 자율적이고 합리적인 판단과 의사결정의 역량을 지니고 있는가? 다른 시민들과의 경쟁과 갈등적 상황에서도 상대방에 대한 신뢰를 가지며 대화와 배려의 의지를 보이는가?

이런 질문 어느 것에 대해서도 현재 한국 시민들의 시민화 수준에 대해 높게 평가하기 어려울 것 같다. 서구에서 시민성과 시민문화는 개인주의의 발달과 더불어 성장해왔다. 가족이나 지역사회와 같은 전통적인 공동체의 통제로부터 개별화되는 과정에서 다른 시민과의 공존의 규칙이자 매너로 자리 잡게 된 것이다. 이에 따라 시민성은 공동체가 그 구성원들에게 강제하는 특성으로서의 규범적 성격에서 벗어나 화이트와 헌트(2000)의 지적과 같이 개개인들의 자기성찰과 관리를 통해 인성 안에서 성장하는 자기실현과 자존감이 되었으며, 타인의 존경을 원하기보다는 자신의 정체성 찾기이자 자기충족의 성격을 띠게 되었다.

이런 점에서 우리 사회의 가족주의, 집단주의, 국가주의 전통은 수평적 시민 관계와 새로운 시민공동체에 대한 시민성 개념과 시민문화의 발달에 우호적인 풍토를 제공하지 못한 측면이 있다. 특히 뿌리 깊은 연고주의는 고속의 경제적 팽창과 고도의 경쟁적 상황에서 계층 고하를 막론하고 이기적 혜택의 추구로 인한 부정부패를 만연시켰고, 사회적 신뢰의 위기 상황을 연출했으며, 이는 다시 선의의 경쟁을 정착시키는 데에 장애가 되고 있다.

5. 맺는 말

이 글은 시민과 시민사회를 역사 속에서 만들어지는 과정, 즉 시민화 과정으로 보고, 현 단계를 여성주의 시민화 단계로 해석하는 것으로 시작했다. 시민과 시민사회를 규정하는 시티즌십은 부르주아 시민화, 복지주의 시민화 단계를 거쳐, 20세기 이후 모든 구성원을 시민으로 강화시키는 여성주의적 패러다임에 따른 완성 형태를 모색하는 단계에 있다고 보았다. 여성주의 시민화 단계는 그동안 시민으로서의 제반 권리로부터 배제되었던 여성들에게도 온전한 시민의 자격을 부여하는 데에 그치지 않고, 여성주의 가치와 이념에 입각하여 여성 이외의 소수집단의 권리를 옹호하고 현대사회의 환경적 변화와 다원적 사회구조에 부합하는 시티즌십 개념의 새로운 패러다임적 전환에 주목한 것이다.

시티즌십은 일련의 권리와 의무와 시민성을 매개로 시민들 간의 관계, 시민과 국가와 시장의 관계를 역동적으로 이루어지도록 하는 토대가 된다. 전지구화와 정보화로 대변되는 오늘날 정치적, 경제적 경쟁은 전지구적 차원으로 확대 심화되고 현대인들은 다양한 위험가능성에 노출되고 있다. 과거의 전통이 사라지고 다원성과 다중성이 심화되는 현대사회에서 사람들은 개별화되는 한편 새로운 형태의 친밀성과 새로운 공동체를 모색하고 있다. 이런 배경 하에서 현대적 시민과 시민사회의 토대가 되는 대안적 시티즌십은 민주적이고 적극적인 시티즌십으로, 개별 시민들을 자신의 삶과 공동생활의 적극적 주체로서 강화해주고(empowering) 시민사회를 그들의 참여 공간으로 발전시키는 형태로 재구성되어야 한다. 제2절과 3절에서 이러한 시티즌십 개념의 재구성을 위해, 기존 개념에 대한 여성주의 학자들의 비판적 논의를 검토했고 시민권(과 의무) 및 시민성의 차원에서 재구성의 방향을 제시했다.

제4절에서는 현재 한국의 시민과 사회의 시민화 상황을 점검하였다. 압축적 자본주의 산업화와 민주화 과정을 거치면서 우리 사회는 부르주아 단계, 복지주의 단계, 여성주의 단계의 시민화 과정이 거의 동시적으로 복잡하고 불균형적으로 진행되는 독특한 경험을 해왔다. 현 단계 한국사회에서는 복지주의 진입 단계 수준의 시민권 개념이 형성되고 제도화되고 있다. 즉, 여성과 기타 다양한 소수 집단들의 요구를 반영하여 기존 시민권의 틀 안에서 조금씩 외연을 확장하는 변화가 만들어지고 있는 수준으로, 새로운 민주적, 적극적 시티즌십 패러다임의

개발에 대한 특별한 관심은 거의 없는 상황이다.

시민의 참여와 실천은 1980년대 이후 활성화되어왔으며 시민의식도 많이 성장되었다. 그러나 전통적인 가치와 행동규범을 대체하는 새로운 시민성이 체계적으로 형성되지 못한 상황이어서, 시민적 공동체의 토대가 취약하고 자칫 시민사회에서조차 시장상황처럼 이권과 이해관계를 둘러싼 시민단체들 간의 무한경쟁 시대에 돌입할 징조도 보인다.

우리 앞에 놓인 과제는 첫째로, 현재와 미래의 한국사회가 요구하는 시티즌십 개념에 대한 근본적인 재조명이다. 특히 현대적 삶이 요구하는 여성주의 가치와 감성을 반영하는 시민의 권리와 의무와 시민성에 관한 새로운 시티즌십 패러다임의 구성이 필요한 것이다. 이 글에서 제시한 시티즌십의 개념 정의와 시민권과 시민성에 대한 내용 재구성의 방향이 조금이나마 앞으로의 논의에 도움이 되기를 바란다.

둘째로, 시티즌십 개념에 포함되는 시민성(civility)의 중요성을 재인식할 필요가 있다. 이는 과거의 윤리도덕이나 국가주의적 질서의식의 수준을 뛰어넘어 21세기 시민사회의 문화적 기초로서의 새로운 시민성이다. 보편적 시민권과 특수집단의 시민권의 제도적 보장만이 아니라 시민성의 확산을 통한 사회구성원의 시민화, 그리고 성숙한 시민사회의 형성이 요구된다. 특히 배려와 돌봄의 사회적 가치에 대해 새로이 주목할 필요가 있다.

시민성은 주어지는 것이 아니라 개인과 사회가 투쟁과정을 통해 성취하거나 교육훈련과 사회화를 통해 습득하는 것이다. 그런 의미에서 유아기부터 성인에 이르기까지 체계적인 시티즌십 계발을 위한 가정과 학교와 사회의 협동적인 노력이 우리에게 절실하게 필요한 때이다. 유아기로부터 청소년기 학교 교육과정을 통한 자기리더십(self-leadership) 함양뿐만 아니라, 지역사회가 모든 시민의 시민성(시민적 가치, 능력, 감수성) 함양을 위한 특별 프로그램을 통해 개인과 사회의 시민화를 촉진하는 노력도 필요하다.

생활의 전지구화가 추진되는 상황에서 지구적 학습(global learning) 또한 성장단계의 어린이부터 성인에 이르기까지 모든 시민들에게 요구된다. 이에 관해 브라운대학교 시몬즈 총장이 최근 한 연설에서 역설한 내용은 많은 것을 생각하게 한다.

> 지구상에서 무슨 일이 일어나고 있는지를 알 수 있다는 사실이 현대 시민들의 특권이고 의무임을 누구나, 어릴 때부터 숙지해야 한다…… 제대로 된 지구화 교육(global education)은 사람, 문화, 정체성에 대해 단순한 관찰과 상상을 넘어설 줄 아는 능력을 키워준다. 이러한 능력은 심오하고 폭넓은 학습의 연장선에서만 생성되며, 이를 키우기 위해서는 개방하는 마음, 다양한 접근방법에 대한 존중이 우선적으로 요구된다. (Simmons, 2006)

이들 과제를 성공적으로 수행하는 일은 결코 쉽지 않다. 그 이유 중 하나는 기존의 사회적 권력 불평등구조 안에서 기득권자와 지배집단의 가시적, 비가시적 저항 때문이다. 배제와 차별은 권력의 본성이다. 여성주의 관점에서 볼 때에도 제도적인 시민권의 확보보다 더욱 근본적인 이슈는 상이한 사회적 범주 간의 사회적 권력 불균형 문제의 해결이다. 특정 사회집단을 다른 집단과 구별하고 배제하고 지배하는 억압적 권력의 문제에 주목해야 한다. 이를 급진적인 결과적 권력 평등화로 해결하려는 것은 무모하고 비합리적이다. 그러나 권력 불평등구조 안에서 일어나는 부당하고 정의롭지 못한 문제들을 해결하는 노력은 중요하다. 특정 사회집단이 다른 집단의 경제적, 정치적, 문화적, 사회적 권력과 폭력에 의한 일방적 피해자가 되거나 권리를 거부당하는 일, 특히, 남성과 여성, 백인과 흑인, 내국인과 외국인처럼 사회적 권력 자원에 접근할 기회가 구조적으로 제한된 상태에서 한 집단이 불이익을 겪어야 하는 일은 매우 부당하다. 시민화의 정치는 이 문제를 해결하는 하나의 열쇠가 된다. 권력 소수집단들은 평등한 시민권에 대한 요구를 활성화하기 위해, 그리고 영향력을 행사할 수 있는 정치적 공간의 확장을 위해 시민화의 정치를 전개해왔고, 앞으로도 지속할 것이다. 그리고 그러한 노력은 기존의 제도 안에 '끼어들기' 전략에 이은 '새판짜기' 전략, 즉 사회적 패러다임 전환을 시사한다. 그것은 기존의 무조건적 성장과 양적 팽창보다는 평등과 평화와 상생의 가치를 지향하고, 지배 · 종속의 권력보다는 상호 배려와 돌봄과 세력화(empowerment)를 조직원리로 하는 패러다임이 될 것이다.

| 참고 문헌 |

권혁태 외 (2003), 『아시아의 시민사회 - 개념과 역사』, 아르케.

김호기 (2002), 「시민사회의 유형과 '이중적 시민사회'」, 『시민과 세계』, 창간호.

김홍우 외 (2003), 『삶의 정치, 소통의 정치』, 대화출판사.

박상필 (2003), 「한국시민사회 형성의 역사」, 권혁태 외, 『아시아의 시민사회 - 개념과 역사』, 아르케.

박승관 (2003), 「숙의민주주의와 시민성」, 김홍우 외, 『삶의 정치, 소통의 정치』, 대화출판사.

신인령 외 (2002), 『지구화와 여성시민권』, 이화여대출판부.

오장미경 (1997), 「시민사회론과 페미니즘」, 『여성과 사회』.

유팔무 · 김호기 편 (1995), 『시민사회와 시민운동』, 한울.

유팔무 · 김정훈 편 (2001), 『시민사회와 시민운동2』, 한울.

이병천 (2005), 「공화국과 자본주의 : 무책임 자본주의에서 시민자본주의로」, 『시민과 세계』.

임희섭 · 임종희 편 (1998), 『한국의 시민사회와 신사회운동』, 나남출판.

장미경 (2000), 「'시민권의 정치' 와 여성노동운동(1987-1999)에 관한 사회학적 연구」, 연세대 박사학위 논문.

______ (2001), 「시민권(citizenship) 개념의 의미 확장과 변화 : 자유주의 시민권 개념을 넘어서」, 『한국사회학』 35 : 6.

정태석 · 김호기 · 유팔무 (1995), 「한국의 시민사회론과 시민사회 분석을 위한 개념틀의 모색」, 유팔무 · 김호기 엮음, 『시민사회와 시민운동』, 한울.

조혜정 (2006), 「후기 근대적 위기와 '돌봄국가' 적 패러다임 전환을 위한 시론」, 연세대 사회과학연구소, 『사회과학논집』 37 : 1.

조형 · 강인순 · 정진주 (2003), 『여성의 시민적 권리와 사회정책』, 한울.

한국사회학회 · 한국정치학회 (1992), 『한국의 국가와 시민사회』, 한울.

허라금 (2006), 「보살핌의 사회화를 위한 여성주의적 사유」, 『한국여성학』

22 : 1.

홍윤기 (2002),「시민민주주의론」,『시민과 세계』 창간호.

Anthias, Flora & Nira Yuval-Davis. eds. (1989), *Woman-Nation-State*, Macmillan.

Beck, Ulich. 홍성태 역 (1997),『위험사회 : 새로운 근대(성)를 향하여』, 새물결.

Brodie, Janine (2004), "Introduction : Globalization and Citizenship Beyond te National State", *Citizenship Studies* 8 : 4.

Delanty, Gerard (2000), *Citizenship in a Global Age : Society, Culture, Politics*, Open University Press.

Dietz, Mary (1992), "Context is All : Feminism and Theories of Citizenship" in C.Mouffe ed., *Radical Democracy and Citizenship*, ch.3.

Einhorn, Barbara (1993), *Cinderella Goes to Market : Citizenship, Gender and Women's Movement in East Central Europe*, Verso.

Einhorn, Barbara & Eileen Janes Yeo eds. (1995), *Women and Market Socities : Crisis and Opportunities*, Edward Elgar.

Giddens, Anthony (1982), *Profiles and Critiques in Social Theory*, Macmillan.

Janowitz, Morris (1980), "Observations on the Sociology of Citizenship", *Social Forces*, 59.

Leca, Jean (1990), "Individualism and Citizenship" in P. Birnbaum & J. Leca. eds., *Individualism, Theories and Methods*.

Lister, Ruth (1997), *Citizenship : Feminist Perspectives*, NY Univ. Press.

Marshall, T.H. (1963), *Sociology at the Crossroads*, Heinemann.

________ (1977), Class, *Citizenship and Social Development*, Univ. of Chicago Press.

Mouffe, Chantal (1992), "Feminism, Citizenship, and Radical Democratic Politics" in *Feminist Theorize the Political*, edited by Butler, J. and

J.W.Scott, Routledge.

Muetzelfeldt, Michael and Gary Smith (2002), "Civil Society and Global Governance : The Possibilities for Global Citizenship", *Citizenship Studies*, 6 : 1.

Murphy, Michael and Siobhan Harty (2003), "Post-Sovereign Citizenship", *Citizenship Studies*, 7 : 2.

Nash, Kate (2001), "Feminism and Contemporary Liberal Citizenship : The Undecidability of 'Women'", *Citizenship Studies*, 5 : 3.

Nisbet, Robert (1974), "Citizenship : Two Traditions", *Social Research*, 41.

Pateman, Carole (1989), *The Disorder of Women*, Polity Press.

Richardson, Diane (2000), *Rethinking Sexuality*, Sage.

Schattle, Hans (2005), "Communicating Global Citizenship : Multiple Discourses Beyond the Academy", *Citizenship Studies*, 9 : 2.

Sennett, Richard (2003), *Respect in a World of Inequality*, 유강은 역 (2004), 『불평등 사회의 인간존중』, 문예출판사.

Siim, Birte (2000), *Gender and Citizenship : Politics and Agency in France, Britain and Denmark*, Cambridge University Press.

Simmons, Ruth (2006), "Global Education for the New Century : The Ties that Bind", 제6회 김옥길기념강좌 〈세계화의 새 지평 : 융합과 통섭〉 발표논문, 2006. 5. 10.

Stasiulis, Daiva (2002), "Introduction : Reconfigurating Canadian Citizenship", *Citizenship Studies*, 6 : 4.

Taylor, David (1989), "Citizenship and Social Power", *Critical Social Policy*, 26.

Voet, Rian (1998), *Feminism and Citizenship*, Sage.

Vogel, Ursala & Michael Mora. eds. (1991), *The Frontiers of Citizenship*, Macmillan.

Walby, Sylvia (1994), "Is Citizenship Gendered?", *Sociology*, 28.

White, Melanie and Alan Hunt (2000), "Citizenship : Care of Self, Character and Personality", *Citizenship Studies*, 4 : 2.

Young, Iris Marion (1989), "Polity and Gourp Difference : A Critique of the Ideal of Universal Citizenship", *Ethics*, 99.

지구시민사회 맥락에서 본 여성주의 시민의 정체성[1)]

윤혜린*

1. 문제 제기

지구화 시대를 사는 사람들의 의식과 활동 범위는 국민국가의 경계를 넘어선다. 여행, 연수, 유학 등 비교적 단기에 그치는 이동뿐만 아니라 이민이나 노동이주 등 장기에 걸친 공간 이동이 일상화되고 있다. 비인격적 요소인 자본이나 정보도 지구적 네트워크를 통해 광속으로 흐른다. 국민국가가 자신의 주권적 주장을 더욱 강화하는 경향성과 나란히 진행되는 지구적 시장과 초국적 통신망의 확장은 각국 정부와 시민들의 삶에 강한 영향력을 행사하고 있다. 지구적 자본 운동이 고용허가제를 위주로 진행되는 반면, 이에 대응하여 일각에서는 지구적 시민

* 이화여자대학교 한국여성연구원 연구교수.

1) 이 글은 『여성학논집』 제23집 1호(2006, 한국여성연구원)에 수록된 논문인 「지구시민사회 맥락에서 본 여성주의 시민의 정체성」을 문맥상 필요에 의한 수정을 제외하고는 거의 전재한 것임을 밝혀둔다.

의 권리로서 노동허가제 도입을 주장하면서 사회권을 핵심 내용으로 확보해야 한다는 주장도 최근에 대두되고 있다(하트 & 네그리, 2001).

이 시대의 변화를 주도하고 있는 여러 현상들은 중층적이고 무수히 복잡다단하기 때문에 관심사에 따른 제한이 불가피하며, 그 관심은 사회적 존재로서 한 개인의 위치성(positionality)과 연동한다. 즉 우리 각자는 자본이동, 노동이동, 정보기술교류, 문화변동, 네트워킹의 관점 등 각기 서로 다르거나 또 포개지는 지점에서 자신의 문제를 설정하게 된다.

한 예로 헬무트 안하이어 외(2002)는 '지구시민사회' 개념을 통해 (패권적) "지구화를 길들이고 인간화하며 책임을 묻고 교화할 수 있는 좋은 길을 모색할" 가능성을 열어간다. 이 때 '지구시민사회'에 대한 조작적 정의는 "가족, 국가, 시장 사이에 존재하고, 일국적 사회와 정치체와 경제를 초월해서 작동하는 아이디어, 가치, 기구, 조직, 네트워크, 개인들의 영역"이다. 이 개념은 국민국가와 시장의 압력에 대해 상대적으로 자율적인 실천들에 따라 형성되고 있는 제3의 초국적 공간 활동들을 포괄적으로 서술해주는 기능을 담지한다. 동시에 전지구적 정치, 경제, 문화의 획일적 통합의 외곽에 존재하는 지구적 사이 공간들을 통해 인류사회에 대한 소속감을 갖는 다국적 시민들이 자신의 정체성을 재규정하고 개개인의 자율성, 책임, 참여를 증진할 수 있는 여지를 보여주는 지구적 시민사회를 형성해야 한다는 규범성을 갖는다. 그리하여 소위 '아래로부터의 지구화'를 희망해볼 수 있는 공간으로서 표상되고 있는 것이다.

이러한 '지구시민사회'의 인식론적 틀은 특정한 정치적, 종교적 이념 혹은 하나의 문화적 지향으로서의 사해동포주의(cosmopolitanism)

와는 다르다. 또한 노동자 인터내셔널을 통한 만국의 노동자 조직 혹은 세계 지역에서 각 블록으로 이합집산된 국제적 정치영토 연합의 확장과 거리를 둔다. 동시에 그 틀은 보편적인 확장성을 갖는 '인권' 개념을 기초로 하여 지상의 모든 인민을 품겠다는 의지와 그들이 지구적 의식을 갖춘 지구시민으로서 생각하고 행동하도록 돕고자 하는 로드맵이나 미래 비전과 같은 성격의 개념적 도구이다(안하이어 외, 2002).

지구화 시대의 하나의 표상으로서 '지구촌 사회'는 하나의 글로벌한 단일 사회라고 오해되기 쉽고, 그 오해는 '지구시민사회'에 대해서도 반복될 수 있다. 하지만 지구화의 맥락에서 지역적으로 활동하고 실천하는 시민사회의 운동성은 지구시민의 활동으로 파악되거나 지역주민의 활동으로 파악되어야 하는 배타적 이분법을 거부한다. 사실 '글로벌'의 개념으로 포착되지 않는 점은 바로 지구적 힘과 그 변수들이 지역적 요소들과 상호침투하면서 중층적 구조를 가진 다양한 효과들과 변화들을 생성해내는 공간의 존재이다. 그러므로 지구시민사회는 국가 내 시민사회들을 종합하여 총량으로 서술하는 외연의 단순 확대개념이 아니다. '글로벌' 시민사회는 '로컬' 시민사회를 일소하거나 대변할 수 없다. 소위 지구/지역성(glocality), 즉 글로벌과 로컬의 관계, 로컬과 로컬의 관계성 등 서로 다른 층위의 힘들이 상호경합하고 상호중첩되는 가운데서 발아하고 펼쳐지는 무수한 이질성의 현장들이 지구시민사회를 형성하는 것이다.

지구화 시대에 지구시민사회를 정치적 삶의 맥락으로 삼는 여성주의 관점에서는 어떤 논의들이 절실한가? 지구촌 질서가 아직 국민국가의 공간 구속력(정치, 경제, 문화 등 개인 삶의 총체적 측면에서)을 추월할 정도의 원심력을 확보하고 있다고 볼 수 없는 상황에서 탈장소적 여성주의에 대한 표상이 실제적 의미를 담보할 수 있을 것인가? 사실 지구촌 동서남북에 서 있는 여성들이 지구시민이라는 단일한 개념적 우산 아래 부여받은 단일하고 일반적인 정체성을 가질 것이라고 추정하는 논의는 비현실적이다. 우리는 다중적으로 그어진 사회적 구획선들의 경계에 서서 그 경계가 재현하는 단층선, 이익의 충돌, 문화제국주의의 압력, 해소할 수 없는 차이 등을 온몸으로 안고 살아간다.

그럼에도 불구하고 찬드라 모한티(2005)의 말처럼 탈경계성을 "단 하나의 의미를 띠는 경계는 없다는 것을 인식하는 것이며 국가 · 인종 · 계급 · 섹슈얼리티 · 종교 · 장애를 통과하며 그 사이를 가로지르는 경계선들이 실재함을 인식하는 것"으로 받아들인다면, 탈경계성을 기본 폿대로 삼는 지구적 여성주의를 하나의 인식적 전망으로 삼을 수는 있을 것이다.

필자가 지구시민사회를 하나의 역동적 맥락으로 놓고, 여성주의 관점을 채택하여 논의한다는 것은 바로 이같은 복잡한 생성 현장을 개념적으로 이해해보자는 뜻이다. 한국의 시민사회를 논할 때 일반적으로 국가와 시장에 대한 상대적 자율 공간으로서 시민사회가 아직 성숙하지 않았음이 지적되는데, 시민사회의 형성력으로서 여성주의가 특정한 역할을 할 수 있다면 지금이 바로 적시가 아닌가 한다.

실제로 구체적 지역 현장의 여성주의 시민들은 지구적 표준에서 설정하는 여성 정책의 가이드라인과 자국 정부의 실제 정책 사이의 괴리를 좁히기 위해 끊임없는 협상을 하고 있다. 이들은 여성의 지위 및 권한이 앞서 있는 타국의 운동 사례들을 참조하면서도 선진국 여성들의 삶의 질이 3세계 여성 자원에 대한 전유와 활용에 기반하고 있음을 비판적으로 성찰한다.

특히 탈식민성을 인식적 거점으로 삼아 자신의 현장을 설계해가는 지역 여성운동의 경우는 자신들의 실천 경험을 지구적으로 유출하고 파급시킴으로써 서구 중심으로부터 일방적 영향권으로 수렴되는 상황을 경계하고자 한다. 탈식민성은 탈경계성의 실천적 지향인바 국민국가중심주의, 서구중심주의 등 모든 중심과 주변의 이분법을 벗어버리고 모든 활동 공간이 곧 지역이며 우리의 모든 인식은 상황지워진 국지적 지식임을 고백하는 것에서 시작하자는 것이다(조한혜정, 2004).

이런 상황들로 인하여 여성주의 시민의 존재론적 지위는 구체적 현실세계, 국지적 장소, 지역 현장을 기반으로 삼을 수밖에 없다. 특히 본 논의의 초점에서 보면 그녀가 지구/지역성을 수행하면서 생활세계를 꾸려내는 중층적 활동과 연동하기 때문에 지역에서 여성주의 시민으로 자신의 정체성을 형성해가는 현재 진행형적 현실을 되짚어보는 것이 적절하다.

지구시민사회의 성별 정치적 맥락에서 보자면 여성은 다차원적 사회 공간 안에서 여성을 배제하는 파워와 여성의 참여를 지원하는 파워의 양 축[2]을 가로지르는 역학에 노출되어 있다. 이들 두 힘이 효과를 발하면서 형성하고 있는 젠더 현상들을 소묘해보자.

파워 1〉 지구촌, 국가, 시장, 시민사회, 가족의 합주 속에 여성을 배제하는 힘들의 총체(여성주의 시민에 대한 억압과 무력화의 장소)

2) 지구화의 진행에 개입하는 지구적 차원의 힘은 매우 복합적이지만 논의의 단순성을 위해 강대국의 정치경제적 독과점 이익을 추구하는 힘과 국가 간 평등과 정의의 실현을 지향하는 NGOs의 힘을 대비시키는 것과 유사하게 지구적으로 발휘되는 힘 가운데 여성을 지원하는 방향과 여성 억압을 유지하는 방향의 파워 관계를 성별 정치(gender politics)의 진행으로 파악하고자 하였다.

· 지구화의 진행과정에서 여전히 빈곤의 여성화, 이주의 여성화 흐름이 진행되는 속에서 여성의 삶의 기회가 증진되기보다는 취약해져 가는 구조적 문제가 있다. 지구화의 변방에 서서 지구적 궁핍과 빈곤의 얼굴을 한 여성들의 위기는 더욱 첨예화되고 있다.

· 국민국가 내에서 여성은 성평등적 시민권을 철저하게 담지하지 못함으로써 이등 국민의 처지에 놓여 있다.

· 시장의 내적 질서는 교환가치로만 계산되고 여성은 노동능력 면에서 저평가되고 있다. 또한 노동시장 안의 지위에 연동된 복지체제는 여성에 대한 저급한 수혜 수준을 구조화하고 있다.

· 시민사회 내 성 주류화가 미흡하여 가치지향 단체 내에서도 여성의 이슈는 주변화되거나 침묵을 강요당하고 여성운동은 부문운동의 위치에 머물러 있다.

· 가족 공동체 안에서 관철되는 보살핌 노동의 전담 양상이 여성의 사회 진출에 장애가 되고 있고, 여성에 대한 가부장제적 성통제 속에서 여성 개인의 욕구가 주체적으로 실현되기 어렵다.

파워 2〉 여성에게 자율성과 역량, 권능, 리더십 등의 기회를 제공함으로써 여성을 북돋우는 힘들의 총체(여성주의 시민의 적극적 개입과 정체성 생산 등 행위성의 장소)

· 여성주의자들은 지구적 연대와 네트워킹을 통하여 지구/지역적 여성운동에 대한 상호지원을 강화하고 있다.

· 지구적 표준에 맞춘 정치 · 경제 · 문화적 여성 대표성 증가를 명분으로 하여 국민국가 내에서 여성 지위, 권한 향상 및 모든 사회적 권리 확보에 유리한 기회를 조성하고 있다.

· 여성의 역사적 보살핌 행위 및 자원에 대한 여성주의적 재평가를 이루어냄으로써 지구/지역 시민사회의 내적 질서를 새롭게 모색하고 있다. 지구시민사회의 여성주의화를 위한 주도적 행위자로서 여성이 등장한다.

· 탈식민주의 이념의 인식적 주도성이 확보됨으로써 패권주의적 국가주의의 강화를 저지하는 여성주의의 이념이 힘을 얻고 있다.

· 여성, 환경, 평화, 교육, 민주화 등 생활세계 변혁의 쟁점을 파고드는 독자적 운동들이 서로 상호작용할 수 있는 가치론적 연결고리가 형성되고 있다.

이러한 대략적인 상황 인식 안에서 주어로 서술된 '여성'이 동일한 집단을 뜻한다거나 '여성주의'가 지구적 수준에서 자신의 위상을 드러내고 있음을 전제할 필요는 없다. 단지 맥락적으로 보아 당대 여성주의의 행위성은 지구/지역성에 의해 구조화되는 국면과 지구/지역성 자체를 새롭게 생성해가고 있는 두 국면의 교차 지점에서 창발되고 있음을 표현한 것이다.

본 논문은 역동적인 지구시민사회를 형성하는 몫을 담당하는 하나의 인터페이스로서 한국사회에 초점을 맞추어 여성주의 시민이 지구적 자장 속에서 자신의 정체성을 확립해가는 과정에 토대가 되는 정체성의 구성적 성질을 집중적으로 규명하고자 한다. 논의의 핵심은 여성주의 시민의 존재론적 지위를 규명하는 일이다.[3)]

3) 연구 방법은 텍스트 연구 및 분석을 위주로 하되, 새로운 시티즌십 구성을 예증하기 위해 몇몇 사례를 제한적으로 참고했다.

2. 여성주의 시민의 존재론적 지위

전지구적으로 관철되어온 가부장제가 여성을 부차적인 사회적 지위로 배치하였던 역사에 대해서는 많은 논의가 축적되었다. 인권의 본원적 내용인 공민적(시민적), 정치적 권리를 취득하고 나서야 여성'도' 공민으로 취급받았다. 여성이 국민(시민)으로서의 기본권인 사회적, 경제적, 문화적 권리를 온전히 향유하기 전까지는 2등 국민(시민)일 수밖에 없(었)다.

여성이 가부장제적 타인의 의사 결정에 의존하지 않고 도덕적으로, 정치적으로 판단 능력이 있는 인격체로 행동하기 위해서 필요한 것은 정치참여권에 대한 법적 보장뿐만 아니라 공공의 의사형성 과정에 참여할 수 있는 기회를 사회적으로 보장받는 것이다. 이러한 기회는 자신에게 어느 정도의 생활 수준이 주어질 때나 실질적으로 접근할 수 있었기에 주체의 자주적 행위 능력을 위해서는 최소한의 문화적 교육과 경제적 안정이 필요하다. 즉 "주체가 법적으로 인정될 때 또한 존중되어야 할 부분은 도덕적 규범에 따라 행동하는 추상적 능력뿐 아니라 이를 위해 필요한 정도의 사회적 생활 수준을 유지하는 구체적 속성"(호네트, 1996)이므로 여성의 주체 구성에서 물적 토대와 문화적 자원은 필수 조건이 된다.

모든 사회적 권리를 위한 투쟁 가운데서 여성은 자신의 지위가 천부적이거나 사회 내 귀속적인 것도 아니고 사회 · 문화적 구조 안에서 새롭게 성취되고 구성되는 인정투쟁의 산물이라는 것, 그리고 그 투쟁의 동력은 바로 인간의 삶을 옥죄는 불평등과 억압이 철폐되어야 마땅하다는 당위적 신념체계와 그에 따른 실천임을 자각한다. 개별 인간의 잠재력이 최대한 실현되도록 사회는 그 지원 체계적 성격을 갖추어야 하며, 그러한 가능 세계의 평등성은 인간의 존재 이유이기도 함을 보편주의적으로 인식하는 것이다.

그리하여 여성에 대한 사회적 인정 관계의 현대적 구조는 여성 개인의 효능감 제고를 보장하는 공동체의 인정 속에서 여성 개인이 사회의 평등주의적 진행의 수혜자가 되는 동시에 실천적인 자기 관계를 맺는 것, 즉 자기 가치부여하면서 존엄성을 지키는 데 있다(호네트, 1996).

여성인권사적으로 볼 때 1995년 북경대회 이후 "여성의 권리는 인권"이라는 보편적 정언명법에 따라 여성주의는 이러한 전지구적 합의 수준을 각국 정부에 압박할 수 있는 이론적, 도덕적 권위를 갖추었다. 자국의 미비한 여성정책을 보완 혹은 선진화하는 일에 서명하라는 여성계의 요구들이 거세지기 시작했다. 그렇지만 여성의 권리를 행사하고 전면적으로 확보해가는 실제 과정은 아직도 엄청난 에너지를 필요로 하는 미완의 기획이며, '인권'이라는 총체적이고 규범적인 범주를 실제로 자신의 사회 안에서 어떤 내용성으로 담지하게 할 것인가는 현장 여성주의자들의 방향성과 실천적 역량을 변수로 하여 다기하게 전개된다. 사회정의적 개념으로서 양성평등, 성적 자기결정권, 여성빈곤 등 다양한 아젠다가 지역별로 대두되고 있다.

국제회의 등에서 노출되는 지역적 사안을 단순화시켜 구분하자면 평등은 1세계 여성들 사이에서, 평화는 2세계의 여성들, 개발은 3세계의 여성들의 주요 관심사이다(주준희, 2003). 그렇지만 각 지역 여성들은 자신들의 시대적 과제를 해결해가는 과정에서 여성들에게 어떻게 힘을 북돋고 스스로 힘을 갖추게 할지, 각 사회에서 성 주류화를 어떻게 이루어낼지에 대한 공통된 문제의식을 다양한 지형에 전개시킨다. 이 때 3세계 여성이 1세계를 3세계의 미래 모형으로 받아들이는 식으로 역사의 선형적(linear) 발전에 대한 관념을 갖지 않는 것은, 일국의 경제적 성장 수준과 여성주의의 행위성 사이에 필연적 연계가 없으며 재화와 소득이 삶의 수단적 가치일 뿐임을 자각하기 때문이다. 또한 1세계의 부는 언젠가 3세계에도 승계될 그런 성격의 것이 아니고 당대 3세계의 빈곤을 기반으로 하여 획득된 결과임을 인식하기에 국가 단위를 넘어서서 지구적 차원의 평등과 공존, 평화와 같은 비계약적 가치들이 교차하는 지구시민사회라는 새 판을 짜야 한다고 보기 때문이다.

이러한 여성주의의 사회구성적 에너지는 국내적으로는 시민사회의 성숙과 국가와 시장으로의 일방적 포섭에 대한 견제구가 된다. 지구시민사회로 재맥락화하자면 여성주의 시민의 존재론적 지위는 바로 자신의 행위성을 기반으로 지구/지역적 현장에서 구성해가는 정치적 정체성의 한 형태이며 이는 지구시민사회 안에서 인식적, 실천적 노력 없이 자동적으로 주어지는 것이라기보다 스스로 창출하고 자임하는 것이다.

이와 더불어 지구/지역적으로 여성이 사회의 빈 공간들을 채우면서 권리들의 패키지를 충일하게 채워가는 실천의 과정, 즉 시민권의 정치화 과정에서 이익 투쟁으로서의 권리 투쟁의 한계에 대한 성찰을 늦출 수 없다는 자각이 일고 있다. '시민권'은 시민으로서의 권리를 사회 안에서 실현해가는 과정에서 근거로 요청되는 바(공민권, 정치권, 사회권, 문화권 등)와 구별되어야 한다는 것이다. 즉 시민권은 단편적 권리들의 총합으로서의 권리보다 훨씬 능동적인 행위성을 요청함으로써 권리 확보뿐만 아니라 사회에 대한 책임성과 참여, 가치 및 덕성을 담지하는 '통합적 시민성'(citizenship)으로 진화하여야 한다. 이 때 여성주의 시티즌십은 법적 지위로서 시민적 권리에 더하여 여성주의 의식과 실천, 비전을 갖는 시민이 개인적이며 집합적인 차원의 행동과 실천으로서 삶의 공간을 여성주의화해가는 정치적 능력이자 가치론적 덕성이다. 이렇듯 시민권 논의가 시티즌십 논의로 질적 전환함으로써 사회계층에 특수하게 적용되는 포함과 배제의 역학에 따라 시민권의 역사가 설정되었던 경로가 차단된다.

이렇듯 시티즌십을 권리 중심의 용어법에서 책임과 전망 중심의 용어법으로 새롭게 이해하고 재해석함으로써 지구시민사회가 여성주의적 가치와 윤리, 규칙에 의해 건설될 수 있게 하는 일, 즉 '사회의 시민화'가 중요해진다(조형, 2006).[4] '시민' 또한 권리의 주체, 의무의 담지자를 넘어서 시티즌십의 구현자로서 '시민화'될 때 협애한 자기 이익(자국, 자기 사회집단 등) 추구를 넘어설 수 있다.

이하에서 여성주의 시민이 지구/지역적으로 맺고 있는 중층적 관계 속에서 자신의 정체성을 사회와 협상해가는 지점들, 그리고 일상 세계에서 확보하는 미시적 시티즌십의 차원들, 마지막으로 여성주의 시민들의 의식과 실천 안에서 담보된 탈위계적 가치와 사회변화의 활력 등을 살펴보고자 한다.

4) 이 책 1장의 논의를 참조했음. 필자는 기존에 작성한 논문에서 시민의 '시민됨' 혹은 '시민임'의 차원을 시민의 존재론적 지위, 즉 정체성과 관련하여 고찰하려는 생각으로 1장의 '시티즌십'에 해당하는 개념을 '시민성'으로 개념화했다. 그리고 필자의 '시민성' 개념 안에는 가치지향이나 품성 차원의 좁은 시민성(civility)도 포함되어 있다. 그렇지만 이 책의 공동 저자인 조형의 논의 가운데서 특히 '시티즌십'과 '시민권'을 개념적 내포에서 차별화하는 요점이 '시티즌십'의 포괄성/가치지향성과 '시민권'의 협애성/권리-의무 중심적 사용 관행에 있다고 보았으며, 그러한 문제의식을 공유할 수 있었고 단행본 전체의 논의 안에서 개념적 통일성을 확보하자는 취지에서 원 논문의 '시민성'을 '시티즌십'으로 바꾸었다. 그리고 기존 학계의 일반적 논의와 연관된 대목에서는 '시민권' 개념 역시 사용했다.

1) 중층 관계적 시티즌십

지구적 의식을 갖춘 '시민'은 선험적으로 고정된 범주가 아니라 자기 현장을 중심 무대로 하여 구성적 과정에 있는(civitas building) 범주임(무페, 1992)을 적실하게 보여주는 창구가 바로 여성주의 시민이 지구화 맥락에서 스스로를 정체화해가는 과정 자체가 아닐까 한다. 따라서 사회구성체의 한 멤버로서 '여성' 혹은 '지구시민사회의 구성원임'에 주목하는 것이 아니라 구체적 현장에서 '여성주의 시민이 되어간다는 것'이 무엇인지를 파악하는 것이 중요해진다.

지구화를 정치 · 사회 · 경제적 구조와 구별되는 의식면에서의 근본적 변화라는 측면에서 조명해본다면 개인과 사회에 대한 전통적 사유 방식의 해체 및 재구성, 탈경계화를 핵심으로 볼 수 있다. 단일하고 고정된 전통 관념구조에 대한 문화적 전승의 거부와 유연하고 다양한 자신의 생활방식의 선택이 가장 급진적으로 일어나고 있는 변화이다. 내용적으로 의식적 정체성의 다중성과 사회적 관계 맺음의 유목성을 들 수 있다.

이를 이진경(2002)은 리좀적 세계[5]의 특징의 하나인 '접속의 원리'로 부르는바, 현대는 선접(either-or)의 세기에서 연접(both)의 세기로 진행되고 있다는 것이다. 이분법적 세계는 이항적, 배타적 선접을 요구하면서 어떤 하나의 방향으로 몰고 가는 반면, 접속은 두 항이 등가적으로 만나서 제3의 것, 새로운 무언가를 생성한다. 여기에는 어떤 귀결점도 없고 호오(好惡), 선악(善惡)의 구별도 없다. 리좀은 줄기들

5) '리좀'은 들뢰즈와 가타리의 공저인 『천의 고원』에서 등장한 용어로서 '뿌리줄기'를 뜻한다. 이진경은 이를 하나의 중심, 하나의 뿌리로 귀착되는 수목형과 달리 이런저런 줄기들이 단일 중심 없이 분기되고 접속되는 그런 모습이 당대 사회의 한 특징을 잘 드러낼 수 있다고 보고 원용하고 있다.

의 모든 점이 열려 있어서 다른 줄기가 접속될 수 있는 것, 혹은 다른 줄기의 어디든 달라붙어 접속할 수 있는 것, 하지만 접속한 줄기들이 어느 한 점으로 수렴되지 않으며, 배타적 이항성도 작동시키지 않는 것이다. 이와 비슷하게 한 개인이 스스로를 정체화하기 위해서 주민－시민－민중－노동자－국민－지구시민 등의 멤버십의 어느 한 항목 때문에 다른 항목을 밀어낼 필요가 없다. 개인은 이러한 각각의 사회적 주체의 위치에 겹쳐 서 있기에 계급뿐 아니라 성, 인종, 지역, 세대 등으로 분할되어 있다. 이 접속의 원리를 시티즌십의 구성 과정에 접속시키면 어떻게 될까? '나'의 '시민'으로서의 정체성 진화도는 다음 세 가지 구별적 층위를 갖는다(홍윤기, 2004).

① '나'의 정체성은 중첩적 다경계성을 갖는다. 자기－성－가족－친구－이웃－지역－직장－계급－사회－국가－민족－국제기관－인류 차원의 세계사회 등이 나의 삶의 현장으로 겹쳐 있다.
② 이 중첩적 다경계들은 '나'를 '남'과 대립시키는 제약조건이면서 동시에 '나'를 '남'을 통해서 실현시키는 실천조건이다. '나'는 구성되는 범주이다.
③ 중첩적 경계들을 관통하여 '나'는 세계사회에서 인류적 통합을 전망하는 실천적 주체이다. '나'－정체성이 진화되어가는 실존형태를 '시민'이라고 한다.

이상의 틀은 성별 중립적(gender-neutral)으로 서술되어 있으므로 필자는 젠더 관점에 따라 새롭게 구성하여 이해하고자 한다. 우선 한 여성이 맺는 중첩적 다중성 관계 안에서의 개인적 차이 지점들을 잘 드러내기 위해서 연결 부호(–) 대신 선접 부호(v)를 도입해보면 ①, ②, ③은 각각 다음과 같이 새롭게 표현된다.

①′ 자기 v 성 v 가족 v 친구 v 이웃 v 지역 v 직장 v 계급 v 사회 v 국가 v 민족 v 국제기관 v 인류 차원의 지구시민사회

①′를 통해 우리는 만일 한 개인이 여성이고 가족이 없지만 친구가 있고, 이웃이나 지역적 교류가 없고 직장이 없거나 한국 사회에서 생활하지만 국제적 소통을 하지 않는 경우를 비롯하여 모든 여성 개인의 관계맺음의 양상을 포괄할 수 있다. 이렇듯 여성 개인들 간의 차이가 무수하게 벌어진다는 것은 그 개인을 물리적으로 균일한 영향력 하에 놓는 통합 개념적 우산이 없다는 뜻이다. 그 개인의 활동성, 관계방식에 따라 정체성 합성과 분절이 다기화된다는 것이다. 여성주의에서 상정하는 여성 억압의 공통성이란 전략적 범주의 유용성에도 불구하고 '우리 여성 전체'를 아우르려는 동원적이고 몰성찰적인 기도들이 경계의 대상이 되는 근거이다. 여성 개인들은 각자가 서 있는 계급적, 사회적 자리에서 자신과 차이성을 갖는 타인들(여성 포함)과 연대 혹은 한시적 결합 관계를 맺고 행위하고 있을 뿐이며 그 토대 역시 유동적이다.

②는 공시적으로 일어나는 사건으로 서술되어 있는데 이를 통시성을 통해 보충할 필요가 있다.

②′ '나'를 '남'과 대립시키는 제약조건이면서 동시에 '나'를 '남'을 통해서 실현시키는 실천조건이다. 이 때 '나'는 통시

적으로 구성되는 범주이다.

이를 해석해보면 시간 단면에서 '범주 내' 성질은 배타적이다. 즉 '자기'는 '-자기'가 아니고, 여성이면 남성이 아닌 것이고, a 지역에 속해 있다면 -a 지역이 아닌 것이다. 그러나 통시적으로는 '자기'라는 자아의 형식적 구조를 제외하면 어떤 범주도 변경 가능하며 고정된 경계가 없다. 전통사회에서 한 개인의 사회적 위치는 유동성보다 안정성의 토대 위에서 설정되었지만, 가족, 직장, 지역 등이 영속적 공동체의 성질을 상실하게 되면서 모든 범주가 자율적 선택의 대상이 되었다. 즉 당대가 전통사회의 삶과 확연히 달라진 점은 자신에게 해당 공동체가 '발견'의 대상이었던 것에서 이제는 필요와 욕구에 따른 '선택'이 될 수 있는 가능성이 매우 커졌다는 점이다(루고네스, 2005).

소위 '지향적 공동체'(intentional community)의 대두는 우리의 인식, 사유틀, 상상력의 범위와 내용 구성에 도전하고 있다. 국민국가의 경계를 넘어서 다양한 결사체들의 이익과 욕구, 서비스가 공존하고 국가 및 시장과 유기적인 관련성과 긴장을 통해 충돌하는 역동적 장에서 우리 여성들 삶의 방식은 새롭게 맥락화된다. 따라서 여성은 일 국가나 시장에 대한 의존과 그로부터의 수혜를 기대하는 소극적 입장에서, 스스로를 사회적 약자로 보는 관점에서 벗어나 다양한 생활양식에 따라 자신의 공동체의 창출과 발전을 지구/지역적으로 창출하는 확장적 행위성(agency)을 필요로 한다.

국가나 시장의 억압으로부터 자유로운 삶이란 대사회적 권리 주장으로 실현되는 것이라기보다는 그러한 가치를 수행하는 생활양식을 꾸려나가는 자주적 실천으로 확보되는 것이다. 최근에 가치 있는 삶의 기회를 찾아 떠나는 교육 이민이나 웰빙 이민 등 '나의 역사적 구성'이 출현하였다. 그러나 여러 현실적인 제약으로 국적 포기 및 영구 이민과 같은 상대적으로 긴 시간의 시민권 변동보다는 짧은 이주와 왕래로 단기화되는 경향도 보인다.

외국에서의 살림살이에 대신하여 최근 우리 사회의 한 경향은 기존의 지연(地緣)·학연(學緣) 중심의 인간관계의 비중보다 지연(志緣)에 기초한 작고 다양한 공동체들을 '이 곳 여기에서' 모색하는 일이 적지 않다는 점이다. 경험적 사례로서 대안적 인문학 연구공동체를 지향하는 연구자 집단의 모듬살이(수유공간 너머)나 인간관계와 생태적 생활을 회복하는 생태마을 만들기라는 공동체 비전 속에서 이러한 대안문화의식에 공감하는 사람들이 이주해와서 벌인 지 벌써 10여 년이 된 마을만들기 프로젝트(성미산 마을) 등을 들 수 있다(이은희, 2006 ; 박승현, 2006). 특히 후자처럼 문화활동을 축으로 하는 지역 자치 공동체는 자신이 살고 있는 지역과 삶의 문제에 대한 자기 결정권을 확보하려는 시도로써 공동 육아, 대안교육, 유기농 생협, 지역방송 등 여러 창의적 문화활동 들을 실험해가는 중이다.

③을 여성주의 시티즌십과 관계시켜 논의하자면 다음과 같이 표현할 수 있다.

> ③′ 중첩적 경계들을 관통하여 '나'는 세계사회에서 인류적 통합을 전망하는 실천적 주체로 구성된다. '나'-정체성이 여성주의적으로 진화되어가는 실존 형태를 '여성주의 시민'이라고 한다.

한국사회 내 여성은 온전한 시민으로서 역할을 맡는 과정과 함께 지구시민의식을 갖는 여성주의자로 진화되는 과정이 함께 중층적으로 일어나야 한다. 필자는 이를 '3중의 정체성 구성'으로 본다. 우선 여성은 시민이 되어야 하며, 그 다음 차원에서 여성주의 시민이 되어야 하고, 궁극적으로는 지구시민사회의 여성주의 시민이 되는 중층 경로를 밟아야 한다. 이 세 층위는 시간적, 단계적 개념에 의한 것이 아니고 차원적 구별성 개념에 의한 것이다.

우리 사회의 한 약자 집단으로서 이혼여성들이 모여 집단을 이룬 〈아낙들〉은 생활의 방편으로 과자를 굽기 시작하여 실직한 여성가장들과 소외계층을 돕는 NPO로 질적 발전을 이루었고, 이후 친환경적 살림의 가치에 따른 자활 공동체로 거듭나기 위한 노력을 지속적으로 하고 있다. 비슷하게 소비자들에게 안전한 먹을거리를 공급하는 활동으로 시작한 생협을 통해 인근 국가 및 각 지역의 자치 활동에 연관되는 시각을 갖게 되면서 지구시민사회의 성원 되기를 체화하는 경우도 확산되고 있다.

필자가 면접한[6] 특정 생협의 한 활동가는 "(우리 사회에서 생협을 하면서) 굉장히 특수한 사람인 줄 알았는데 딴 데 가서 보면 뭔가 일반화되면서 한편으로는 공식화되는 그런 부분에서 뭐랄까 프라이드가 좀 있는 것 같고 …… 그 다음에 우리 것과 비교하면서 차이점을 발견하게 되잖아요 …… 우리는 어떻게 하면 좋겠다 그런 업무상의 제안이라든가 ……"라고 말하였다. 그녀는 자신의 생협을 한낱 좋은 먹을

6) 이 면접은 2005년 3월 25일에 2시간 동안 행해졌다. 피면접자가 생협 안에서 10년 간의 활동을 총괄적으로 어떻게 의미 부여하고 향후 어떤 전망과 새로운 실천을 모색하고 있는지 대화 방식으로 이끌어냈다.

거리 서비스 업체에 머무는 것이 아닌 지역에 기반한 새로운 복지 모형의 모태로서 구상한다. 또한 타지역 활동가와의 지구/지역적 네트워킹을 통해, 예를 들어 일본의 워커즈 콜렉티브나 지역 단위의 개호보험 서비스 사업에 대한 아이디어를 참조하여 비전을 설계하고 있다. 그녀가 현재 자신의 활동에 대해 긍정적인 가치 부여를 하면서 미래의 프로젝트와 연결시키고자 한 데는 외국 생협에서의 연수를 통한 국제 교류 경험이 중요하게 기여했음을 알 수 있다.

또 하나의 면접 사례는[7] 대안 무역을 구상하고 있는 이주노동자 지원 단체 활동가의 지구시민적 비전에 관한 것이다. 그 활동가는 그동안 한국에서 행해온 이주노동자 지원 사업의 수준을 넘어서서 이주노동자 송출국의 현지 활동과 연계시키는 것을 생애 프로젝트로 잡고 있다. 그녀와의 면접 내용 중에서 "특히 여성들, 아시아의 정말 빈민으로 살아가는 사람들은 다 여성이고 ……, 우리가 아무리 아동노동 금지 뭐 어쩌구저쩌구 해도 생계를 꾸려갈 수 있는 방법을 전혀 찾을 수 없기 때문에 그 여성과 아동을 위한 자립 공동체를 좀 만들고 지원할 수 있을까? 해서 그들에게 직업교육을 시키고 거기서 만든 생산품을 대안 무역 형태로 좀 한국에 내다 팔고 …… 여기서 교육한 이주노동자들이 돌아가서 그 네트워크로 활동할 수 있는 장을 만들고 ……" 라는 대목에서 드러나는 점은 이주노동자 문제가 현장 위주로 해결되어야 한다는 점이다. 현재 국가 간 노동이주가 한시적인 조건에 머무는 경우가 일반적이기 때문에 장기적으로는 본인의 모국에 돌아가서 지역사회를

7) 이 면접은 2005년 5월 25일에 2시간 동안 행해졌다. 피면접자는 한국에 온 이주노동자의 인권 문제를 주로 지원하는 활동을 10년 넘게 해왔으며 이주노동자의 본국 귀환 이후의 자립적 공동체 기반을 함께 만드는 일을 구상하고 있다.

발전시키는 역할을 할 수 있는 시민활동가를 교육하고 그들과의 네트워크를 통해 현지 생산품을 직거래하는 무역 사업과 같은 경제 활동을 기획해볼 수 있다는 것이다. 이주노동자의 현장에서의 실천적 행위성에 대한 동의와 성찰이 궁극적인 문제 해결의 길임이 송출국 활동가와 유입국 활동가 사이에 서로 교류될 때 어느 한쪽의 일방적 지원이 아닌 대등한 파트너십으로 관계 맺을 수 있다고 본다.

위의 사례들은 제한적이기는 하나 시민활동가의 공간적 시야 확대뿐만 아니라 국경을 넘는 시티즌십의 구성을 보여준다고 본다. 본 논문의 문제 설정에서 언급하였듯이 '지구시민사회'는 규범적으로 설정된 개념이어서 지구적 시민되기를 논의한다는 것 자체가 매우 추상적으로 느껴지거나 너무 앞서가는 것으로 생각될 수 있다. 그러나 엄연히 지구시민의 구성 과정은 구체적인 행위자들에 의해 현재 진행되고 있는 범주로서 새로운 의식과 실천, 성찰을 요구하는 힘겨운 과제이다.

예컨대 우리 사회에서 외국인 노동자는 이주노동자가 일반적으로 경험하는 문화적 부적응에 더하여 일종의 우월적 지위를 과시하는 보통 한국인의 미성숙한 시민의식의 양쪽에서 고통을 겪고 있다. 한국에서 외국 문화 수용은 주로 미국이나 일본 등 선진 문화에 대한 것이었고, 이에 대해서는 동경과 모방의 반응을 보였지만 단순 노무자가 대부분인 동아시아 외국인 노동자에 대해서는 자국 문화에 대한 무시와 한국사회 문화에 대한 일방적 수용을 강제하는 경향성이 있다. 그리하여 이들은 공장 안에서는 노동자의 실체성이 있지만 공장 밖에서는 '유령적 존재'로 무시되는 형편이다(김미경, 2004).

이러한 문화적 지체 현상들을 극복하면서 이주노동자의 유입이 한국사회가 갖고 있는 부와 문화적 동질성에 대한 위협이 아니라 지구화

시대의 불가피한 요소이며 그들의 존재와 문화, 관습과 가치에 대한 인정 속에서 억압을 해소해야 함을 인식하는 것, 그리고 더불어 살아감을 실천하는 것, 이러한 걸음들이 실존적이고도 역사적인 시티즌십이라고 해석할 수 있다(이상화, 2005).

2) 일상의 미시적 시티즌십

여성주의적 시민권 논의는 근대 국민국가 형성 과정에서 여성 시민의 배제와 시민권의 가부장제적 성격에 대한 젠더 관점에 기반을 둔 비판으로부터 시작된다. 근대사회는 여성을 배제한 남성들끼리의 계약이란 성격을 띤 시민권 개념에 입각해 있었고, 가정 내 성적 계약을 통해 가족과 노동시장에서 여성의 성과 노동을 남성이 통제하게 되었다는 캐롤 페이트만의 논의를 이어받아 여성 시티즌십의 내용적 차원을 탈가부장제 사회의 전망과 결합시키는 담론들을 생산하고 있다.

이등 시민으로서의 여성의 지위란 소위 '공/사 영역'의 분리에 따라 여성이 사적 영역에 배치되고 그 공간 안에서 여성의 주요한 활동은 교환가치가 계산되지 않는 보살핌과 사랑, 헌신에 의거한 일들이었기에 예측 가능한 귀결이었다. 시민권은 국가를 기본 틀로 하는 정치공동체 구성원의 자격, 지위로 해석되며, 이 때 '시민임'은 정치적 정체성을 대표한다. 2차 대전 후 여성에 대한 참정권, 경제권 등이 부여되었다고는 하나 기본적으로는 '남성 부양자, 의존적 아내'를 기초로 한 가족 모델을 채택함으로써 모성적 존재로서 여성에 대한 규정을 전제 조건으로 삼고 있다. 또한 경제 능력에 따라 연동되는 시민의 지위를 당연시하는 흐름 속에서 복지국가의 시민 구성원 지위에서도 여성은 취약하기 이를 데 없다.

이러한 시민권 논의에서 드러난 여성의 부차적인 편입과 근본적 배제는 비가시적 성차별과 여성 통제에서 더욱 증폭된다. 가부장제는 젠더 질서(사회 성원들을 남녀라는 생물학적 범주로 이분화하고 각각의 범주에 다른 사회적인 의무와 책임, 권리, 규범 등을 부여하는 원칙을 중심으로 조직화된 사회제도, 조직, 질서를 가리킴)에 기반함으로써 여성 개인에 기초한 출산, 낙태권, 여성의 몸에 대한 자율적 통제권을 고려하지 않는다. 가부장제의 젠더 질서는 성, 사랑, 결혼의 선분과 그 탈주선들을 허용하지 않는 삶의 규범을 강요한다. 이런 상황에서 성적 자기 결정권을 포함하는 몸의 시티즌십 개념을 추구하는 것은 우리 사회의 문화 지체를 넘어서는 의식화 과정이다.

필자는 몸의 시티즌십 논의를 도입함으로써 시민권에 대한 여성주의적 개입의 의미를 부각시키고자 한다. '몸'이 개인의 인격성과 행위의 주체성의 처소로서 인식되어야 한다는 것은 규범적 원리이다. 그러나 여성이 자신의 몸에 대한 권리를 주장하기 시작한 것은 그리 오래된 일이 아니다. 가(家)에 속한 여성의 몸(유교 가부장제 하의 여성 예속), 국가 정책에 속한 생식 수단으로서의 여성의 몸(산아 제한, 생명 생산 기술에 의해 도구화된 몸), 가부장제적 종교에서 규정하는 악과 부도덕의 집합체로서 이브의 몸 등 여성의 몸은 자신이 아닌 외부에 속해왔다. 여성의 몸이 남성의 시선과 사용에 의해 전유될 때 여성은 사회적 소실점을 향해가고 여성의 몸이 가부장의 공간에 속할수록 여성의 자아 공간은 지워진다.

구체적으로 강간 등 성폭력 범죄의 경우 아직도 피해자 여성 개인에 대한 인권 침해 차원의 범죄라기보다는 '정조'가 생명인 여성 집단의 사회문화적 존재성 등에 대한 범죄로 간주되고 있다. 이는 여성의 몸을 인격과 주체성의 관점에서 보기보다 임신과 출산을 통해 가족 공동체를 생물학적으로 재생산하는 도구로 보는 관념과 관련된다. 따라서 "정조에 관한 죄란 결국 공동체 재산으로서의 여성의 재생산적 신체에 대한 죄라는 의미가 된다"(배은경, 1997). 이와 같은 연장선에서 성폭력 반대 운동을 '순결지키기 운동'과 같은 것으로 본다든지(이경미, 1997), 성폭력 범죄자를 가정 해체(혹은 파괴)범으로 모는 여론 재판을 관찰할 수 있다. 그 경우 아내가 남편에게 강간당한 경우와 다른 남성에게 성폭행당하는 경우는 완전히 다른 차원으로 인식된다(정희진, 2006).

뿐만 아니라 제국주의가 피식민국가의 여성을 성적으로 착취해온 역사적 경험, 가부장제 국가 폭력에 고스란히 노출되었던 1970년대 여성 노동자의 몸(전순옥, 2004), 여성의 몸을 성애화하여 노동 통제의 기제로 사용해온 다국적 기업들의 행태(김현미, 1996), 지구촌 곳곳에서 중단 없이 벌어지는 전쟁과 폭력의 한계 상황에서 군인보다 더 많이 인권 박탈의 대상이 된 여성의 현실은 여성이 자신 몸의 자주성과 주체성을 확보한다는 것이 정치 · 경제적 권리에 앞서는 더욱 급진적이고 기초적인 권리임을 명증하게 드러내준다. 이 때 여성의 몸은 나의 인격과 분리될 수 있는 것이거나 자신 혹은 타인에 의해서 자원화될 수 있는 대상이 아니라 나를 나로서 존재하게 하는 본원적 가치의 담지자이다.

인권학자인 짐 아이프에 의하면 1세대 인권은 주로 남성의 권리를 보호함으로써, 문제에 대해 공적인 입장을 취하는 사람, 시민적 · 정치적인 활동을 하는 사람, 공공연히 이의를 제기하는 사람 등은 주로 남성이었다. 인권에 덧붙는 '공민적이고 정치적'이라는 용어 자체는 본

질적으로 가부장적 구조의 남성 지배 영역이며 따라서 공민권과 정치권에 초점을 두는 것은 전통적인 남성의 권리에 초점을 두는 것이었다. 여성의 인권 침해는 '공민적이고 정치적인' 영역뿐만 아니라 가정 내의 가정폭력이나 강간, 착취, 경제적 의존, 의미 있는 자기 표현과 사회 참여 기회의 제한 등을 통해 나타난다. 따라서 아이프는 1세대 인권 개념으로는 안 된다는 것이며 여성 억압의 경험과 목소리를 반영하는 인권 논의를 촉구한다.[8] 필자는 더욱 포괄적인 인권 개념의 틀[9]을 구성하기 위해서는 여성주의 분석 수용이 필수적임을 지적한 아이프의 논

8) 짐 아이프는 인권 3세대의 정의와 인권에 대한 확장적 인식틀을 강조하는 학자이다. 그에 의하면 인권은 세 가지 흐름 또는 세대를 거쳐 발전되어왔다. 인권 1세대는 공민권과 정치권(civil and political right)으로서 18세기 자유주의적 정치철학의 발달과 계몽주의에 지적 기원을 둔다. 이 권리는 개인주의에 기반하며 민주주의와 시민사회를 효과적이고 공정하게 조직화하는 데 필수적인 것으로 간주되는 기본적 자유에 관심을 집중하였다. 인권 2세대는 경제적, 사회적, 문화적 권리이다. 이 권리는 18세기 자유주의가 아니라 19세기와 20세기의 사회민주주의 또는 사회주의, 그리고 여타 집단주의 운동에 그 지적 기원을 둔다. 국가는 1세대 인권처럼 단지 권리를 보호하기보다 다양한 사회적 급여를 통해 이 권리의 실현을 실질적으로 보장하도록 기능할 것을 요구받는다. 인권 3세대는 집단적, 공동체적 수준에서 정의될 때만 의미가 통하는 권리들이다. 경제 개발, 결집력 있고 조화로운 사회에서 살 권리, 환경권을 포함한다. 이 권리는 20세기에 들어서야 실질적인 인권으로 인식되었으며 식민지 국민들의 자기 결정권을 쟁취하고자 하는 투쟁, 환경운동가들의 투쟁과 식민주의와 지속 불가능한 경제적, 사회적 개발에 대항한 20세기의 투쟁에서 생성되었다. 이렇듯 인권에 대한 3세대 개념을 통합하여 인권의 의미를 더 넓게 해석함으로써 인권의 소극적 보호뿐만 아니라 적극적 실현을 추구하게 된다. 이는 인권에 대한 법률적 틀을 넘어서고, 또 1세대 인권의 가부장제적 가정과 서구 자유주의 전통을 넘어서는 것을 함축한다.

9) 시민권 논의와 인권 논의는 많이 중복되지만 때로는 상이한 강조점 때문에 구별되기도 한다. 혹자는 인권이 국가에 선행하는 보편적인 권리인 반면 시민권은 사회구성체 성격에 의해 구성되는 특성을 갖는다고 구별짓기도 한다(조형 외, 2003 ; 오장미경, 2003). 필자가 보기에 요즘의 인권 논의가 천부인권론에서와 같은 비역사적이고 추상적인 원리에 호소한다기보다 한 사회의 정치, 경제, 문화 등 구체적 현실과의 협상 과정에서 사회 집단들이 획득하는 구성적, 진행형 범주로 수용되고 있다. 더욱이 시민권 논의는 사회 구조 안에서 이루어지는 특정 집단에 대한 배제와 수용의 기제에 의해 할당되는 기본 제한성이 있는 반면 인권 논의는 그 제약을 넘어서는 더욱 급진적이고 포용적이고 보편적인 규범성을 갖고 있다. 그리하여 1995년 북경 여성대회의 슬로건인 "여성의 권리는 인권이다"와 같은 명제 역시 사회적 소수자로서 여성이 국민국가 안에서 제대로 된 시민의 자격을 향유할 수 있게 하는 구체적인 인권 정책을 정부들에 요구하는 효과를 낳는다.

의에 동의하면서 그 핵심에 '몸의 권리'를 놓고자 하는 것이다.

여성주의 관점이 시티즌십 논의에 중요하게 기여하는 지점은 개인적인 것과 정치적인 것을 연결한다는 점이다. 두 영역이 상호 연결될 필요가 있다는 자각은 젠더 관점이 도입되기 전에는 생길 수 없었다. 아무리 1인 1표제가 되어도, 여성이 경제적 주체가 되어도, 여성이 몸의 자기 결정권을 확보하지 못하는 한 새장 안의 새, 날개 꺾인 새의 형상을 벗어날 수 없다. 인권은 개인적이며 동시에 정치적인 것이고 따라서 인권 실천은 그것들이 성공적으로 상호 연결될 때에야 효과적일 수 있다. 권력은 '총구', 혹은 '지갑'에서 나온다는 것은 일면적인 차원의 진실일 것이나 몸의 자주성이라는 토대 조건 없이 권력의 상부구조가 형성될 수 없다.

더 나아가 여성주의 시민의 몸은 국가로부터의 지원 확보와 사회복지의 확대뿐만 아니라 지역사회의 개발을 통해 접근되어야 한다. 경제 개발과 성장에 대한 관리, 경제 성장의 혜택, 사회적 조화, 건강한 환경, 깨끗한 공기 등에 대한 권리는 여성주의자 시민들이 사회적, 경제적, 정치적, 문화적, 환경적, 정신적 개발을 이끌어가는 지역사회 주체로 스스로를 구성하고 참여함으로써 가능하다.

이렇듯 미시화되고 섬세화된 시티즌십 요구는 정치 · 경제적 참여기회와 사회적 보장, 문화적 욕구 충족 등 다양하고 세밀한 차원의 내용들을 구성 요소로 하고 있다. 특히나 삶의 질이 인간 개발, 인간 주권, 인간 안보(human security)의 실제적 내용과 맞물리면서 일상적이고 개인적인 관심과 욕구가 충족되는 정도에 따라 개인의 삶의 지평이 마련된다. 인간 안보 개념만 하더라도 기존의 전쟁과 평화 개념이 정치적, 군사적 차원의 논의에 국한된 반면 진정한 평화는 일상의 평화

이기에 여성의 일상화된 경제적 악조건이나 성폭행에 대한 노출 등 일상세계가 사실 전쟁과 같은 상황에서 평화를 일구어낸다는 것은 곧 생활세계를 안전하고 안정적으로 지키는 것과 등치된다. 안보에 대한 여성의 정의는 국경과 공/사적 공간 구분을 넘어 다층적이고 철저한 기준을 요한다. "여성은 그것이 군사적이건 경제적이건 또는 성적이건 상관 없이 폭력이 없는 상태로 안보를 정의" 하기 때문이다(심영희, 2005).[10] 이로써 여성주의 시티즌십의 틀이 평화주의, 환경주의 등 대안적 가치 지향 활동과 소통할 수 있는 바탕이 만들어진다.

결국 추상적 관념, 대의, 거대 언어의 장이 아닌 구체 경험 세계에서 시티즌십은 더욱 일상화되고 미시적인 영역으로 틈입해들어가는데, 여성에게는 성(sexuality)의 시티즌십, 몸의 주권, 재생산 영역에 대한 자율적 결정 개념이 여기에 조응된다. 가부장제적 성통제와 여성 몸에 대한 가부장제적 개입으로 인한 심리적, 실제적 취약성이 극복되지 않는 한 여성 주체가 확립되기 어렵다. 우리가 주권을 국가나 시장 세력에 다 양도하지 않고 국가나 시장에 대한 상대적 자율성, 주체성의 공간으로 확보하려면 개인을 근원적인 주권의 소재지로 만들어야 한다. 여성 시민 개개인에 대해 공적 세계와 사적 세계를 두루 경영하는 주권자, 즉 하나의 세계라고 생각하는 인식적 전환이 필요하다.

우리 각자의 몸은 가장 분명한 개별화의 근거지이다. 여성주의 시민의 몸과 의식, 가치 지향성은 별개로 분리될 수 있는 것이 아니라 각각이 분명하게 확보될 때 내용적으로 완결적 시티즌십을 향하여 연결

10) '안보'에 대한 협소한 개념 정의에 따르면 시민-전사 모델이 불가피하다. 전시에 여성은 국가를 위해 죽을 수도 없는 존재라는 취약한 정체성을 포함하며 평상시에도 이는 남성의 보호가 필요한 사회적 약자로 규정될 수밖에 없는 것이다. 이는 지배적이고 강력한 남성성 개념을 완성시킨다(심영희, 2005).

되는 것이다.

이와 관련하여 거다 러너(2004)의 '여성의 권리'와 '여성 해방' 개념에 대한 구분이 유효할 것이다. 러너는 전자가 여성을 위해 사회의 모든 측면에서 남성과의 평등을 얻어내고 모든 제도 속에서 평등하게 참여하는 것을 요구하는 운동인 반면, 후자는 성에 의해 부과된 억압적 구속으로부터의 자유, 자기 결정, 그리고 자율성의 주장이라고 한다. 그렇다면 후자는 현존하는 제도, 가치, 이론에 패러다임 변화를 요구하는 더욱 근본적인 성질을 띤 활동으로서 여성주의 운동을 권리 확보라는 주체의 필요조건 충족에서 사회적 삶의 주권이라는 충분조건 실현으로 그 지평을 상승시키는 작업이다. 여성주의는 여성을 존엄하고 효능적인 사회 주체로 세우는 일과 동의어가 되었다.

이렇게 규정된 여성주의 시티즌십은 젠더에 의거한 차별, 침해와 손상을 조명할 수 있는 개념적, 실천적 장치로서 여성의 완전한 자율성과 행위성이 발휘되게 하는 강력한 어휘를 제공한다. 또한 여성에게 가해지고 있는 폭력이 인간성에 대한 침해임을 더욱 철저히 깨닫게 하며 시티즌십 개념과 실천을 더욱 여성의 삶에 밀착되도록 변형시킬 수 있을 것이다.

동시에 여성주의 시티즌십은 여성으로 기호화된 사회적 약자들을 포괄하여 보편적인 인간의 존엄성을 확보하는 기획에 결정적인 것이 된다. 여성을 포함하여 사회적 불이익 집단들은 스스로 자신의 이익을 대변할 수 있으며 인권 침해가 갖는 전지구적 측면에 유의하여 세계 곳곳의 여성주의 동료들과 연대하여 활동해야 한다. 사회적 약자를 소외시키는 억압 기제를 철폐하는 일은 국내에서 시작되지만 거기에 머물 수 없고 과감히 외부로 유출시키며 또한 지구적 여성주의들과 적극적으로 결합해야 한다.

3) 탈위계적 가치에 기반한 시티즌십

지구시민사회의 시민은 패권 지향적 지구화가 아닌 대안적 지구화를 실험해가면서 스스로를 정체화하는 동시에 지구시민사회의 기반을 형성해가고 있는 현실의 존재이다. 국제 NGOs를 대표로 하여 개인들, 풀뿌리 단체들, 느슨한 연대체들, 네트워크들이 모두 지구적 공론의 장에서 역할을 하고 있다. 소위 '병행회의'(parallel summit), 즉 국제 NGOs, 개인들이 정부 간 회합과 병행하여 혹은 독립적으로 결집하여 아젠다를 형성해가고 있다(안하이어, 2002). 이들은 국경을 넘어선 연대를 전략적으로 중시하는데 인권의 문제가 대단히 일국적으로 보이지만 그 해결책은 국가 경계를 넘어서 연대하는 데서 비롯됨을 인지하기 때문이다.

글로벌 시민은 단지 몇 국가의 수량적 결합의 결과인 국제사회가 아닌 내용적 소통의 네트워크인 지구시민사회의 성원이다. 자신이 속한 일국가 내부에서 전개되었던 시민운동 혹은 시민권 개념이 단일 국가를 넘어 지구적 네트워킹 속에서 구현되는 새로운 양상을 기반으로 하여 새로운 정치 주체로서 글로벌 시민이 등장한 것이다.

이를 달리 표현하자면 경제 논리에 의한 지구화가 비용 절감과 이윤 극대화 같은 경제 영역의 욕구들에 의해 일방적으로 진행되면서 공동체와 사회적 삶이 파괴됨으로써 소속감 및 결속 의식과 같은 사회 영역의 욕구들이 묻히고 마는 상황(미쉬라, 2002)에 문제 제기를 하는 집단이 형성되고 있다는 것이다. 이들은 소위 '사회적인 것'을 구해내기 위해 '경제적인 것'을 통제하는 문제에 관심을 갖는다. 『걸리버 여행기』에서 마치 수많은 소인들이 수많은 밧줄을 매달아 거인의 괴력을 무력화시킨 릴리풋 전술을 썼던 것처럼 의식 있는 다수의 풀뿌리 집단의 형성은 미래의 공간 변화를 기약하게 해준다.

"현재 진행되고 있는 지구화가 하나의 상수라면 NGO는 이 상수의 경로를 부단히 수정하고자 하는 변수"이며(김호기, 2001), 현실에서 글로벌 자본의 막대한 팽창력에도 불구하고 지구시민사회가 가동할 수 있는 기술과 인력, 금전 등의 자원이 늘면서 활동 역량과 위상이 커지고 있다는 점이 희망적 요소이다. 무엇보다 이들의 도덕적 위상은 지구화로 인해 피폐해지는 생활세계의 내적 식민화를 실천을 통해 변혁시킬 수 있는 가치 지향성에서 담보되고 있다.

글로벌 시민운동의 사례는 반전 평화운동에서 두드러진다. 소위 대안적 지구화를 표방하며 지구/지역적으로 행해지고 있는 이 운동은 미국이라는 단일 국가의 패권주의뿐만 아니라 이에 동조하고 이익도 분배받는 미국 주변의 협조 국가들의 힘에 맞서는 탈식민적 운동이다. 이들은 강대국의 정치 · 경제 · 군사적 헤게모니에 저항하면서 좀더 정의로운 세계 질서를 만드는 글로벌 시민으로서의 창조적 역할을 자임하는 자들이며 국가로 대표되는 정치 주체와 정체성을 분유하지 않는 새로운 정치 주체들로서 출현하였다. 이 안에서 평화 운동, 반전 운동은 국가와 국민, 그리고 국익 등의 전통적인 관계성을 해체시키고 새로운 정치적 주체와 정치학의 지평을 열고 있다. 이들이 행사하는 지구적 시민권은 문화적 권리이며 확장적인 시티즌십으로서 국가 간 힘의 논리에 의한 위계구조를 지양하고 동시에 자국 중심적 논리에 대한 철저한 내적 성찰로 이끈다.

김현미(2003)는 "우리가 끊임없이 국가에 의해 '국민'으로 호명되어, 냉전 시대의 식민지적 상상력에 의해 '행동'하기를 요구당할 때, 우리는 이러한 호명 자체를 거부할 권리를 가져야 한다 …… 우리의 국적성은 우리의 진보적 정치 개념에 효과적으로 부합할 때만 주장될 수 있는 정체성이며 국가는 무조건적인 충성과 연대의 조건이 될 수 없다"고 한다.

이러한 논의는 지금까지 국수적 틀 안에서 머물렀던 혹은 제국주의적 영토 확장을 위한 주장이나 그에 대한 수세적 대응논리로서 민족주의, 그리하여 왕조 중심 혹은 지배계급의 이념적 도구가 된 '관 주도' 민족주의에 대한 철저한 반성을 필요로 한다. 여성주의 시민의 민족문제에 대한 입장은 그것이 지닌 현실적인 역동성을 끌어안되 민족주의보다 상위 개념인 보편적 가치들을 전면에 내세우는 전략을 지녀야 한다[11]는 것이고 이를 위한 여성주의 국제 연대가 긴요하다.

비단 평화 운동뿐만 아니라 인종 차별의 극복, 자연과의 관계 회복, 반핵 운동 등과 결합할 수 있을 정도로 여성주의의 외연은 매우 포괄적이며 탈위계적, 수평적 시티즌십의 가치를 내포하고 있다. 그리하여 지구시민사회에서도 여성주의는 하나의 구성 요소일 뿐만 아니라

11) 버지니아 울프는 국가보다 더 큰 가치의 공간으로서 여성주의의 지구적 확장을 자각한 선구자였다. "그러므로 만약 당신이 나를 또는 '우리' 조국을 지키기 위해 싸우고 있다고 계속 주장한다면 당신은 내가 공유할 수 없는 성적인 본능을 만족시키기 위해, 그리고 내가 공유해오지 않았고 또 앞으로도 결코 공유하지 않을 이익을 얻기 위해 싸우고 있음을 진지하고도 합리적으로 이해해야 한다. 당신은 나의 본능을 만족시키기 위해 혹은 나 자신이나 내 조국을 위해 싸우고 있는 게 아니다. 왜냐하면 사실 여성인 내게 조국이란 없다. 여성으로서 나는 조국을 원하지도 않는다. 여성으로서 내 조국은 전세계이니까"라고 국외자는 말할 것입니다"(Woolf, 1977 : 213~214). 물론 "어떤 질긴 감정이, 하나의 공통된 관심이 우리를 묶어"주고 이는 조국에 대한 설명하기 어려운 감정일 수는 있지만 그 경우라도 조국에 평화와 자유를 가져다주는 방향이어야 한다고 본다. 결국 울프는 우리가 한 국가의 성원임은 우연적 사실일 뿐 가치 지향의 필연적 대상이 아니며 여성의 공간 구속성을 철저하게 버릴 것을 인상적으로 역설하고 있다.

구성 원리이다. 즉 여성주의는 지구시민사회의 규칙을 새로 쓰는 더욱 근본적인 역할을 자임한다는 뜻이다.

한편으로 한국사회에서 시민운동과 여성주의는 어떻게 만나고 있는가? 여성주의 이론이 여남평등뿐만 아니라 평화와 다양성, 생명과 상생, 포용성 등의 대안적 가치를 포괄하는 또 하나의 실천이라면(조형, 2004), 여성주의 운동은 여성 집단의 권익 운동에 머무는 것이 아니라 사회 전체의 가치를 변혁하는 대안운동이다.

그럼에도 불구하고 한국의 시민사회 형성기에 여성주의 실현 운동, 즉 여성운동은 하나의 부문 운동의 위상을 자임하라는 요구를 시민운동 안팎에서 받아왔다(조한혜정, 2004). 내부에서의 여성문제는 대체로 우리 사회의 더 크고 더 중요하고 더 근본적인 문제들(소위 민족, 민중, 민주로 대표되는 이념들)에 의해 핵심적 의제로 제기되는 길을 봉쇄당해왔다. 시민운동 내 젠더 문제에 대한 불충분한 의식화를 드러내주는 많은 사건들에도 불구하고 그 문제들은 조직 보존 혹은 적전 분열을 피해야 한다는 논리에 따라 은폐되어온 측면이 있다. 그렇지만 "내적 가부장성은 반드시 외부 활동에서 성적 위계질서의 재생산으로 이어진다"는 지적처럼(권혁범, 2004), 미시적 가부장성과 거시적 가부장성은 연속선상에 있다.

더 근원적으로 생각해보면 시민운동이 성 불평등을 포함하여 모든 종류의 억압적 위계를 청산하고 내부 민주주의를 실현해야 하는 생활세계 변혁 운동을 담지하기 위해서는 젠더 관점이 여성으로 대표되는 특정 집단의 관점이 아님을 인식해야 한다. 여성주의는 각종 사회 공간 안에서 여성의 수적 대표성을 보장받는 것으로 끝나는 것이 아니기에 여성을 추가해서 젓는(add and stir) 전략은 불충분하다. "시민사회 스스로 권력과 화폐의 논리를 배제하고 도덕성과 합리성을 생산 · 재생산하여 국가와 시장을 개화시키는 것은 중요한 과제" 이지만(박상필, 2003), 이제는 이러한 과제를 여성주의적으로 맥락화할 때가 되었다는 뜻이다. 시민사회 내 상근자, 자원봉사자의 구도에서 여/남 역할, 직제상 상급/하급의 성별 편성, 내부 양성평등 기준의 미비 등의 해결책을 강구해야 한다. 이로써 여성주의 시티즌십은 시민사회 외부의 가부장제와 내부의 가부장제를 향한 두 전선을 유지한다.

3. 새로운 문제와의 접속 지점을 향하여 : 지구시민사회에 대한 여성주의 시티즌십의 프락시스

지금까지의 논의를 통해 지구시민사회라는 맥락 안에서 여성주의를 생활세계의 원리로 선택한 시민들의 자기 인식과 실천을 다각적으로 전개시켜보았다. 지구시민사회의 맥락에서 확장되어가는 개인의 존재론적 지위는 일 국가 내에서 부여받은 권리와 의무의 좌표로 소진될 수 없으며 가치 지향적 전망에 따라 지구/지역적 실천적 행위성을 체화하는 가운데 구성해가는 바임을 확인하였다. 이러한 새로운 정체성은 사회 안에서 태생적으로, 즉 자동적으로 귀속된 지위가 아니다. 개인의 선택과 인식적 책임감을 요구하는 것이며 배타적 멤버십이 아니라 중층적 관계 속에 중첩되어 있는 탈경계성을 특징으로 한다. 또한 여성이 시티즌십을 논의하는 담론과 행위의 주체가 되면서 몸의 시티즌십을 포함하여 일상의 미시적 시티즌십을 구현하는 방식으로 시민사회가 변혁되지 않으면 탈가부장제 사회를 추동해갈 수 없음이 지적되었다. 시티즌십에 대한 이러한 여성주의적 개입은 지구/지역적 시민사회의 규칙 또한 변혁시킬 수 있는 실천적 부메랑이 됨으로써 여성주의가 평화, 다양성, 생명 등의 상위 가치와 함께 대안 가치를 담보하는 의미의 기획으로 자리잡을 수 있게 한다. 결국 필자가 논의해온 중층 관계적 시티즌십은 다중적 관계맺음을 통해 개인의 삶이 누벼지는 판 위에서 형성되고 있는 실재(entity)이다.

이상의 논의를 마감하면서 아쉬운 점 한 가지는 지구시민사회의 여성주의화를 위한 주도적 행위자로서 여성주의 시티즌십이 존재론적 차원에서 탐구됨으로써 지구시민사회의 구체적이고 물질적인 기반을 사회적 차원에서 모색하는 작업이 유예된 것이다. 여성의 역사적 보살핌 행위 및 비가시적 가치 자원에 대한 여성주의적 재평가를 어떻게 해내고 이를 노동과 경제 면에서 새로운 하부구조와 가치 질서를 구축하는 것으로 어떻게 연결시킬 수 있을지에 대한 여성주의자들의 모색이 요청된다.

이제 그 판을 어떻게 더 역동적으로 더 해방적으로 구성해갈 것인가? 우리는 그 판 위에서 어떤 춤을 출 것인가? 지구시민사회라는 새롭고 느슨한, 그러면서도 창의적인 에너지와 실천을 요구하는 시대 환경 안에서 여성주의자의 더 나아간 고려는 무엇인가? 여성주의자는 계속하여 물음을 던져야 한다.

앞에서 누차 언급한 패권적 지구화는 자본주의 삶의 양식에 대한 철폐 없이 중단시킬 수 없고 이것과 가부장제는 서로의 공모하에 엄청난 현실 압력을 행사하고 있다. 대안적 공간들에 대한 작은 투신이 어떻게 새 물꼬를 틀 수 있을지 회의하는 사람들은 계속 '대안 없음'을 이야기한다. 그러나 시대 상황을 회의하는 데 에너지를 쓰지 않고 시대

변화에 매진하는 이들은 이질적이고 다양한 다수의 삶을 부정하면서 일자적 표준형 모형을 강요하는 '수목형' 독단들을 역사화한다. 이들은 선진국, 개발도상국, 후진국이라는 편협하고 단순한 분류화 속에서는 가부장제적 자본주의의 유한성이 예측되지 않는다는 점을 지적한다. 문화의 획일화, 물질문명에 대한 문화 종속을 현대화로 포장하거나 자본주의적 개발이 역사의 종점이라는 선전을 수용하지 않기 때문이다.

지구적 차원의 정치 · 경제적 권력과 가부장제의 강고한 결합 구조에서 벗어나기 위해 새로운 유목적 상상력을 실천해가는 다수의 작은 공동체들의 실험은 이제 시작 단계이다. 우리 각자는 여러 사회 공간의 관계망 속에 일시적으로, 잠정적으로, 때로는 장기적으로 속해 있는 개인으로서 스스로 어떤 정체성을 대표로 삼는가는 국면에 따라 유동적이다. 지구촌민/국가국민/시장 주체/지역사회 구성원의 축이 소규모 동네 사람/결사체 동료/친밀성 공동체 식구 등으로 더욱 조밀해지고 섬세해질 수 있다. 그 때 여성주의 시민들은 또 한번 서로 자유롭고 대등한 입장에서 자유의사에 기초하여 자발적으로 시민사회 안에서 풍성한 다양성을 실험해보는 결사체의 주체가 될 수 있지 않을까? 이 때의 '자발성'은 국가나 자본의 폭력성으로부터 구조적으로 자유롭고 동시에 타자와의 연대성과 수평성을 내포한 그야말로 관계로부터의 혁명을 일으키는 속성이라고 예견해볼 수도 있을 것이다. "결사는 사람과 사람이 만나 말하고, 서로 이해하고, 결합하고, 결정하고 그리고 함께 행위하는 상호 긍정적인 관계"이다(요시유키, 2004). 결사는 사람과 사람이 주체로서 결합해가는 동사적인 관계 개념이며, 따라서 그 관계는 언제나 '흐름'으로서 존재하며 자발적인 활동은 대인관계 속에서 고정되는 일 없이 항상 변화해간다.

필자는 여성주의 시민이 확보해가는 새로운 시민성 콘텐츠가 가부장제 사회의 변화 주도자(change agent)로서 갖추어야 할 인식적 자원으로 소용되고 이에 따라 그들의 행위성이 증폭되고 확산되는 정도와 속도만큼 탈위계사회의 전망이 투명하게 되고 대안적 시민과 대안적 세계가 또 새롭게 창발할 것으로 믿는다.

여성주의자가 진정한 주체로 스스로를 구성하는 일은 정치적 행위이며 새로운 유목적 상상력을 요구한다. 선택적 삶은 삶의 안정성을 주는 장치들을 벗어나는 행위이므로 순간순간이 선택이자 불안일 수 있는 긴장 속의 자유이다. 이들의 에너지가 자족적이고 협소하고 안온한 공동체들의 공간에 가둬지지 않고 지구/지역 사회 공간의 규칙을 새롭게 만들어갈 수 있을 만큼 임팩트를 가지며 오대양 육대주를 쓸고 갈 수 있을지, 그 실현 가능성 여부는 우리의 상상력이 변수일 것이다.

| 참고 문헌 |

권혁범 (2004), 『국민으로부터의 탈퇴』, 서울 : 삼인.

김미경 (2004), 「동북아 공동체 형성을 위한 여성인적자원교류 활성화 방안」, 『21세기 동북아 문화공동체의 구상』, 최송화 · 권영설 편저, 서울 : 법문사, 215~236.

김세서리아 (2005), 「우리 어떻게 나르시스의 꿈을 넘을까? : 세계화 시대에 '유교적' 여성주의를 말하는 어느 여성 철학자의 변명」, 『시민과 세계』 제7호, 서울 : 당대, 308~315.

김왕근 (1999), 「세계화와 다중 시민성 교육의 관계에 관한 연구」, 『시민교육연구』 제28집, 45~68.

김현미 (1996), 「노동통제의 기제로서의 성」, 한국문화인류학회, 『한국문화인류학』 29-2, 167~194.

김현미 (2003), 「우리를 국민의 이름으로 호명하지 말라 : 탈냉전 시대의 국익 개념과 반전 시민권」, 연세대 전쟁에 반대하는 여/聲 주최 토론회 자료집.

김호기 (2001), 『한국의 시민사회, 현실과 유토피아 사이에서』, 서울 : 아르케.

박상필 (2003), 「한국 시민사회 형성의 역사」, 『아시아의 시민사회-개념과 역사』, 서울 : 아르케, 95~136.

사토 요시유키 (2004), 『NPO와 시민사회』, 송석원 옮김, 서울 : 아르케.

심영희 (2005), 「여성안보 개념구축을 위한 시론」, 한양대학교 여성연구소 주최, 『글로벌라이제이션과 여성안보』 자료집(2005. 9. 15).

오장미경 (2003), 『여성노동운동과 시민권의 정치』, 서울 : 아르케.

요코다 카쓰미 (2004), 『어리석은 나라의 부드러우면서도 강한 시민』, 나일경 옮김, 서울 : 논형.

이상화 (2004), 「지구화 시대의 지역 공동체와 여성주의적 가치」, 『지구화 시대 여성주의 대안가치』, 서울 : 푸른사상, 15~55.

이은희 (2006), 「시민 공동체, '성미산' 프로젝트」, 본 단행본의 6장 참조.

이진경 (2002), 『노마디즘 : 천의 고원을 넘나드는 유쾌한 철학적 유목』, 서울 :

휴머니스트.

전순옥 (2004), 『끝나지 않은 시다의 노래』, 서울 : 한겨레신문사.

정희진 (2006), 「성적 자기결정권을 넘어서」, 『섹슈얼리티 강의, 두 번째』, 서울 : 동녘, 217~248.

조한혜정 외 (2004), 『경계에서 말한다』, 서울 : 생각의 나무.

조형 외 (2003), 『여성의 시민적 권리와 사회정책』, 서울 : 한울.

조형 (2006), 「여성주의 시민화 시대의 시티즌십과 시민사회」, 본 단행본의 1장 참조.

주준희 (2003), 「성(性) 정책을 위한 새로운 비전에 관한 국제 심포지엄 : 평등, 개발, 평화」, 『여성정책의 새로운 비전』, 국제 심포지엄 자료집, 한국여성개발원.

홍윤기 (2004), 「시민은 어떻게 애국하는가」, 『시민과 세계』 제5호, 서울 : 당대, 204~232.

Anheier, Helmut, et. al. (2001, 2002), *Global Civil Society Yearbook*, 『지구시민사회―개념과 현실』, 조효제 외 옮김, 서울 : 아르케, 2004.

Center for the study of Global Governance and Center for Civil Society (2005), *Global Civil Society*, SAGE Publications Ltd.

Hardt, Michael & Negri, Antonio (2000), *Empire*, 『제국』, 윤수종 외 옮김, 서울 : 이학사, 2001.

Honneth, Axel (1992), *Kampf um Anerkennung*, 『인정투쟁』, 문성훈 외 옮김, 서울 : 동녘, 1996.

Ife, Jim (2001), *Human Rights and the Social Work*, 『인권과 사회복지 실천』, 김형식 외 옮김, 서울 : 인간과 복지, 2001.

Lerner, Gerda (1986), *The Creation of Patriarchy*, 『가부장제의 창조』, 강세영 옮김, 서울 : 당대, 2004.

Lugones, Maria (1998), "Community", Jaggar, Alison(ed.), *A Companion to Feminist Philosophy*, 『여성주의 철학』, 한국여성철학회 옮김, 서울 : 서광사, 2005, 199~210.

Mishra, Lamesh (1999), *Globalization and the Welfare State*,『지구적 사회 정책을 향하여』, 이혁구 외 옮김, 서울 : 성균관대학교출판부, 2002.
Mohanty, Chandra (2004), *Feminism Without Border*,『경계없는 페미니즘』, 문현아 옮김, 서울 : 여이연, 2005.
Mouffe, Chantel, ed. (1992), *Gramsci and Marxist Theory*,『그람시와 마르크스주의 이론』, 장상철 외 옮김, 서울 : 녹두, 1992.

〈인터넷 자료〉

아낙들, http : //www.anakdle.co.kr/cgi/main.cgi?cmd=main (검색일 : 2005. 12.7)
박승현,「지역 공동체와 마을 만들기」, http : //blog.naver.com/stupa84/1000220 78614 (검색일 : 2006. 4. 9)

한국 시민사회와 시티즌십의 성정치

양민석*

1. 머리글 : 여성은 어떤 시민인가?

동티모르의 해방 투쟁에 앞장섰던 한 운동가에게 어떤 사람이 물었다고 한다. "당신은 왜 해방된 동티모르에서 권력을 갖지 않는가?" 그 운동가의 대답은 "권력을 향해 싸운 자가 권력을 가장 많이 닮는다. 나도 그것으로부터 자유롭지 않기 때문이다"라는 것이었다. 한국의 시민사회는 폭압적이고 권위적인 정치권력과의 오랜 투쟁 과정에서 배태되었다. 어쩌면 우리의 시민운동에도 이러한 권력과 힘의 논리가 내면화되어 있는지도 모른다. 일각에서는 "운동진영이 '운동=도덕적'이라는 신념을 지나치게 확장하고 자신들과 운동의 도덕성을 동일시함으로써 자신들이 범할 수도 있는 오류에 대해서는 관대"하며 반성하지 않

* 이화여자대학교 한국여성연구원 연구교수.

는다고 지적한다. 이것은 그들이 은연중에 자신들이 저항하고 반대해 온 권력자를 닮아가고 있음을 우려하는 시선이다(인권하루소식 2000/11/07). 시민운동이 다양한 스펙트럼을 통해 어느 때보다 활기차게 역량을 세워가고 있는 현 시기에 과연 한국의 시민사회와 시민운동이 자신들이 범할 수도 있는 오류를 어떻게 인지하고 있는지 성찰해 볼 필요가 있다. 적어도 젠더 관점 속에서는 보다 구체적인 지평을 떠올릴 수 있을 것이다.

90년대 이후로 논의되어온 시민사회 담론과 그와 더불어 성장해온 시민운동은 제도정치권을 비롯하여 일상 영역에 이르기까지 광범위한 영향력과 시민적 참여를 이끌어왔다. 담론 영역에서는 80년대의 국가론 논쟁과 관련되었던 관심이 현재의 시민사회론으로 옮겨져 활발하게 진행되고 있으며, NGO를 중심으로 한 시민운동도 다양한 영역에서 양적으로 확장되어가고 있다.

그러나 한국 시민사회에 대한 이제까지의 연구 경향은 주로 시민사회에 대한 서구식 개념을 소개하고 그것의 한국적 변용을 모색하는 경향이 주를 이루어왔다. 다시 말해서 한국사회의 정치적 관계, 사회문화적 특수성에 대한 적절한 이해와 검토 없이 서구적 개념들의 이론적 타당성 논쟁에 공을 들였던 시간들이 많았다. 또한 한국 시민사회의 주체는 시민적 덕성(civility)을 갖춘 새로운 사회세력의 등장과 출연이라는 맥락 속에서 주장되거나, 다른 한편 그간에 존재해온, 국가의 일방적 지배와 권위에 저항하는 민주세력의 대중적 가시화를 통해 이해되어야 한다는 주장이 맞서기도 했다.[1)]

다시 말해서 시민사회가 시민운동으로 대변될 수 있을 만큼 공간과 주체의 성격을 동시에 함의하고 있는 한국의 시민사회는 서구의 이론적 틀거리로 온전하게 설명될 수 없는 한국적 시대상황과 사회적 조건의 특수성 속에서 직시될 필요가 있다. 또한 시민사회의 주체 설정에서도 '지배에 저항하는 참여적 시민'의 존재에 대한 낙관적 전제는 한국 시민사회 내 행위자들의 욕구와 특수한 경험에 대한 인식으로 전환되어야 하며, 그 안에서 역동적 주체의 생성을 확인하는 것으로 전환될 필요가 있다.

이와 관련하여 젠더적 관점에서 한국 시민사회와 시민운동을 보았을 때, 주요한 문제점은 한국 시민사회에 온존하고 있는 가부장적 권위주의 문화의 연장과 주변화된 여성 주체에 대한 인식의 외면이라 할 수 있다. 권위적이고 통제적인 국민국가로서의 한국사회의 특성이 시민운동을 통해 비판되어왔으나, 가부장제를 근간으로 한 국민국가의 성격은 사회 전반에 팽배한 성차별적 문화와 여성에 대한 제도적 불평등에 대한 불감증을 지속시켰으며, 국가 정책에서도 남성과 자본의 이해를 반영시키고 이를 은폐하는 데 기여하며 남성주류화의 성격을 강화시켜왔다. 이러한 성차별적 관행의 연장 속에서 시티즌십 역시 성별에 따른 현실적 차이의 문제를 적극적으로 수용하지 않은 채 주어지고 있다. 가부장적 국가주의의 인식틀을 탈피하지 못한 시민운동과 시민권 논의는 여성의 온전한 시티즌십을 보장하지 못한 채, 남성 중심의 시민사회 구

1) 1970년대의 노동운동과 반독재 투쟁, 그리고 1980년대의 민중운동을 중심으로 한 정치 투쟁은 1987년 6월 항쟁 이후 합법적 공간에서의 시민운동으로 발전되어왔다. 시민운동이 90년대 이전의 민중운동 맥락 속에서 이해되어야 한다는 입장은 대체로 공유되고 있으나, 시민운동을 민중운동과 차별적인 것으로 구획짓는 입장과 민중운동과의 연속성을 강조하는 입장 등 시민운동에 대한 성격 규정은 다양하다(조희연, 1995 : 316). 운동 주체의 측면에서는 이전의 민중운동이 기층 민중을 중심으로 했던 계급운동 성격을 가졌던 반면, 시민운동의 주체는 모든 계급과 계층을 포괄하는 탈계급적 관점에서 상정된다. 이러한 운동 주체의 확산은 단순한 시대적 환경의 변화만으로는 설명될 수 없으며, 그동안의 민중운동 성과에 따른 역량 강화에 기반하고 있다고 볼 수 있다.

성과 제도적 통합에 의해 여성을 결국 이등 국민에서 이등 시민으로 전환시킬 뿐이다. 또한 이러한 국면은 일상을 포함한 모든 사회영역에서 시민사회와 시민운동의 주체로서 행위하고 실천하는 여성들의 역할을 폄하 또는 도구화하고 여성의 시민적 권한과 정체성을 제한하는 결과를 낳고 있다. 이것은 90년대 이후 한국사회가 그간 '국민'에서 '시민'의 중요성을 강조해왔으나, 여성의 시티즌십은 아직도 권위적 국민국가를 배경으로 한 국민의 영역 안에 머물고 있음을 의미한다.

이것은 국민국가의 정당성과 보다 강력한 통치체제 구축을 도모했던 경제 개발 이후에 한국 여성들이 특히 경험해온 '배제'와 '배제적 통합'[2]의 논리가 시민운동과 시민사회 담론이 활발하게 전개되고 있는 현 시기에도 관철되고 있다는 사실에 대한 확인이라 볼 수 있다. 일상공간 속에 만연되어온 가부장적 이데올로기와 안보 · 발전 이데올로기의 접목은 권위주의적 국민국가의 가부장적 문화와 성불평등한 권력관계를 지속적으로 양산해왔으며, 이것은 현재까지도 이어지는 사회의식의 구조적 근간으로 작동하고 있다. 한국의 시민성이 시민의 자율성과 비판의식을 통해 대변되고 있지만, 시민운동의 전개과정에서 아직도 여성 문제를 부문적 과제로 주변화시키고 있는 남성중심성과 거대과제 중심성은 이러한 가부장적 권위주의 문화가 한국 시민사회의 발전적 지향을 가로막는 주요한 걸림돌이 되고 있음을 보여준다. 이런 점에서 성평등의식에 기반한 민주적 시민문화의 구축, 그리고 그것을 담

2) 근대화 이후에 권위주의적 국가체제는 여성을 배제적 · 종속적 지위에 위치시키는 제도적 이데올로기적 체제를 구축하면서도, 경제 성장을 위해서는 한편으로 여성노동을 물적 이데올로기적으로 동원하고, 다른 한편으로 자원과 권위의 배분에서는 주변화시키는 배제적 통합을 통해 국가의 정당성 확보와 자본의 이해를 도모했다. 이것은 국가가 가부장적 이데올로기를 제도적으로 확산시키는 과정과 맥락을 같이한다(강정구, 2000 : 351).

보할 수 있는 실천전략적 방법의 모색이 중요하다 할 것이다.

이에 본 연구에서는 한국 시민사회가 기존의 국민국가가 안고 있던 가부장적 권위주의의 극복이 아니라 그 연장 속에 머물러 있음을 주목하고, 시민적 덕성으로 충만한 참다운 시민이란 주체가 시민운동의 현실 속에서 남성을 중심으로 규정되고 있으며, 이러한 가부장적 문화 토양이 여성의 역할과 시티즌십을 어떻게 제한하는지 성찰하고자 한다. 또한 책임과 권리를 공유하며 자발적 참여를 담보하는, 평등한 공존을 위한 시티즌십의 확장은 무엇을 매개로 전망될 수 있는지 살펴보고자 한다.

이 글에서는 우선 한국사회가 상정해온 시민사회 공동체와 시티즌십의 관계를 젠더적 관점에서 검토한다. 또한 공익적 시민운동의 젠더 편향성, 시민운동 내의 권위적 성별체계, 그리고 여성운동에서 드러나는 가부장제 문화 흔적들을 시티즌십의 맥락에서 고찰한다. 이러한 분석과정은 가부장제가 한국 시민사회의 아비투스로 내면화, 체계화되어 있음을 확인하는 과정이 될 것이며, 그에 대한 시티즌십의 실천전략적 과제를 젠더 감수성을 중심으로 모색해본다.

2. 시민사회 공동체와 가부장적 시티즌십

1) 시민사회 담론의 성맹적 한계

시민사회는 근본적으로 자유롭고 평등한 시민들의 자율적인 행위를 통해 사회적 공공선을 이루어나가는 민주적 공동체의 아젠다와 함께 발전되어왔다. 이것은 권위적인 엘리트들에 의해 권력이 집중되고 억압적으로 존속 · 유지되었던 기존의 권력구조와는 달리 권력과 책임을 분배하고 시민들이 공동의 가치를 공유하고 그것을 중심으로 책임감 있는 상호작용을 통해 포용성과 개방성을 담보한 민주적인 공동체를 이루는 새로운 권력관계를 진보적으로 형성해가는 것을 의미한다. 공동체의 이러한 가치 추구 과정과 개인의 자율성을 시티즌십을 중심으로 확보해온 시민운동의 정치적 아젠다를 고려해볼 때 한국 시민사회는 기본적으로 사회적 평등과 개인적 자유를 근간으로 한 도덕적 공동체와 정치적 공동체의 의미를 함께 상정해왔다고 볼 수 있다.

그러나 시민사회 공동체는 그것이 표방하고 상정하는 도덕적 이념이나 정치적 이슈들만으로 자연스럽게 확보되는 것은 아니다. 왜냐하면 그 이념과 이슈들에 현실적인 생명력을 불어넣는 행위자는 시민사회 구성원들인데, 그들은 현실 경험과 입장에서 다양한 차이를 갖고 있으며, 그것이 경우에 따라서는 상이한 것일 수도 있기 때문이다. 그러므로 이렇게 상정된 시민사회 공동체가 구성원 모두에게 동일한 양상으로 작동되고 있는지에 대한 의문을 가져야 한다. 다시 말해서 시민사회 공동체가 추구하는 신념과 가치가 모두에게 동의되었다고 쉽게 가정하는 단순한 규정성이, 개인의 정체성을 구성하고 유지시켜주는 문화적 측면들은 배제하고 개인을 추상화시킨 채, 또 다른 규범들을 강제해갈 수 있기 때문이다. 한국 시민사회 공동체는 부패하고 부도덕한 그리고 물리적 폭력성을 그 보호기제로 삼고 있는 국민국가에 '저항' 하고 '대안' 을 모색한다는 정치적 책무를 안고 있기에 특히 이러한 도덕적 규범의 정당성과 일방성이 아무런 문제의식 없이 쉽게 받아들여질 수 있을 것이다. 그러므로 공동체가 상정하는 이념과 가치가 누구를 위한 것인지, 어떤 집단의 입장을 반영하고 있는 것인지, 이런 점에서 시민사회 공동체 구성원들의 시티즌십은 어떤 이데올로기적 '보편성'을 함의하고 있는지 살펴볼 필요가 있다. 사실 도덕이란 "한 사회에서 통념적으로 받아들여지는 상식이지만 한편으로는 문화적 헤게모니에 기초한 편향적 기준이기도"(권혁범, 2004 : 225) 하기 때문이다.[3)]

사회의 주요 구성원으로서의 여성과 성별을 중심으로 한 젠더 문제를 고려해봤을 때, 한국의 시민운동과 시민사회 담론운동 역시 이러한 이데올로기 편향으로부터 자유롭지 못하다고 할 수 있다. 그동안 전개된 한국 시민사회 담론 및 실천운동들은 기본적으로 정치적 독재와, 제도적 강제를 통해 독점적 권한을 행사해온 국민국가의 일방적 폭력에 대한 비판의 포스트로서 존재해왔으며, 이것은 곧 공평무사하고 부패하지 않은 시민사회의 도덕적 토양을 마련해가는 작업이기도 했다. 이 과정은 또한 한국사회에서 그동안 구속되고 억압받는 '국민'이 아닌 저항적이고 자율적인 '시민'들을 위한 보편적 시티즌십의 모색 과정이었다. 그러나 담론적 또는 실천적인 차원의 도덕적, 정치적 공동체로서 한국 시민사회가 상정해온 '시민'과 그에 상응하는 '보편적' 시티즌십이란 서구 시민사회 논의가 그러했듯이 남성 중심적 사고틀 속에서 이해되고 있다.

시민사회에 대한 담론 전개 속에서도 이러한 젠더 관점의 부재가 드러난다. 80년대 후반에서 90년대 초의 서구 시민사회 이론의 소개와 시민사회에 대한 개념 정의를 둘러싼 논쟁들을 시작으로, 흔히 알고 있는 국가–시장–시민사회의 3분 모델, 국가–시민사회의 2분 모델의

3) 그간 국민국가나 전통적 공동체가 주장해온 사회적 가치란 흔히 정권 소유자, 지배자, 기득권자 등 특정 집단의 입장과 논리에 근거하는 것이었지, 보편적 중립적 관점에서의 집합의식을 대변하는 것은 아니었다. 도덕에 대한 규정도 그것으로부터 자유롭지 못했다.

적실성을 둘러싼 논쟁이 진행되었고, 3분법은 국가—토대—시민사회—정치사회라는 4분법으로 해석되거나 전통적인 3분 모델 대신 국가—시장—NPO 섹터라는 변형된 3분 모델이 제시되기도 했다. 시민사회에 대한 2분법적 이해에 대한 비판은 민주화의 보루로서 시민사회를 간주하는 일반화된 인식과 시민사회를 하나의 공간과 영역이 아니라 단일한 행위자로 간주하는 이론적 경향에 대한 것이었다. 즉 그 안에서는 "자본이라는 주적을 은폐하고 토대의 변혁이라는 근본적이고 엄중한 과제를 시민사회의 문제로 해소하며, 다차원적 정체성을 명분으로 현대 자본주의 사회의 중심적 문제인 계급 중심성을 포기하고 있다"(손호철, 2001 : 107)는 것이다. 반면 이러한 비판의 준거로 강조되었던 '독립적 분석단위'로서의 '토대와 계급의 중심성'이 이후 현대 한국사회에 대한 설명에서 자취를 감추었다는 지적도 있다(정상호, 2003 : 180).

국가의 층위에 놓여 있는 시민사회, 토대에 조응하는 중심 주체로서의 계급, 그 연장선에서 상정되는 시민의 위상과 역할들은 제도적 문화적으로 공/사 영역이 엄격히 구분된 국민국가의 공적 영역에 대한 비판과 그에 국한된 논의로 발전되고 있다. 시민사회가 국민국가가 가지고 있던 사회적 층위에 대한 준거틀을 해체시키지 못하고 그 범주 안에서 사고하고 행위할 때 시민사회의 기본적인 프레임은 성별적일 수밖에 없다. 국민국가의 남성 중심적 군사주의가 그를 지원하는 여성의 사회적 역할을 재생산하고, 사회 전반에 편재되어 있는 제도적인 성편향이 사적 영역의 가부장적 권위를 강화시키는 상황에서, '민족'의 국가가 자율적 '시민'의 사회로 명명되었다고 해서, 아직도 만연되어 있는 가정폭력이 사라지는 것이 아니며, 전업주부의 부불노동에 새로운 인식 전환이 생기지도 않으며, 공사영역의 사각지대에 감춰져 있는 여성노인의 시티즌십이 가시화되지도 않는다. 공적 노동의 범주에 들어오는 여성노동자가 되어야 복지 대상으로 비로소 통계에 잡히는, 아니면 가족임금제나 파생적 연금수급제도의 대상으로 여성 시티즌십의 한계를 규정하는, 이런 공적 영역 중심의 성별적 논의 과정은 결국 가부장적 시티즌십의 또 다른 강화에 일조할 뿐이다.

장미경은 한국 시민사회에 대한 층위 구분 논란에 있어 성적 특성에 대한 이러한 인식의 불철저함을 지적하고 있다. 즉, 국가/시민사회의 층위 구분에서 여성에 대한 고려가 없으며, 여성이 주로 생활하는 영역인 가족 영역도 무시되고 있다는 것이다. 이것은 가족을 분류틀에서 중요한 고려 대상으로 삼았으나 그 이유가 여성을 공적 영역에서 배제시키기 위한 것이었던 로크나 헤겔의 경우처럼 성별분리적 관점에 근거하는 것이라 할 수 있다.[4] 이런 배경 속에서 여성은 사적 영역으로 공인된 가족과 함께 '개인'의 지위에서 배제되고, 더불어 공적 평등과 합의의 세계에서 배제된다는 것이다(장미경, 1999 : 275).

한국 시민사회 담론이 이러한 젠더 편향적 한계를 노정하는 이유는, 무엇보다도 한국 시민사회 논의가 서구 시민사회 담론을 그 근간으로 삼고 있다는 점, 그리고 시민사회에 대한 이해가 정치경제적 차원에

4) 자유주의 사상가인 로크는 시민사회의 층위를 국가/가족으로 나누었고, 헤겔은 국가/가족/시민사회로 구분했다. 그러나 헤겔은 여성이 천성적으로 시민사회의 일원이 될 수 있는 '개인'으로서 능력을 갖고 있지 못하다고 보는 성별 분리의 관점에서 여성을 가족의 영역에 배치시킴으로써, 평등한 시민으로서 남성들의 자유로운 상호작용이 이루어지는 보편적 시민권의 공적 세계로부터 여성을 분리시킨다. 그나마 이러한 가족 영역은 마르크스의 국가/시민사회라는 이분 모델에서 시민사회와 경제에 종속당하며 사라지게 된다. 이후 19세기부터 20세기 후반에 이르기까지 시민사회 이론가들에게 가족의 영역이 소홀히 취급된 것은 근대 이전에 생산과 소비의 통합적 영역으로서 존재했던 가족기구가, 근대 이후 소비를 중심으로 한 사적 영역으로 변모하면서 공적 영역에서 배제되었다고 설명된다(장미경, 1999 : 275~276).

집중되어 있다는 사실에서 발견될 수 있다. 이것이 서구 시민사회 담론이 가졌던 성별적 한계를 답습하는 오류로 이어질 수 있기 때문이다. 서구에서도 페미니스트들은 가족 영역이 기존의 시민사회 논의에서 배제, 또는 왜곡되는 점을 비판하며, 시민사회 핵심에 위치해 있는 가족 영역을 강조해왔다. 예컨대 산아 제한 또는 출산 장려와 같은 국가적 관심사가 가족생활과 여성의 몸을 어떻게 정치적으로 조절하고 있는지, 국가의 복지정책이 여성의 시티즌십을 어떻게 성별적으로 규정하고 있는지 탐구해왔다.

오랜 기간 비판적 탐색을 거듭해온 서구와 달리 한국 시민사회는 이제 그 모습과 논의가 무르익고 있다. 급격한 사회적 요구와 변화에 따라 그만큼 청산해야 할 과거의 역사적, 문화적 잔재가 많다는 것이다. 그 중 하나가 일상세계에서 정치 영역까지 사회 곳곳에 뿌리내려 있는 가부장적 권위주의 문화와 제도이다. 이것을 인지하지 않고 국민국가의 정치적 권위주의만을 주목할 경우, 한국 시민사회는 성편향적인 반쪽의 공동체이며, 그 전망 또한 결코 완성될 수 없는 미완의 공동체가 될 것이다. 페이트만은 근대 사회의 계약은 '부계 중심의 가부장제'가 '성별 간의 가부장제'로 뒤바뀌었을 뿐이라고 강조했다(Pateman, 1980). 그동안 한국 사회에 노정되어온 국민국가의 가부장제가 시민사회의 가부장제로 그 외피만 바꾼 것이 아니려면, 시민사회에 대한 논의는 한국사회를 뒤트는 주요한 모순 고리를 주목해야 하며, 그에 따라 사회를 분석하는 관점과 준거틀을 바꾸어야 할 것이다.

2) '보편적' 개인과 '차이'의 공동체

이러한 논의의 변화는 주요한 문제의 지점과 그 문제를 해결해갈 수 있는 주체에 대한 질문에서부터 시작할 수 있을 것이다. 모든 사회 영역에서의 차별과 폭력, 소외와 배제를 극복하는 평등한 민주사회 건설이라는 시민사회 공동체의 보편적 목표들은 그것을 실현해내는 자율적이며 저항적인 시민세력에 기대어 상정되어왔다. 자주 논의되는 것은 시민으로서의 개인의 강조이다. 공동체가 논의될 때 자주 설정되는 이원적 대립으로서 '개인' 또는 '개인주의'에 대한 강조는 시민사회에 대한 논의에서 더욱 부각되는데, 이것은 그동안 국민국가 중심의 한국사회가 개인의 입장이나 자율성에 대한 신뢰의 중요성을 경시했던 반면, 시민사회는 이러한 개인의 자발성과 주체성이 그 원동력으로 작용하고 있기 때문이다. 논자들은 한국의 시민사회가 자신의 정체성과 힘을 제대로 인식하기 위해서는 개인주의에 대한 신뢰를 더욱 필요로 함을 강조하고 개인주의의 기초 위에서만 모든 형태의 공동체가 가능하다고 주장하기도 한다(김성국, 2000 : 91~92).[5)]

그러나 개인과 공동체의 관계는 우호적이며 상호보완적인 관계보다는 오히려 내적 긴장을 강화시켜가는 관계로 이해해야 할 것이다. 왜냐하면 앞서 언급했듯이, 시민들은 기본적으로 공동의 가치를 존중하면서 이 가치들이 함축하는 책임감, 즉 도덕적 시민성과 그에 기반한 실천 행위에 동의하고, 또한 공공선을 위해 권력 관계의 변형을 지지하고 있지만 이러한 가정이 개인의 자발적인 동의와 선택을 일방적으로

5) 김성국은 개인주의가 뒤르켐의 분석범주에 따라 기계적 사회연대가 아닌 유기적 사회연대의 기초가 되는데, 현대사회에서 유기적 연대의 기반이 약한 이유는 개인주의 자체의 문제가 아니라 개인주의를 왜곡한 국가의 개입이 문제였음을 강조한다. 즉, 국가가 시민사회의 근본 원리인 개인주의를 억제, 위협, 왜곡, 축소시켜가는 과정에서 개인주의를 극단의 사적 이기심으로 변질시켜, 개인들 간의 불신과 경쟁을 조장하고, 인간의 협동적 본성 대신 경쟁적 욕망만을 부추기는 데 주요한 역할을 했다는 것이다(김성국, 2000 : 92).

전제하고 강제할 수 있기 때문이다. 이런 경우 '평등한 시민으로서의 책임감'은 개인에게 또는 특정 집단에게 불합리한 강제와 폭력으로 다가오게 된다. 또한 이러한 공공선이란 때로 개개인의 욕구와 의사 그리고 정체성과 무관한 또는 그것을 오히려 제한하는 의미가 되며 사회나 공공적인 삶을 단일화시키는 결과를 초래할 수 있다.

그러므로 여기에서 중요한 것은 시민사회의 개인은 경험과 입장 그리고 정치적 지향 속에서 매우 다양하기 때문에 보편적 '개인'으로 단순하게 환치시킬 수 없다는 것, 그리고 또한 개인은 시민사회의 지배적인 문화로부터 완전히 자유롭지 못하다는 것이다. 먼저 문화적 지배에 대해 논의하자면, 개인 영역에 대한 일방적 침해를 우리는 국민국가의 강제적 정치문화 속에서 수도 없이 경험해왔다. 개인보다는 국가와 민족이 우선해야 하며, 민족경제를 위해서는 장시간 저임금도 불사해야 했으며, '강한' 어머니의 무한한 희생이 강조되기도 하고, 누이들은 오빠들을 뒷바라지하기 위해 학업을 포기하고 일터로 나서기도 했다. 이러한 일방성이 강제성으로 받아들여지지 않고 자발적 동의를 통해 자연스럽게 내면화될 때, 지배문화는 상징폭력을 행사하는 것이다. 우려되는 것은 시민사회가 진전되고 있다고 해서 이러한 문화적 강제가 종식된 것은 아니라는 점이다. 특히 유교적 전통이 다양한 형태로 온존해 있는 한국사회에서 여성은 아직도 이념형적 시민의 범주에 해당하는 '개인 주체'로서가 아니라, 사회적으로 필요한 경우 언제든지 가족의 영역으로 복귀되어야 하며, 사적 영역에서 요청되는 사회적 역할에 복무해야 하는 시민 전사(soldier)가 되고 있다.

예컨대 97년 말 이후 IMF외환위기가 도래했을 때, 국가 경제를 살리기 위해 '금모으기 운동'에 앞장섰던 사람도, 남편과 '고개 숙인 아빠' 들을 위해 자리를 양보하고 다시 가정으로 돌아온 사람들도 대부분 여성들이었다. 여성들의 그러한 행동이 분명 자발적인 동의에 의거한 것만은 아니었다. 그러나 당시 활발한 시민운동을 통해 제도 개혁과 진보적 의식 변화를 이루어가고 있던 한국의 시민사회가 이러한 성별 문제에 대해 터무니없이 무력했던 점들은 단순한 공/사 분리의 이데올로기를 넘어서 유교 문화와 연결되어 있는 한국사회의 가부장적 문화토양이 얼마나 강고한 것인지 보여주고 있다. 한국 시민사회는 지배문화로서의 가부장제에 대한 통렬한 인식 없이는 불평등한 이데올로기의 전횡 속에서, 의식하지 못한 채 '전사공동체'로서 자신을 정체화하는 상징폭력을 경험하거나, 경우에 따라서는 그간의 노력으로 확보해온 시민사회의 진보적 위상들을 얼마든지 후퇴시키게 될 것이다.

그러므로 한국 시민사회 공동체의 문화적 근간으로 작동되고 있는 가부장적 권위주의 문화 속에서 '자율적이고 저항적인 시민'이란 이념형은 현실 속에 반영되는 다양한 스펙트럼을 통해 이해되어야 할 것이다. 이런 점에서 공동체는 단일한 것이 아닌 다양한 층위로 고려되어야 한다. 시민사회 구성원들은 가족, 학교, 직장, 국가 등 실상 서로 중복되는 공동체에 살고 있으며 이 공동체들은 서로 다른 다양한 정서적 유대와 권력관계 속에서 작동된다. 그러므로 시민사회에서 당연한 것으로 정당성이 주장되거나 시기적으로 더 우선적인 가치를 부여받는 공동체의 아젠다는 그것이 특정 개인이나 집단에게 배타적인 의미를 지닐 수도 있다는 점이 고려되어야 할 것이다.

이런 점에서 민주적이고 개방적인 시민사회의 작동방식은 구성원들을 그들의 삶에 영향을 미치는 집합적인 과정에 참여하게끔 하는 문화적 기제와 권력관계의 재구성을 통해 마련되어야 할 것이다. 이렇듯 개인과 전체를 아우를 수 있는 공동체는 단일한 '합의의 공동체'라기 보다는 차이를 이해하고 그것을 조율해가는 '구별의 공동체' 또는 '차이의 공동체'라 할 수 있다. 이것은 그 경계가 내적 및 외적으로 유동적이고 불명확한 상호 연동적인 공동체로서 여기서 공동체란 "더불어 사는 공공적 생활, 상호 승인과 정체화의 이상"(Young)을 담보한 공동체를 의미한다. 이러한 공동체의 구성원들은 상호 존중과 차이의 관용에 기초하여 상호 차별성을 인정하고 있다.

그러나 이것이 '절대적으로 자율적인 개인'의 위상이나 '통일성이 없는 공동체'를 전망하는 것은 아니다. 시민사회 공동체의 '평등 지향'이란 여러 사회 집단의 다양한 차이를 고려하는, 예컨대 여성들의 불평등한 현실을 간과하지 않으면서 동시에 '다름'을 전제로 한 연대를 모색하고 형성하는 '차이의 정치'를 통해서 진정한 의미를 획득할 수 있는 것이기 때문이다. 시민사회와 시민운동에서 당연하게 상정하고 있는 일반화된 '우리'의 이상은 이와 같이 '차이'에 대한 개방성을 전제할 때 '민주적 연대성'의 이념을 구현할 수 있을 것이다.

권위적 국가체제의 억압과 제한에 저항하고 민주주의의 가능성을 담보한 한국 시민사회의 공동체 지향은 개인의 권리와 책임을 공유하고, 참여를 통한 공론의 공유와 형성, 그리고 차이를 고려한 공존의 제도화를 이루어갈 때 비로소 개인과 전체의 조화를 만들어갈 수 있을 것이다. 그 일환은 예컨대 공사 영역을 대립이 아닌 소통의 구조로 재구성하는 것이며, 여기서 형성되고 공유되는 시티즌십이란 진정한 공동체 의미를 담보한 '관계적 시티즌십'[6]이라 할 수 있다. 한국 시민사회

6) 타자와의 관계 속에서 자신의 정체성을 찾고 자아와 타자가 맺고 있는 집합적 정체감을 공유하며 시민사회 안에서 시민으로서 상호 주체적 소통을 꾀할 때 관계적 시티즌십을 논할

에서 이러한 관계적 시티즌십의 구성을 위해서는 가부장제의 문화적 한계를 뛰어넘는 문화적 진보성이 담보되어야 한다. 이를 위해서는 먼저 앞서 언급한 가부장적 권위주의가 시민사회 내에서 문화적으로 어떻게 연장되고 있으며, 그 고리를 단절시키기 위해서 무엇이 필요한지 살펴볼 필요가 있다.

3. 시민운동과 가부장적 권위주의 문화

1) 공익적 시민운동의 젠더 편향성

그동안 공익적 이슈와 기준들에 과도하게 집착해온 한국 시민사회와 시민운동은 앞에서 살펴보았듯이 성별권력의 불평등을 반영하고 있으며, 이것은 그동안 여성운동 진영에서 자주 언급해온 가부장적 권위주의를 배경으로 한 시민운동의 성맹적 편향성 속에서 파악될 수 있다.

가부장적 권위주의는 우선 한국사회에서 역사적으로 국가주의 맥락에서 이해되어야 할 것이다.[7)] 그간의 한국 시민사회의 지향점과 활동을 분석해보아도 이러한 국가 중심의 성격이 강하다. 국가의 정책과 기능에 대한 비판적 활동을 진행시키고 있는 한국의 시민사회운동은

수 있다. 이 때의 시민은 공동체 경계 안의 주체로서 그 안에서 원자적으로 고립된 개인으로 환원될 수 없는 정치공동체의 주권자로서 상호 주체적 소통을 기반으로 더 나은 정치공동체로의 내포적, 외연적 발전과 확장을 위해 무제한적인 '구성적 권력'과 '상호 주체적 권력'을 가지는 주체라 할 수 있다(이병천, 2004).

7) 한국사회는 민족국가와 자본주의적 산업화의 진전에도 불구하고 자유, 평등 그리고 개인의 자율성을 바탕으로 한 가치가 실상 보편화되어 있지 않다. 이것은 '기술로서의 근대'와 '해방으로서의 근대' 사이의 간극으로 표현될 수 있다. 한국의 사회사 속에서 개인은 '민족', '국민', '집단'의 일부이다. 자유와 평등을 근간으로 한 자율적 개체로서의 개인은 아직도 한국사회에서 보편적 정당성을 부여받지 못하고 있는 것이다(권혁범, 2004:194).

국가의 권력 및 폭력으로부터 발생하는 정치경제적 문제들에 집중해왔고, 국가와 충돌하는 대면적 상황에서 모든 문제를 국가와의 대화와 협상을 통해 해결하는 관성을 키워왔다. 비판적 기능뿐만 아니라 정책과정에 직접 개입하는 활동이 정책 변화를 선차적인 과제로 중요시해왔으며, 이것은 때로 시민운동가의 정치제도권 진출로 이어져왔다. 이러한 시민운동의 활동은 오히려 국가의 기능 강화와 정당성 부여에 기여하는 측면이 있다. 이런 점에서 볼 때 한국의 시민사회는 아직도 국가주의와 민족주의의 마법과 주문에서 자유롭지 못하다(권혁범, 2004 : 191).

'선차적 과제 중심적', '권력 지향적 성향과 논리'는 시민운동이 앞세우는 공익적 가치와 기준 속에서 설명될 수 있으며 그것은 곧 젠더 문제로 연결된다. 즉, 위에서 언급한 대로 시민운동에서 공익적 명분을 바탕으로 선택되는 선차적 과제는 국민국가의 정치경제적 사안에 집중되어 전체 운동이 아우러야 할 공공성으로 강조되는 반면, 사회적으로 부각되는 젠더 이슈에 대한 입장에서는 여성운동을 제외한 여타의 시민운동들이 이것을 전체 운동이 해결해야 할 공익적 과제로 생각하지 않는다는 점이다. 이것은 현 시민운동의 젠더 의식을 반영하는 것으로 여성운동계에서도 당면하고 있는 주요한 문제점으로 인식하고 있다.

> "우리 시민사회운동이나 여성운동이 지난 20년 동안 엄청난 성장을 한 것은 사실이지만 얼마나 우리가 젠더 관점(gender perspective)을 지니게 되었는가에 대해서 질문하고 싶다. …… 이런 맥락에서 시민사회운동과의 연대방식 문제를 제기하고 싶다. 특히 총선연대를 전후하여 여성운동과 시민운동 사이의 관계는 돈독해졌다. 그러나 여전히 여성

단체연합이 올해의 과제로 내세우고 있는 호주제 폐지, 성매매방지법 제정, 보육의 공공성 확보, 비정규직 철폐 등의 주제에 다른 시민사회운동 단체들이 얼마나 힘을 보태어줄지에 대해서는 여전히 낙관적인 전망을 가질 수가 없다." (정현백 ; 강이수, 2003 : 121 재인용)

이와 같이 단일한 공공성의 문제는 다원적 차이를 고려하지 않는다는 데 있다. 동질적 층위에서 주장되는 공익과 공공성의 문제는 다원화된 여러 사회 집단의 이질적 공공성의 의미를 간과해서는 안 될 것이다. 여성 시티즌십의 문제도 이와 같은 맥락 속에서 이해될 수 있다. 왜냐하면 공공성과 시민사회를 매개하는 권력이 성중립적인 권력이 아니라 성별화된 권력, 즉 남성의 권력이기 때문이다.

시민운동을 여성주의적 진보의 관점으로 이해한다는 것은 시민운동에서 다루고 있는 정치경제적 사안들을 거시적 차원뿐 아니라 가부장제의 문화적 기제가 작동하고 있는 일상의 미시적 차원에서도 함께 성찰한다는 것을 의미한다. 예컨대 민족적 분노를 촉발하기 위해 인터넷에 올라온 고(故) 윤금이 씨의 적나라한 주검 사진을 반인권적 행위라고 문제제기할 수 있는 시각, 파병반대 반전 운동을 단순히 반미로 환원하는 것만이 아니라, 국가주의 · 군사주의와 남성지배체제의 결합, 그것이 일상 속 폭력으로 연속되는 현실 문제로 바라볼 수 있는 관점 등 여성에 대한 차별과 폭력이 일상과 비일상, 평화와 전시의 이분법적 구분을 넘어서 인식되고 실천되어야 함을 깨닫는 것이다(윤정숙, 2003 : 59). 이것은 이슈와 운동방식을 포함한 시민운동의 전반적 상황에 대한 젠더 감수성이 절실하게 요구되는 지점이다.

젠더 관점이 부재한 공익적 시민운동의 문제점들은 여성운동과의 연대 속에서 분명하게 드러난다. 일반 시민으로서 여성 대중은 그간 환경운동, 반전운동, 총선연대운동, 촛불시위, 또는 노동운동 등 공익적 시민운동에 대거 참여하며, 또 다른 의미에서 시민운동에 통합되어왔다. 여성들의 공익적 시민운동과의 연대 활동은 여성주의적 진보와 시티즌십을 실천하고 구현하려는 의지가 담겨 있음에도 불구하고, 여성들의 참여가 수단화되는 '동원적' 연대의 의미로 규정된다. 다시 말해서 범사회적 운동의 성격을 띠는 시민운동에서 똑같은 행동을 해도 그 안에서 사회 문제에 대한 여성의 경험과 욕구가 일반론에 가려져 제대로 강조되거나 드러나지 못하는 배제의 과정을 거치는 것이다.

시민사회의 영향력을 확장시켰던 총선연대의 '낙천낙선운동'을 보면 공익적 시민운동에 참여하는 여성들이 그들의 실천의도와는 달리 전반적인 시민사회의 권역에서 어떻게 다루어지고 있는지를 알 수 있다. 2000년 4월 총선 시기 총선연대가 전개한 낙천낙선운동은 기존 정당이 독점해온 제도정치에 시민운동이 개입한 첫 사례로서 시민사회와 단절된 채 진행되어온 선거와 정치사회의 문제들을 시민의 압력으로 움직일 수 있었던 성공적인 사례이다. 이를 통해 시민운동에 대한 사회적 인식이 고양되었으며, 그 정치적 위상 또한 크게 높아졌다. 이 때 여성운동은 낙천낙선운동에 적극적으로 결합했다. 즉 한국여성단체연합, 한국여성의전화연합, 한국여성민우회 전국적 지부 등 총 90여 개의 여성단체들이 참여했으며, 이밖에도 총선연대의 활동에 동의하는 많은 여성들이 적극적으로 활동했다. 예컨대 여연의 지도부 일부는 총선연대에 공동대표, 공동상임집행위원장, 집행위원으로 참여했고, 공동사무처에는 여연과 회원단체에서 파견된 실무자들이 활동했다. 여연은 회원단체들과 '여성유권자 실천단'을 구성하여, 여성유권자들에게 낙천낙선운동에 대한 정보를 제공하고 이에 동참하도록 권유하는 활동을 진행시켰다. 그 결과 총선연대에서 여성단체의 활동은 서명이나 모금에서 여성단체가 1위를 차지할 만큼 활발하고 적극적인 것이었다(서미라, 2002).[8)]

이렇듯 여성들은 총선연대 활동에 동참함으로써 여성들만의 이슈에서 벗어나 공익적 차원의 사회문제와 그 개혁에 동참하고 이를 통해 여성문제를 제기하는 여성의 주류화 운동을 진전시키고자 했으나, 이것은 의도와 달리 또 다른 한계를 확인하는 과정이기도 했다. 우선 총선연대의 낙천낙선 대상자 선정에서도 시민단체의 일반적 기준만이 적용되었고 여성단체의 기준은 포함되질 못했으며, 총선연대에서 활동했던 윤정숙 사무처장은 총선연대의 중요한 의사결정 과정에 여성들이 참여하지 못했음을 지적했다.

> "여성들의 힘이 커졌다고들 하지만 시민운동 속에서조차 여성의 위치는 주변에 그치고 있는 게 현실이다. 총선연대의 활동에 가장 많은 단체가 참가했고, 시위와 모금, 서명작업에도 가장 열성적으로 참여했지만 총선연대의 중요한 의사 결정과정에는 끼질 못했다."(중앙일보 : 서미라, 2002 재인용)

이렇듯 총선연대에서 활발한 기여를 했음에도 불구하고 중요한 의사결정 구조에 참여하지 못하고, 낙천낙선 기준에 여성들의 요구를 담

8) "민우회 회원인 일반 주부들이 자체적으로 조직해 유권자 서명운동에 참여하는 모습은 정말 감동적이었고, 총선연대 서명이나 모금활동에 대한 당일의 집계 결과 여성 단체가 단연 1위를 차지해 여성들의 성의와 노력이 높았다는 걸 알 수 있었다"(여성신문, 2000/04/28).

아내도록 관철시킬 수 없었던 것[9]은 공익적 수준만을 강조하는 시민사회운동의 성맹적 한계를 의미하며, 한국 시민운동이 불평등한 성별 권력을 매개로 추동되고 있음을 드러내는 것이다. 이러한 과정이 제도정치 안에서 '성주류화'를 목표로 활동했던 여성운동을 또 다른 방식으로 배제, 고립시켜간다고 할 수 있다.

따라서 여성의 시티즌십과 시민으로서의 책임감을 강조하는 시민성의 덕목들은 이런 점에서 볼 때, 여성의 주체적 입장이 아닌 공익적 합의의 보편적 틀거리 속에서 규정된 일반적 성격으로 이해되고 수용되어왔다고 볼 수 있다. 시민사회에서 시민적 공공성은 공동체의 시민적 가치와 위반되지 않는 공적 성격을 지녀야 하고, 특정 개인이나 집단에 치우치지 않는 사회적 형평성을 띠고 있어야 한다. 이런 점에서 성별 간 집단 간 '차이'에서 오는 이질적 공공성이 인정되어야 성별적으로 제한된 여성시티즌십의 문제를 이해하고 극복할 수 있을 것이다.[10] 다원적 차이를 무시하고 단일한 공공성만을 주장하는 것은 가부장적 시티즌십의 위계 안에 여성을 위치짓는 것이다.

다시 말해서 공익적 시민운동의 가치 속에서 여성은 자신의 입장

9) 특히, 낙천 기준에서 반여성적 발언 및 행위는 추가 검토 사안으로 참작되는 수준이었다. "총선시민연대의 최종 낙천후보 리스트에 오른 반여성적 인사는 3명이지만 여성연합이 애초에 제시한 반여성 후보는 모두 12명이었다. 기준은 여성 관련법 제도 제·개정시 반여성적 의견을 개진했거나 여성 관련 예산배정에 반대했는지의 여부, 그리고 여성비하 발언 및 여성의 인권 침해 행동을 한 경우 등. 하지만 총선시민연대는 과거 부정부패 전력과 선거법 위반, 비리연루, 그리고 반인권적 전력 등을 가장 우선 기준으로 삼았고, 반여성적인 발언이나 반여성적인 정책 입안 등의 전력은 추가 검토 사유로 참작했던 것. 반여성적이거나 반환경적인 경우 등 단일 사안만으로 낙선자 명단에 포함시키기에는 무리가 있다는 내부판단이 우세했기 때문이다"(여성신문, 2000/02/04).

10) Young은 이질적 공공성과 집단들 간의 서로 다른 차이를 인정하는 집단-인지적 정치(group-conscious politics)를 주장하면서 집단의 차이를 대립적이 아니라 관계적인 것으로 파악해야 한다고 주장한다(Young, 1990).

을 온전하게 반영하지 못하는 하위 주체가 될 수 있다는 것이다. 시민사회 내에서 그것의 극복을 위한 노력은 이제까지 여성운동을 통해 이루어져왔는데 시민운동은 여성운동과의 연대 필요성은 인정하면서도 여성주의 이슈들을 공유하지 않고, 이것이 전반적인 차원으로 확산되는 것을 차단시키는 결과를 초래하며 결국 여성운동을 게토화시켜왔다고 볼 수 있다. 실상 여성의 시티즌십 확보와 관련한 운동의 전개와 노력은 시민운동의 전반적인 차원이 아닌 여성운동에 의해서만 담보되어왔다고 하겠다.

여성문제는 여성만이 제기하고 여성만이 해결해야 하는 여성들만의 과제라는 편의적 인식은 7, 80년대의 민족민주운동 시기부터 운동진영에 팽배했던 것으로, 이러한 인식은 여성운동의 과제를 보편적 과제로 공유하지 못한 채, 부단히 부문운동의 과제로 부차화시켜왔다. 노동문제를 다루지 않으면 여성문제를 이야기할 수 없고, 학계에서도 여성 연구는 불필요한 시간낭비로 눈총을 받았으며, 여성운동은 필요에 따라 구색 갖추기로 동원되는 상황에서 여성운동은 의지와 무관한 독자적 활동을 어렵게 진행해올 수밖에 없었다. 이것은 노동운동에 국한된 것이 아닌, 교육과 빈곤 등 여성 시티즌십의 일반적 차원을 함께 포괄하는 활동으로 이해되어야 한다. 90년대 이후로 형식적 민주화를 통해 여성운동이 스스로 "자율성을 유지하면서도 중요한 사안에 대해서 연대하는 방식으로 틀을 변모시켜나가기 시작" 했고, 시민운동에서도 "여성운동의 역량은 단순히 구색 갖추기가 아니라 실제적으로 연대 효과를 발휘하기 위해 반드시 필요한 부문으로 인정되고" (강이수, 2003 : 117) 있다는 평가도 이루어지고 있다. 그러나 이것을 낙관적인 과정으로 이해할 수 있을까? 아직도 여성운동은 의지와는 무관하게 시민운동의 부문운동으로서의 위상과 정체성으로 이해되고 있는 것은 아닐까? 자율적 능력을 갖고 사회운동과 연대한다면 그것은 운동의 부차적 부문화가 아니라 필요에 따른 특화로 이해될 수 있을까?

여성운동은 90년대 이후 환경, 교육, 문화운동들과 유사하게 시민운동 내에서 마치 하나의 부문운동처럼 인식되는 경향이 있다. 경우에 따라서는 여성운동을 노동운동과 대별되는 신사회운동의 하나로 등치시키는 것과 유사한데,[11] 이것은 한국 여성운동의 역사와 성격에 대한 몰이해에 근거한다고 할 수 있다. 여성운동은 87년 이후에 등장한 여타 사회운동 중의 하나가 아니라 70년대 노동운동이 주축이 되었던 시기부터 현재까지 노동운동과 시민운동의 성격을 모두 포함하는 운동으로 존재해왔다. 그것은 과거 민주화 운동부터 현재 시민운동에 이르기까지 청산되지 못하고 있는 여성문제에 대한 성맹적 관점과의 투쟁이었으며, 여성운동이 제도정치 안에서 이제까지 확보해온 여성들의 성별적 시민권의 한계를 부단히 극복하고자 하는 역사적 과정이었다고 할 수 있다. 부문운동이란 특권적 위계가 존재하지 않는 합리적 필요성에 따른 역할분담 차원이 성립할 때 이해될 수 있는 것이다. 이것은 차이에 대한 인정과 유기적 공존을 전제로 한다. 차이에 대한 인정이란 남녀가 유별하다거나 여성의 문제를 특화시켜야 한다는 것이 아니라, 여성과 남성이 처해 있는 불평등한 사회적 위치와 상황에 대한 인식을 공유한다는 것이다. 공익적 시민운동에서 여성의 입장이 반영되는 한편 여성이 이끌어가는 대안적 가치가 무엇인지에 대한 공감과 인식이

11) 시민사회운동 담론에서 여성운동을 시민사회운동이나 신사회운동의 하나로 보는 것은 잘못된 분류이며, 여성운동의 역사적 성격에 대한 왜곡된 평가라는 지적도 있다(장미경, 1996 : 311).

전제되고 공유되어야, 시민운동과 여성운동의 유기적이고 바람직한 연대가 모색될 수 있을 것이며, 여성 활동의 구체적인 내용들에 대한 평가와 적절한 역할 확보가 담보될 수 있을 것이다.

2) 시민운동 단체의 권위적 성별체계

80년대의 민중 지향적, 민족 지향적 사고 속에서 여성문제를 거대 문제의 '부문' 적인 것으로, 주요한 경제정치적 과제 해결 이후에 다루어져야 하는 문제로 간주했던 한국사회의 운동 전통은 90년대 이후의 시민운동 속에서도 그대로 환치되어 진행되고 있다. 시민운동에서 여성운동이 차지하는 비중이 커지고 여성활동가의 수도 증가하였으나 젠더 문제에 대한 시민운동의 의식은 아직도 불충분하다. 여성운동은 시민운동의 특수한 하나의 분과 영역으로서의 위상만을 갖고 있으며, 여타 영역에서의 여성의 관점과 힘은 반영되지 못하고 있기 때문이다. 또한 시민운동 조직에서의 여성 역할도 조직의 단결과 발전이란 명분 속에서 제한적이거나 성차별적으로 주어지며, 조직 내에서 발생하는 젠더 문제들은 조직의 분열을 야기시키는 '사소한' 문제들로 문제 제기의 통로가 원초적으로 차단된다.[12] 이러한 조직 보존의 논리는 시민운동이 추진하고 있는 거대한 과제의 중요성을 그 정당성의 근거로 삼고 있다. 탈정파적인 시민운동의 도덕성과 참여 민주주의의 가치 지향은

12) 이것은 2000년도에 있었던 장원 총선연대 대변인의 여대생 성추행 사건과, 민주노동당 연대사업국장의 여성간사 성추행 사건 등을 비롯하여 시민단체의 도덕성에 대한 논란을 불러 일으켰던 일련의 사례들 속에서 불거졌던 일들이다. 사회적으로 논란이 되었던 사건들은 시민단체의 이미지와 위상에 손실이 갈 수 있다는 점에서 빠른 시일 안에 '사소한' 또는 '부차적인' 일로 덮였으며, 그러한 과정은 사안의 평가에서 피해여성의 입장을 무시하는 남성 중심성의 관철로 진행되었으며, '대의'와 '공익'의 당위성 앞에서 시민단체의 내부적인 분열을 야기하기도 했다. 무엇보다도 도덕적으로 신뢰받아야 하는 시민단체가 부패한 기득권과

결과 못지않게 운동의 과정도 중요하다. "내적 가부장성은 반드시 외부 활동에서 성적 위계질서의 재생산으로 이어지기 때문이다"(권혁범, 2004 : 230). 이런 점에서 한국의 시민운동과 시민운동 단체의 가부장적 권위 구조를 젠더적 관점에서 주목할 필요가 있다.

시민운동이 자신의 위상을 정립하고 시민운동 단체들의 연대적 활동이 한국 시민사회와 시티즌십의 발전적 고양을 이루어가고 있는 현 시기에도, 시민운동 단체 역시 제도와 일상을 넘나들며 변함없이 유지되고 있는 가부장적 권위주의로부터 자유롭지 못하다는 사실은 한국 사회의 유감스러운 현실이다.[13]

과거의 진보운동이 갖고 있던 내적 가부장성 중, 권위적인 성별위계체계와 여성에 대한 모순적 이중시선, 여성들을 배제하는 성차별적 남성문화는 가부장제의 다양한 여성 억압의 기제로서, 보다 개방적이

조금도 다를 바 없는 행위를 했다는 점, 그리고 여성의 문제는 시민운동권 안에서도 공익적 사안에 대해 부차적인 것으로 치부될 수 있다는 점을 환기시키는 사건들이었다.

13) 민족민주운동이 시민운동으로 탈바꿈하며, 정치적 영향력을 한창 확대해가고 있던 90년대 중반 '진보적 운동권'의 '보수적 성차별 구조'에 대한 분석적 비판이 이루어졌다. 이러한 비판에서 다루어진 운동권의 성차별 문제들은 이후 10년이 지난 현재 시민운동 단체들의 문제점들로 변형 혹은 연장되어 나타나고 있다. 주요한 성차별로 지적했던 다양한 문제들 중, 본 논문에서 주요하게 주목하는 지점들은 다음과 같다. 먼저, "진보적 운동권에 존재하는 남성-지배와 여성-종속 위계구조의 보편적 온존"에 관한 것이다. 남성과 여성이 지배와 종속으로 위계지어져 있는 사회조직의 보편적 구조가 진보적 운동권 안에서도 온존되어 있으며 "이같은 정서는 집단으로서의 남성들로 하여금 운동권에서 여성들이 조직의 중심부에 진입하는 것을 조직적으로 억제하는 동인"이라는 것을 지적할 수 있다. 둘째, "여성에 대한 '이중시선'에 근거하는 단체 내 성별분업구조의 답습과 가부장적 여성관"을 지적할 수 있겠다. "운동권의 여성에 대한 모순된 요구는 우리 사회 일반에 존재하는 여성에 대한 '이중시선'을 통해 충족"되며, "이러한 이중시선은 전통적 성역할을 수행하는 여성과 그렇지 않은 여성으로 이분화시켜"놓고 필요에 따라 여성들로 하여금 전형적인 '여자의 일'을 담당하게 하거나, 그것에 기대어 여성의 능력을 평가절하한다는 것이다. 셋째, "사회의 지배문화와 차별성이 없는 운동권의 문화와 성별인식" 문제를 들 수 있다. "기존의 문화와 질서, 구조에 대한 저항세력으로서의 운동권 문화도 기존 사회의 문화와 크게 차별성을 보이지" 않으며 여성을 성적으로 대상화, 상품화하는 "남성적 놀이문화는 여성들을 일의 영역에서 축출하는 효과적인 기제로 작용한다"는 것이다(조순경 ; 김혜숙, 1995).

고 합법적인 수준에서 민주화와 진보를 공론화하고 실천할 수 있는 현재의 시민운동 단계에서도 청산되지 못한 채 되풀이되고 심화되어가는 문제이다. 이것은 시민운동이 가부장제의 문화적 연장 속에 머물러 있음을 의미하며, 그것을 필요에 따라 정당한 메커니즘으로 오해하고 있음을 드러내는 것이다. 가부장제 문화는 시민사회와 시민운동의 어쩔 수 없는 필연적 메커니즘이 아니라 정치적 권위주의가 풍미했던 폭압적 과거로의 회귀에 대한 예견이라 할 수 있다. 거시적 차원뿐 아니라 일상의 행위를 무의식적으로 규정짓고 있는 가부장적 문화에 대한 감수성이 절실한 시기이다.

시민운동에서 나타나는 가부장적 권위는 무엇보다도 위계의 폭력 속에서 발견할 수 있다. 성별 간의 위계질서는 가부장적 사회에서 구조적으로 체계화되어 남녀 간의 불평등한 권력관계를 양산하며, 이렇게 행사되는 권력은 결국 다양한 결과적 차별을 낳게 된다. 시민운동 내에서 가부장적 권위주의가 폭력적으로 관철되는 예들이 근래 들어 많은 논란을 불러일으키고 있는데, 여성이 남성들을 지도하고 통제하는 것은 있을 수도 참을 수도 없는 일이라는 정서는 시민운동 단체에서 여성들의 평등한 참여 기회를 조직적으로 박탈하는 폭력적 양상으로 나타난다. 시민운동에 참여하는 여성들은 조직의 주요한 의사결정기구에 참여하지 못하는 구조적 폭력뿐 아니라, 동료로서 합당한 대우와 존중을 받아야 하는 일상적인 차원에서도 이러한 폭력을 경험한다. 예컨대 한 단체의 내부회의에서 여성활동가가 '장' 급 되는 남성활동가에게 "나이도 어린 것이!" 라는 고함을 들었다는 일화처럼, 시민단체의 연대체 회의에서 남성활동가와 논쟁을 벌이던 중 문제 제기를 했던 여성동료에게 자신의 주장을 관철시키기 위해 회의문건을 탁자에 집어던지며 고함을 치는 남성활동가와, 그것을 말리지 않고 방조하고 맞장구쳐주는 동료들을 마주하면서 여성 활동가들은 두려운 폭력을 경험한다(일다, 2006/01/10).[14] 이것은 시민사회 조직원리로서 아직도 국민국가의 군사주의에 기초한 가부장적 권위주의가 남성의 문화적 정체성을 규정하고 그것이 시민운동 조직 내에서 작동하고 있음을 보여주는 단적인 사례들이다.

근래에 제기되고 있는 YMCA의 참정권 관련 사례[15]들은 시민운동 단체에서 이러한 가부장적 권위주의와 불평등한 성별권력의 위계적 횡포가 얼마나 심각한가를 보여준다. 그동안 YMCA의 여성들은 그들의 정의대로 '민족, 민중, 시민의 단체'로서 100여 년 넘게 활동해온 한국 YMCA가 그동안 갖고 있던 남성 중심적인 구조와 조직 성격에 문제 제기하며 여성의 참정권 보장을 확보하고자 하는 시도들을 진행시켜왔었다. 즉 지난 3년여 동안 전국 YMCA의 다수 실무자와 회원들, 한국 YMCA 전국연맹 이사회와 여성특별위원회, 국가인권위원회, 국회양성포럼 소속 국회의원 73명 등은 서울 YMCA를 향해 시대착오적인 성차별을 조속히 해소하라고 끊임없이 요구해왔던 것이다. 하지만

14) '비폭력 직접행동'과 같은 운동방식을 이끌기도 하는 시민운동 단체의 활동가들이 과연 폭력과 비폭력에 대한 이해와 성찰을 얼마나 하고 있는지에 대한 문제 제기도 있다. "폭력이라고 하면 보통, 전쟁이나 무엇인가를 부수고 때리는 물리적인 것만을 떠올린다. 더 나아가 봤자 욕설이나 인신공격 등을 포함시키는 수준이다. 이런 생각은 사람들로 하여금 일상적인 폭력에 무뎌지게 하고 평화에 대한 감수성을 희미하게 만든다, 물론 누군가를 불쾌하게 했다는 이유만으로 그것을 폭력이라고 할 수는 없다. 그러나 자신의 지위와 경력, 나이, 학벌, 성 정체성 등을 이용해 상대방이 의견을 개진하고 행동할 권리를 지속적으로 앗아간다면, 그것은 폭력이라고 이름 붙여야 한다. 우리 사회처럼 위계질서가 엄격한 상황에서는 굳이 물리적인 폭력을 쓰지 않아도, 지위나 경력, 나이, 성별 등을 이용해 한 사람을 충분히 제압해버릴 수 있기 때문이다"(일다, 2006/01/10).

15) 이하 'YMCA 변화를 이끈 여성' 사이트 참조 : http://www.ymcakorea.org/womensign/qna.html.

서울 YMCA 이사회는 시대 흐름과 사회적 요구에 역행하는 태도를 보였고, 서울 YMCA가 헌장이나 회원 규정에도 없는 남녀차별을, 관행이라는 핑계로 고집했다. 그러던 중 서울 YMCA 개혁 운동의 열기에 2003년 제100차 총회에서 '여성과 남성이 함께 하는 서울 YMCA를 위한 100차 총회 결의문'을 통해 "금번 100차 총회 이후, 서울 YMCA의 모든 의사결정 과정에 여성과 남성은 동등한 자격으로 참여한다. 선거, 피선거권에 있어 여성은 남성과 동등한 권리를 갖는다"며 여성의 참정권 보장을 확인한 바 있었다. 그럼에도 불구하고 서울 YMCA 이사회는 약속한 사항을 이행하지 않고, 이를 헌장 개정 사안이라 주장하며 한해 두해 시간을 끌더니 제102차 남성들만의 총회에서 의견조사를 실시해 409대 210으로 여성참정권을 인정하지 않는다는 결과를 공표하는 등 여성참정권에 대한 정당한 요구를 무시했다. 그리고 헌장 개정안을 공시함으로써, 오히려 개악적 시도를 하고 있다는 것이다.[16] 이것은 YMCA가 자원봉사자의 90%이상이 여성으로 구성되어 있음에도 불구하고 그들의 노력과 노동력을 수단화하며, 주요 결정구조에서 여성을 배제하는 것으로 시민운동 단체로서 한국 YMCA가 그동안 갖고 있던 남성 중심적인 구조와 조직의 불평등한 성별 권력관계를 그대로 반영하는 것이었다.[17]

16) 2006년 1월 서울 YMCA 이사회는 서울 YMCA 헌장의 회원 자격에 관한 규정에서 "만 19세 이상의 기독교회 정회원(입교인)인 사람"을 "만 19세 이상의 기독교회 정회원(입교인)인 남성"으로 바꾸고, 여성의 경우는 2항을 추가하여 "본 위원회에 소속된 여성에 한하여 총회원이 될 수 있다"는 절차 심사를 해야 하는 단서조항을 다는 방식으로 헌장 개정을 추진했다. 이에 따르면 '남성'들만의 총회에서 뽑힌 '남성' 이사들이 위원회 구성, 총회원 자격 심사 및 부여, 추천이사 결정 등 모든 권한을 행사하게 되는 것이다. 이를 뒤집어 말하면 여성들은 위원 선정, 총회원 자격 획득, 추천이사 후보 등 이중 삼중의 관문을 거쳐야 정회원이 되고 이사후보의 자격을 겨우 얻게 되는 것이다.

이렇게 시민운동 단체 내의 참정권을 중심으로 한 조직 위계 문제를 제기하고 풀어가는 과정에서도 그 역할과 과제는 공동의 사안이 아닌 여성들의 몫으로 부담지어진다. 단체 내 성정의(gender justice)와 활동가들의 평등한 파트너십을 위해 YMCA 내에 구성된 여성특별위원회는 문제 해결의 가능성과 딜레마를 동시에 갖게 되었다고 평가받는다. 여성위원회가 내포하는 '가능성'은 위원회를 통해 여성들의 지위가 향상되고 성인지적 관점에서 YMCA가 정책을 세우고 일을 하도록 추동해낼 수 있는 것이지만 '딜레마'는 오히려 성인지적 관점이 없는 사람들에게 '성정의'를 세우는 일에 걸림돌로 작용할 소지가 있다는 것이다. 즉, 남성들은 모든 문제를 "여성위원회가 세워졌으면 됐다, 알아서 할 것이다"라는 여성위원회의 과제로 치부해버리는 입장을 갖게 된다는 것이었다(시민의 신문, 2004/09/08).

조직 내 젠더 이슈가 여성들만의 과제로 구획화되는 문제점은 YMCA뿐 아니라 시민운동 단체들이 일반적으로 노정하는 젠더 관점의 한계를 보여주는 것으로, 여성들이 경험하는 차별의 내용을 '특수한' 또는 '사소하고 부차적인' 일로 인지해온 운동권의 관습적 문화와 관련이 있다. 그럼에도 불구하고 "운동권 내에서 여성문제에 대한 집단적, 공개적 형태의 저항은 거의 없었다"(조순경 ; 김혜숙, 1995)라고 진단되었던 90년대 중반에 비해, 내부의 성차별 문제를 공개화, 공론화했던 Y의 사례는, '여성 이기주의'라는 비난 속에서도 시민단체 내

17) YMCA 전국 조직 중에서 여성의 지위가 가장 열악한 서울 지부의 경우 현재 "이사, 전무, 부장, 간사 및 과장급 이상 상위직 95% 이상이 남성으로 구성되어 있으며, 주요 의사결정 단위 및 집행구조에서 여성 비율은 총회원 0%, 이사회 0%, 위원회 9%, 전문지도력 간사 6%이다. 반면, 회비납부 전체 회원의 60% 이상, 현장 자원봉사활동 참여자 90% 이상이 여성이다"(시민의 신문, 2004/09/08).

여성들의 자체 역량이 그간 강화되었음을 보여주는 것이라 할 수 있다.

시민사회 내의 가부장적 권위주의는 Y의 사례에서 나타났듯이 남성 중심적 위계질서가 조직 내에 과도하게 자리잡혀 있는 구조적 기제를 배경으로 하고 있다. 이렇게 구성된 단체 내 남성 지도자의 과대 대표성 또한 소수의 지도자 그룹이 단체 활동에 결정적인 영향력을 행사하고, 다른 구성원의 자율적인 참여를 침해하는 경향성을 갖게 된다. 여성활동가들은 실상 남성 리더는 그를 지원하는 여성 간사들의 역할이 부재한 경우 제대로 일을 못해내는 경우가 많음에도 불구하고 권위적인 리더십을 행사하고 있다고 지적하며, 이러한 '폼 잡는', '지배하려는' 남성적인 리더십은 '지켜져야 하는 것이 아니라 깨부숴야 하는 것'으로 비판하고 있다(한정자, 2000).

이러한 남성 권위적 위계와 리더십 관행은 시민운동 단체 내 여성활동가들의 역할을 성별분업 형태로 규정해가는 것으로, 여성에 대한 '이중 시선'으로 설명되는 가부장적 여성관을 반영하고 있다. 우선 업무분담 차원의 성역할에 있어 대외활동 업무는 주로 남성이 내부는 여성이 총괄하며, 우리 사회에서 전통적으로 행해져온 공/사 영역에 따른 성별 분리의 전형은 시민사회의 보편적인 문화가 되고 있다. 손님 접대와 차 대접과 관련된 역할은 이미 자주 언급된 사례들이며, 인정받는 "여성 리더들이 꿈꿔볼 수 있는 자리가 활동처장이 아닌 업무처장"에 국한되는 한계상황이나, 시민단체 10년 경력에 경리에서 벗어날 수 없는 여성 상근자에 대한 대우, 단체의 주력 사업에 참여하고 있던 여성활동가들을 점차 남성들로 포진시키는 현실들은 시민운동 단체가 되짚어봐야 할 주요한 젠더 문제들이다. 여성들에게 전통적인 성역할과 그것을 탈피한 진보적 여성상을 함께 요구하며, 아래 사례에서처럼 경우에 따라 편의적으로 재단하는 시민운동 단체의 성차별적 관행들은 여성활동가들의 입지를 좁히고 그들을 좌절하게 만들 뿐 아니라, 궁극적으로 시민운동 단체와 시민사회의 민주적 역량을 약화시키는 결과를 초래할 것이다.

> "시민단체에는 여성의식이 없다. 성추행적 행동, 단란주점의 이용, 리더가 차기 리더를 고민하면서 여성은 자연스럽게 배제하는 경우, 남성 실무자의 경우는 군가산점을 주고 여성 실무자의 단체경력은 인정하지 않고 외부단체 경력자를 부장직으로 임명할 때 느꼈다. 육아 문제로 여성부장이 퇴근시간을 당기면 단체에서 월급을 깎는다. 제도적으로 여성에 대한 배려 분위기가 형성되어야 한다." (지역 여성활동가 : 문순홍, 2001 : 131 재인용)

시민운동에서 변화해야 할 성차별의 또 다른 지점으로 지적되는 것은 한국사회의 기존 남성지배 문화와 차별성이 없는 운동권의 공식적/비공식적 문화이다. 기존 사회조직의 뒤풀이가 업무의 연장적 논의 장소가 되듯이, 일의 문화와 놀이의 문화가 구분되지 않는 진보적 운동권의 남성문화는 여성들을 일과 논의 구조로부터 축출시키는 효율적 기제로 작용한다(조순경 ; 김혜숙, 1995 : 145). 그럼에도 불구하고, 시민운동권의 남성 중심적 문화는 이것을 불편해하는 여성활동가들을 운동문화에 부적응하다고 비판한다. 이런 과정을 거치면서 여성활동가들은 살아남기 위한 생존 노력을 기울이기도 하고, 여성의 정체성을 부인하며 "스스로 남자들의 언어와 화법, 남자들의 관심사, 그리고 사물에 대한 남성적 관점 습득을 통해 남성과의 동일시를 시도" 하기도 한다

(조순경 ; 김혜숙, 1995 : 145).[18] 그러나 함께 일하는 여성활동가에게 '동료'와 '여자'의 역할을 편의적으로 혹은 무의식적으로 적용하는 운동권의 문화적 속성 속에서 여성들의 이러한 각고의 노력은 허무하게 귀결되기도 한다.

> "하루하루를 살면서 느껴지는 남성 동지들의 원초적 마초성은 손가락 끝 모세혈관까지 전율하게 만들 때가 많다. 농담으로 넘기겠거니 하고 던진 한 마디를 분노로 응수하는 내게 상대는 지나친 반응이라는 눈빛을 보내곤 하지만 여성활동가의 자리를 지켜오면서 쌓인 내 안의 '한'은 '솥뚜껑'만 봐도 치를 떨기에 충분하다. 특히 '술자리'. '술자리'는 노동조합에서 빼놓을 수 없는 조직활동이다. 가벼운 저녁에 이어 본격적인 2차가 시작되면 남성 동지들이 불편해하는 듯한 눈치가 전해진다. 폭탄주가 몇 순배 돌고 서로의 벽이 조금씩 허물어져갈 즈음에, 어김없이 날아오는 한 마디. "아줌마는 집에 안 가?"" (이프, 2004 : 127)

시민단체 안에서 여성들이 경험하는 가부장적 권위주의는 이렇듯 다양한 성차별을 야기하는데 그 범주에는 이러한 성별에 근거한 불이익과 차별뿐 아니라, 성폭력의 문제도 포함된다. 이미 잘 알려진, 그리

18) 이러한 시도는 여성활동가가 자신의 여성주의적 인식을 조직 안에서 관철시키고자 했을 때 남성활동가와 부단히 대립하게 되면서 나타나는 적응방식 중의 하나이다. 자신감 있는 상대의 태도와 위축되고 있는 자신의 모습이 부당하게 교차되는 것을 느끼며 여성활동가는 억압과 차별에 맞서는 진보적 운동단체의 모순적 측면을 경험하게 된다. 이러한 모순적 경험들은 여성활동가들에게 부단히 안전한 '남성화'의 전략을 선택하도록 추동한다. "'여성'으로서의 나의 정체성과 감성들을 자연스럽게 드러내기보다는 중성적 존재, 곧 남성화된 운동권이 되는 것이 내 정치적 위치를 공고히 해주었으며 때로는 폭력적이지만 조직적인 입장이라 칭해지는 집단에 속하는 것이 보다 안전한 방식이기도 했다"(진보 네트워크 자료실, 2000/02/10).

고 그간 수도 없이 많아진 시민운동 내의 성폭력 문제들은 그 자체가 시민운동의 천박한 성별 인식과 도덕적 수준을 보여주는 것이기도 하지만, 사건 이후 그에 대한 처리 과정, 문제해결 과정에서 드러나는 은폐적이고 음모적인 태도들은 시민운동에 대한 근원적 신뢰를 상실하게 하는 수준이다. 크고 작은 성폭력이 발생할 때마다 '술먹고 한 일', '기억나지 않는 일'이라는 변명과 '개인적인 일탈의 문제', 급기야 '시민운동 조직의 명예와 운동의 대의를 지키기 위해 덮어둬야 하는 일'이라는 언설과 압박들은 피해자에 대한 또 다른 폭력으로 규정될 수 있다. 이러한 '조직 보위 원리' 때문에 피해자가 이중의 고통을 겪고 가해자가 재범할 가능성이 높다는 우려에도 불구하고 시민운동 단체는 자신들의 오류를 묵인하려 한다. 성폭력에 대한 은폐와 해결 지연, 사건 왜곡으로 점철된 사후 과정에서 보여주는 문제뿐 아니라, 이것이 때로는 성폭력 사건 처리에 대한 입장 표명에서 이중적 잣대를 적용하는 기만적 행동으로 나타나기도 한다. 다시 말해서, "성폭력이 노동·자본 간의 모순이라는 구조적인 문제에 대항하여 싸울 수 있는 무기일 때만 선별적으로 가해자를 공개하고 있다"는 것이다(시민의 신문, 2002/05/29).[19]

여성들에게 가해지는 성폭력은 여성을 동료가 아닌 성적 대상으로

19) '운동사회 성폭력 뿌리뽑기 100인 위원회(이하 100인위)'는 운동사회 내 성폭력 사례에 대한 백서를 발간하고 가해자들을 공개하는 일을 주요 사업으로 벌여왔다. 이것은 단순한 공개를 넘어 미해결 사건에 대한 적극적 규명과 처리를 상정하는 사업이었다. 그러나 100인위의 결성 후에 시민운동 사회는 더욱 은밀하고 비겁한, 때로 여성활동가들을 직접적으로 위협하는 태도를 노정하였다. "우습게도 100인위가 결성되자 남성활동가들은 100인위 멤버와의 개인적 친분을 바탕으로 명단에 대한 정보를 요구하기도 하며, 어떤 사실을 확인해주면 다른 사건을 제보하겠다는 식의 거래를 하려고 하는 경우까지 있다. 심지어 100인위에 가입한 한 활동가는 조직의 이사로부터 '이건 개인활동이 아니라, 조직의 문제'라며 활동을 탄압받기까지 하고 있다"(진보 네트워크 자료실, 2000).

바라보는 '성적 시선'을 전제로 한다. 이와 같은 성폭력의 현실들은 여성을 성적 대상화하는 시민운동 단체의 문화적 토양에서 파생된다. 수시로 드러나는 성맹적 관점들은 가부장제의 강고한 문화적 폭력성과 맥락적으로 맞닿아 있다. 단체 내 여성활동가들의 구체적인 문제들을 주목하고 해결하는 것은 시민운동 단체들이 내부적 젠더 문제를 인식하는 출발점이 될 수 있다. 그러나 이러한 인식은 '가부장제의 문제점에 대해 무감각한 시민단체'라는 자화상에 대한 확인 과정이어야 한다. 또한 이것은 모든 사회 영역들에 스며들어, 불평등한 사회적 관계와 그로부터 배태된 성별적 시티즌십을 지극히 자연스러운 것으로 관철시키는 가부장제의 문화적 기제들이 다른 곳이 아닌 바로 자신 안에서 관철되고 있음을 인식하고 체험하는 계기가 되어야 할 것이다. 성폭력을 은폐하는 자신들의 행동이 사회적 성폭력을 정당화시키는 문화가 되고, 여성활동가를 성적 대상화하는 자신들의 시선이 여성의 상품화와 성매매로 그 폭력의 차원을 일상으로 확대한다는 것을 깨닫지 못하는 시민운동의 현실은, 한국 시민사회에서 시급한 과제가 정치제도적 시티즌십의 진일보가 아니라, '권력'의 모습을 닮아가고 있는 자신을 되돌아보고 확인하는 일임을 깨닫게 한다.

3) 가부장제 문화와 여성운동의 현재적 한계

한국사회 가부장제의 문제점을 지적하고 그간 성인지적 관점에서 여성 시티즌십의 향상을 위해 노력해온 것은 여성운동이었다. 국가권력의 압제가 사회 전반에 그 위세를 떨치고 있던 시기부터 형식적 민주화가 이루어진 90년대 이후의 시민운동 전개과정에서 여성운동은 한국사회에서의 여성의 권익과 지위 향상을 위하여, 자율적이고 독립적인,

때로는 조직적인 연대형태의 운동을 지속해왔다. 이에 따라 다양한 여성 관련법의 제정과 개정, 여성에 대한 복지권의 정비, 여성정치인의 증가 등 제도적 측면의 가시적 성과를 이루었고, 여성활동을 지원하고 힘을 모아갈 수 있는 각 부문의 여성단체들도 정비되어 자리잡아가고 있다.

그러나 중앙권력의 전횡을 막아서온 한국 시민운동이 어느 때보다 중요한 영향력을 파급해가고 있는 현 시점에서 여성운동은 시민운동이 보여주고 있는 가부장적 한계와는 과연 다른 모습을 갖고 있는 것인지 점검해봐야 한다. 이러한 문제의식은 시민운동이 스스로 저항하던 국가권력의 모습을 담지하고 있는 것처럼 여성운동 역시 스스로 비판해온 가부장제의 문화적 잔재로부터 자유롭지 못하다는 사실에서 비롯된다.

여성운동에 내면화되어 있는 가부장제 문화는 여성운동의 다양한 국면에서 드러나고 있다. 우선 '젠더 이슈에 대한 여성운동 단체의 정치적 입장' 문제를 들 수 있다. 운동단체가 갖고 있는 정치적 입장이란 지향과 전략, 그에 따른 실천행위에 영향을 미치는 것이기 때문에 사회운동의 주요한 방향판이 된다. 그간 여성운동 단체들이 양적으로 확대되어왔고, 단체들이 갖고 있는 정치적 입장들도 사안에 따라 다를 수 있다. 그러나 여성운동의 정치적 입장은 그 동안 젠더 문제를 야기하는 가장 주요한 기제가 되어온 가부장제를 온존, 또는 강화시키는 결과를 초래해서는 안 될 것이다. 예컨대 이즈음 떠오르고 있는 '저출산, 고령화 사회' 이슈와 관련해서 한국여성단체협의회에서는 "2005년 10월 29일 전국 시군구 및 시도 여성단체협의회와 회원단체의 2500여 명이 모인 자리에서 '출산이 애국이다'라는 주제로 여성대회를 개최하고 출산 및 건강가정운동을 전국에서 전개하고 있다"(한국여성단체협의회,

2006/04/16).

그간 여성의 몸은 국가 정책이 바뀔 때마다 산아 제한에서 2자녀, 1자녀 낳기로 제한적 간섭을 받아오다가, 이제는 '애국하는' 정신으로 풍성한 출산력을 과시해야만 하는 정반대의 요구를 받고 있다. 한국이 왜 전세계에서 가장 낮은 출산률을 보여야 했는지, 공사 영역의 이중고에 시달리면서도 그 안에서 배제적 통합을 경험해야 했던 여성들의 생존 상황은 어떠했는지 질문하지 않고, 저출산이 마치 이기적인 젊은 세대 '여성'들 때문에 야기된 것이라는 따가운 눈총에 힘을 더해주는 여성단체의 활동들은 군사주의의 획일적 충성 이데올로기와 가부장제 질서가 내면화되어 강력한 자발성으로 발현된 것이라 할 수 있다. 국가 없이는 국민도 존재할 수 없으므로, 여성은 국민으로서 출산의 책무를 부지런히 감당해야 한다라는 것은 여성의 경험과 입장은 고려하지 않고, 여성을 아직도 국민국가의 독재적 전횡의 틀 속에 가두는 일이다.

둘째, '조직보위를 중심으로 한 분열 양상' 또한 문제이다. 여성운동 역시 어려운 여건 속에서 힘겹게 다듬어지고 정비되어왔다. 그러나 조직보위를 위해서 반여성적인 행태를 자행하는 자기 모순에 빠져서는 안 될 것이다. 예컨대 운동권 내 성폭력 사건이 발생했을 때, 더욱 심각한 문제들은 성폭력과 여성 피해자에 대한 여성활동가들의 기회주의적 태도이다. 남성이나 여타의 시민운동 내에서 그랬던 것처럼, 여성단체와 여성활동가들이 사건을 묵인하거나, 심지어 공론화를 방해하기도 한다. 노동운동 조직 내에서 발생했던 성폭력, 성희롱 사건과 관련한 집회를 민주노총에서 주관하는 여성대회 장소에서 열려고 했던 시도들은 해당 조직들에서 활동하고 있던 여성국장 등의 강력한 반발에 부딪히기도 했다. 이들 여성활동가들은 "누구 허락을 받고 집회 하느냐, 허락받지 않고는 유인물을 배포할 수 없다!!", "민주노총에서 주최하는 여성대회는 이번이 처음이다. 아주 중요한 자리이다. 비정규직 문제와 모성보호 문제를 다루는 뜻 깊은 자리에서 여성활동가 모임이 이런 식으로 (문제) 제기하면 우리가 주장하려는 중요한 이슈가 희석화된다" (진보네트워크, 2000/03/16)는 말로 운동 사회의 성폭력 문제를 부차적인 문제, 차후에 처리해도 상관 없는 문제로 규정한다. 이러한 사건에 대한 여성단체의 소극적 태도 역시 지적되고 있다. "미온적인 여성단체 태도는 예나 지금이나 마찬가지였다. 개인적으로 친분이 있는 시민운동 지도자이기 때문인지 중견 여성단체 활동가들은 그 사건에 대한 논평을 자제했다. 대체로 젊은 활동가들은 여성단체가 공직자 성희롱 사건에 문제를 제기하듯이, 시민단체 내 여성 문제에 대해서도 성역 없는 비판을 가하길" (시민의 신문, 2003/06/09) 주문하고 있다.

여성활동가라고 해서 태생적으로 여성의식을 타고나는 것은 아니며, 자기 안에 체화되어 있는 가부장제 모습들을 부단히 경계해야 한다. 여성에 대한 폭력을 여성도 외면하는 이러한 몰이해 속에서 여성의 몸에 대한 시티즌십은 아무도 담보해주지 못하는 무방비한 상황에 내몰리게 된다.

셋째, 성폭력의 문제뿐 아니라 레즈비언과 같은 성적 소수자에 대한 여성운동권의 미온적인 태도도 같은 맥락에서 이해될 수 있다. 2004년 '한국 여성정책 10년을 돌아보며, 내다보며' 라는 심포지엄에서 "성적 소수자 문제를 다룬 한국여성성적소수자인권운동 모임 끼리끼리의 '케이' (가명) 간사는 '끼리끼리가 지난 97년 여성연합 가입 의사를 비공식적으로 타진했다가 좌절됐던 얘기를 하면서' 성적 소수자의 문제가 〈새롭게 제기된 이슈〉가 아니라 여성연합의 기준에서 〈새로운 이슈〉라고 강도 높게 비판했다." 이에 대해 한국여성단체연합측은 "끼리끼리의 가입 여부에 대해서 임원회의에 보고하고 추후 더 논의하기로 했는데, 2002년 '끼리끼리' 한테 가입서를 내라고 했는데, 오히려 '끼리끼리' 내부적으로 여성연합 가입에 대한 이견이 있어서 유야무야된 것으로 알고 있다" 고 대답했다(시민의 신문, 2004/06/03). 그러나 1997년부터 2002년까지 수년 간의 공백은 여성 성적소수자들에 대한 여성연합의 태도가 기회주의적이었다는 비판을 낳게 한다.

소수자 시민권의 정치는 소수자들이 공적 시민권을 인정받기 위한 투쟁을 의미하며, 이는 정체성 인정뿐 아니라 정체성을 넘어서는 과정을 포함한다. 이 과정은 소수자를 주변자로 만드는 기존의 이분법적 위계구조를 해체하는 과정일 뿐만 아니라 지배적 다수자에게 한정되어 있던 시민권 개념을 피지배적 소수자에게 수정 · 확대하는 과정이기도 하다(장미경, 2005 : 163). 가입을 수년 동안 숙고하면서도 "여성 성적소수자들이 심적으로 위축되고 소심해진 상황에서 더 이상 가입 용기를 낼 수 없었던 상황" (시민의 신문, 2004/06/03)을 제대로 고려하지 않는 여성단체의 모습은 스스로 겪어온 피지배자의 시티즌십을 스스로 재구성해가는 모순적인 것이라 할 수 있다.

넷째, '여성운동의 제도편향성' 문제를 들 수 있다. 주지하듯이 여성운동이 그간 법, 제도적 차원에서 이루어낸 성과는 결코 적지 않으며, 반드시 필요한 것이었다. 그러나 여성운동이 제도적 차원의 문제에 천착해 있으면서 보지 못했던 문제들은 없었을까? 90년대 중반 이후 성평등을 목표로 설정하고 성주류화를 통한 여성운동의 제도화는 법, 제도상의 성과를 가져왔으나, 한편에서는 "법제정이 여성의 억압을 가시화시켰으나 남성의 언어와 이해에 기반한 남성 중심적 법운영의 구조 안에서 가능한 만큼만이라는 딜레마"와 함께 성별적 시티즌십을 오히려 강화시켜온 측면이 있으며, "법이 마치 문제 해결이 완성된 것처럼 보이게 함으로써 오히려 여성의 저항을 침묵시키기 위해 기능한다"(정희진 ; 윤정숙, 2005 재인용)는 문제점들을 노정한다. 여성 시티즌십이 이전 시기에 비해 제도적 권리를 상대적으로 많이 확보해왔으나 이것은 여성 시티즌십을 성별권력의 기준으로 재단하고 조절한 문제적 측면을 안고 있다는 것이다. 그러므로 이것에 대한 자족적인 판단이 오히려 이데올로기적일 수 있다는 평가이다. 이렇듯 제도적 차원의 이슈들이 법으로 제정되고, 정책으로 입안되는 과정들은 그것으로 문제가 해결되었다는 인상을 주며, 한국 사회 내 뿌리 깊게 내면화되어 있는 가부장제의 문화적인 측면들을 비가시화시키는 양상으로 나타난다. 제도화를 목표로 한 이슈의 선택에서도, 전업주부보다는 일하는 여성을 중심으로, 공적 영역을 사적 영역에 우선해서 시급한 과제로 선택해왔던 것은 아닌지 검토해볼 필요도 있다. 또한 제도화가 국가기구를 통해 이루어지는 것인 만큼 여성운동이 의식, 무의식적으로 국가에 대한 과도한 기대에 의존해 있는 것은 아닌지 의심스럽다. 국회와 정부 등 정치기구에 참여하고 있는 여성의 숫자가 급증했고, 총선에서 "여성후보의 추천 운동이 여성연합의 권력화를 초래했다"(시민의 신문, 2004/05/26)는 지적이 있을 만큼 여성활동가들이 대거 정계에 진출해 있다. 정치와 운동이 유기적이고 상호 긴밀한 유대를 바탕으로 서로 상승 작용을 하는 것은 반드시 필요한 일이나, '주류화'에만 집중되어 있는 참여정치의 관점과 필요성이 부단히 점검되며 실천되지 않는 한 여성운동의 제도적 편향성이 잘못된 정치권력의 전철을 밟는 것이라는 우려의 목소리를 잠재우기 힘들 것이다.

젠더 이슈가 여성운동만의 이슈가 아니라 시민운동 내에서 공감하고 공유할 수 있는 이슈가 되어야 하는 것처럼, 가부장제 문화가 남성 중심의 시민운동에만 국한된 것이 아니라 여성운동도 조절하고 제한하고 있다는 사실을 깨닫는 것이 중요하다. 그것은 문제를 과학적으로 인식하는 것을 넘어서, 가부장제가 한국 시민사회에서 인간이 인식하지 못하는 '의식과 행위의 체계'로 위세 있게 자리잡혀 있다는 사실에 대한 확인이다. 중요한 것은 이러한 가부장제의 상징권력이 "의심할 바 없이 당연하고 자연스러운 것으로" 의도와 다른 행위들을 만들어내고 있다는 것이며, 이러한 '자기 안의 타자성'을 깨닫기 위해서는 젠더 감수성이 필요하다는 것이다.

4. 젠더 감수성과 탈가부장적 시티즌십의 상상력

한국 시민사회를 지배하고 있는 가부장적 권위주의 문화는 위에서 살펴본 것처럼 한국 사회의 아비튀스로 인간행위의 메커니즘이 되고 있다. 부패한 권력에 저항하고, 비판의 관점을 모아 사회의 모든 영역에서 진보를 추구하고자 하는 시민사회 공동체는 그 의도와는 달리 젠더 편향적 노선을 자연스럽게 정당화시키고, 가부장제의 권위적 위계 구조를 합리화하며, 자신들이 비판하던 정치권력의 모습들을 닮아가고 있다. 가부장제와 그 권위적 문화의 성차별적 문제점들을 인식하고 그 청산을 주장해온 것은 대부분 여성운동과 진보운동 진영의 여성활동가들이었다. 이들에 의해서 그동안 무수하게 제기되어온 가부장적 질서에 대한 저항과 비판의 시도들은 시민사회의 주요한 구성원인 여성의 온전한 시티즌십 확립을 위한 좌절과 희망을 동시에 안겨주었으며, 이것은 때로 구체적 전략의 형태로 제안되기도 한다.

조순경과 김혜숙은 진보적 운동 진영에서 발견되는 기존의 가부장적 질서에 대한 저항과 거부를 위한 두 가지 전략을 고려한다. "하나는 가부장적 위계구조에 대한 전면적인 비판과 저항으로 나아가는 경우이다. 이 전략이 성공적이기 위해서는 최소한도의 정서적 지지를 해줄 여성조직을 반드시 필요로 한다. 두 번째 전략은 기존 조직에 대한 최소한의 적응과 동시에 여성주의적(민주주의적, 인간주의적) 원리를 넓혀가는 것이다." 그들은 가부장적 구조와 문화에 대한 전략이 일괄적으로 상정될 수 없으므로, "사안에 따라 운동 조직의 성격 및 운동의 내용에 따라 통합주의 또는 잠정적 분리주의 등 다양한 전략을 구사해야 한다" (조순경 ; 김혜숙, 1995 : 150)는 점을 강조하고 있다. '여성 조직을 통한 전면적 저항'과 경우에 따른 '연대와 분리'로 요약될 수 있는 두 가지 전략은 그간 여성운동이 '자율성에 근거한 독립적 운동'과, '연대 방식을 통한 연합적 연계'(강이수, 2003 : 119) 체제로 구축해온 세력화 과정 속에서 실천되어왔다고 볼 수 있다. 그러나 이러한 이중전략과 실천 속에서도 시민사회와 시민운동 내에 관철되는 가부장적 관행과 문화는 크게 변화하지 않았다.[20)]

운동사회 내 성폭력을 방지할 수 있는 방안에 대해서도 다양한 제

20) 2000년도에 실시된 여성활동가들에 대한 설문 조사는 운동사회 내 가부장적 성차별적 관행이 심각한 수준으로 심화되고 있음을 알 수 있게 한다. 이 설문 조사에 따르면 "운동사회 내 성희롱 · 성폭력 가부장제가 있는지 묻는 질문에 207명 중 94%인 195명이 '있다'고 대답했고, 성희롱, 성폭력, 언어폭력이 생겼을 때 공식적이고 민주적으로 처리되는지에 대한 질문에는 191명 중 93%인 178명이 '아니다'라고, 여성이 남성과 동등한 지위와 권한을 가지고 있다고 생각하는지에 대해선 220명 중 2명을 제외한 218명이 '아니다'라고 대답"했다(여성신문, 2000/06/03).

안들이 있었다. 조직 내에 사건이 발생했을 경우 "대책위와 같은 해결 기구의 형성을 적극적으로 도모하며, 대책위가 중립적 입장을 갖고 사건을 조사할 수 있게끔 위원 구성에 남녀비율을 동등하게 하고 중립적 세력에게 참여자격을 주며, 사건 해결에 필요한 일정 권한을 위임해야 한다"는 안이 제시되었다. 또한 사회제도적으로 성폭력 관련 윤리강령을 마련해야 하며, 후에 "시민사회단체 윤리강령이나 각 시민단체의 내규를 만들 때에도 조직 내 성폭력 및 성희롱, 성차별에 대한 금지 및 대처 기준조항을 넣어야 한다"는 의견도 있었다. '일반적 의미에서 활동가를 대상으로 한 성교육'이 필요하며, "가해자에게 어떤 처벌이 주어졌는지 각 시민단체들에게 알리고 여성 운동가들만을 위한 성폭력, 성희롱 대처 교육을 실시하는 것도 필요하다"는 처방전도 나왔다(시민의 신문, 2002/05/29). 이와 같은 '대책기구의 마련', '내규와 윤리강령을 통한 제도적 강화', '성교육과 홍보를 통한 성폭력 예방' 등의 제안들은 현실적으로 필요한 것들이다. 그러나 이러한 적극적인 노력과 효과적일 수 있는 기제의 활용에도 불구하고, 성폭력이 운동사회에서 끊이지 않고 되풀이되는 이유는 무엇일까 궁금해진다. 가부장제 철폐를 위해 이제까지 제안해온 전략들이 놓치고 있는 것은 무엇일까?

우리는 아마도 '지향의 방식'에서도 '저항의 방식'에서도 제도적 준거틀을 벗어나지 못하고 있는 것 같다. 윤정숙의 말대로 물론 "제도는 여성운동의 핵심 공간이자 의제이다." 그러므로 성중립적이지 않은 제도를 성인지적으로 재구조화하여 젠더적 관점에서 제도를 정상화시키는 것은 여성운동의 주요 목표이자 전략이 될 수 있다(윤정숙, 2004 : 65~66). 가부장제에 대해 위에서 제안된 전략과 문제 해결 방식이 다분히 제도적인 프레임에 기대어 있음은, 그동안 시민운동이 온전한 시티즌십의 실현을, 개혁된 제도에 초점을 맞춰 지향해왔다는 관성적 사실을 반영한다. 불평등한 제도를 비판하고, 억압적 제도에 저항하며, 성인지적 제도를 마련하는, '제도'에 집중된 논쟁과 실천은 성별권력관계 역시 제도적 관점으로, 제도에 국한하여 사고하고 이해하게 한다. 이것은 아마도 또 다른 '제도의 딜레마'가 될 것이다.[21)]

행위자가 없다면 제도는 무의미하다. 불평등한 제도를 바꿀 수 있는 것도 인간이다. 그러나 당연한 변화를 받아들이지 않는 것은 인간들이 맺고 있는 권력구조와 그것을 움직여가는 문화적 힘 때문이다. 한국 시민사회에서 권력구조를 작동시키는 이 문화적 힘은 아비튀스를 통해 우리에게 체화된 형태로 온존하고 있는 가부장제를 의미한다.[22)] 그러므로 이제 우리는 인간을 주목해야 하며, 그의 감수성에 대한 질문을 던져야 한다. 이것이 우리가 미처 언급하지 못했던, 우리에게 결여되어 있던 문제 해결의 통로가 될 수도 있기 때문이다.

감수성이란 "단말의 위치에서 전체를 보고 느끼고 깨닫는 수용성을 말한다." 일상 속에서 인간의 감수성은 많은 경우 '외적 자극에 대한 수동적 반응'을 보일 뿐이지만, 그것은 '꽃 한 송이, 모래 알갱이에서 우주를 보는 능력'이 될 수도 있다(시민의 신문, 2006/05/18). 이

21) 젠더의 제도화로 인해 여성운동은 '법과 제도의 틀 내에서' 사고하고 실천하는 게 중요해졌다. 그러나 여성운동은 제도의 공간과 가까워지면서, 법과 제도상의 개념, 언어, 정책실행 메커니즘을 따르게 되었고, 제도화된 의사결정구조의 채널은 이전보다 중시되었다. 그 결과 운동은 다시 법을 고치고 구조를 만드는 방식으로 기획됨으로써 스스로의 자율적 공간이 협소화되는 '제도의 딜레마'에 직면하게 된다(윤정숙, 2004 : 66~67).

22) "사실상 성적 지배자로서의 남성이 여성에 대한 남성의 지배를 인정한다고 하더라도 그러한 인정은 단지 성적 지배의 부분적 측면들에만 관계될 뿐이다. 그는 성적 지배를 결코 그 전체성 속에서 인정할 수 없다. 왜냐하면 성적 지배의 가장 근본적인 측면은 그의 무의식 속에 뿌리를 내리고 있기 때문이다. 그리고 성적 지배의 가장 근본적인 측면이 뿌리를 내리고 있는 그 무의식은 바로 남자의 존재 심층 속에 자리잡고서 그 존재 자체를 구성해버리는 것이기 때문이다"(이종영, 2001 : 15).

와 같이 '감수성이란 문자 그대로 느끼고(感) 받아들이는(受) 능력'이다. 한 인간이 "세계를, 타자를 느끼고 받아들이는 능력이 그것이다. 이 때 놓치지 말아야 할 사실은 감수성이 인식으로 이어진다는 것이다. 세계를 느끼고 받아들인다는 것은 곧 그 세계를 인식한다는 것에 다름 아니기 때문이다. 특히 세계를 받아들인다는 것은 말이다" (이종영, 2001 : 260).

그러나 우리는 인식의 문제만을 논의했지 그 안에 전제되어야 할 감수성은 주목하지 않았다. 예컨대 '젠더화된 시민사회에 대한 성별인식'이 그 대표적인 예이다. 시민사회 내의 불평등한 성별관계와 가부장제 문제점들이 어떻게 무엇을 통해서 인식될 수 있는 것인지 묻지 않은 채, 적절한 제도와 기제를 통해 그것을 머릿속에서 내 문제로 용인하고 '받아들이기'만 하면 젠더적 관점에서 이상적인 '대자적 존재'가 되고 젠더 문제는 해결되는 것일까? 감수성이 부재한 '기계적 인식'은 그 다음 차원에 도래해야 할 실천력을 담보할 수 없다. 다시 말해서 곧 사라질 사상누각에 불과한 허상이거나, 자족적이고 따라서 기만적인 인식인 것이다. 그것은 오직 자신의 세계만이 옳다고 믿는, 그리고 자신의 세계를 벗어난 모든 것을 배척하는 눈먼 감성으로부터 비롯된 '오인된 인식'[23)]이다. "감수성은" 자기 세계에 갇혀 있는 "순박한 감성과는 전혀 다르다. 감수성은 인식을 향한 열림이기 때문이다" (이종영, 2001 : 262).

우리는 때로 시민사회 안에서도 이러한 '오인된' 성별 인식이 현실 문제에 열려져 있는 젠더 감수성을 '과민함'으로 매도하거나 방해

23) '오인된' 인식이란 실제를 인식하지 않고 자신의 필터를 통해 걸러진 세계를 인식했음에도 불구하고 그것이 전체라고 믿는다는 점에서 개념 규정성을 갖는다.

하는 경험을 하게 된다.

> "진보적이고 세련된 그들은 언제나 나의 입장은 옹호되어야 한다고 말한다. 그리고 끊임없이 가르치려 한다. 내가 싸워야 할 대상은 여성주의 이론과 그 관점에 대해 너무나 잘 알고 있는 자신들이 아니라 다른 민초들이라고 점잖게 충고한다. 때로는 나의 예민함을 과민함으로 평가하면서 여성과 남성의 존재론적 차이를 마치 나의 개인성의 문제인 양 치부해버리려 한다. 진보적이고 출중한 활동가인 그들의 공격은 항상 나를 소심하게 만들고, 어떤 문제 제기도 봉쇄당하고 만다. 절망감은 축적되고, 나는 이 공간에서 살아남기 위해서라도 나의 문제 제기를 자제해야 할 것만 같은 압박감과 문제 제기 방식에 대한 기술적인 문제로 끊임없이 갈등하게 된다. 그들의 남성 중심적이고 권위적인 말투와 행동에 대한 서투른 나의 문제 제기, 세련되고 점잖은 충고에 대한 정신노동은 언제나 그들이 아닌 내 몫으로 돌아온다." (진보 네트워크 자료실, 2000)

시민운동에서 여성활동가들이 피부로 '느끼는' 젠더 문제들은 제대로 '받아들여지지' 않는다. 현장에서 포착되는 젠더 감수성은 기껏해야 "그렇게 감정이 예민하다면 운동을 하지 말고, 소설가나 시인이 되는 것이 어떠냐", "여성운동이나 하지 그러느냐"라는 비판을 받기 일쑤이다. 그러나 윤정숙의 말대로 "생물학적 성의 차이가 인간관계에서 주변적, 부수적, 보조적 존재로 대우받아야 할 이유인가. '진보'가 생물학적으로 다른 집단들, 즉 피부가 검은 흑인(유색인)의 인종차별에, 장애인의 차별에 저항한다면 성차별에도 같은 감수성을 가져야 맞다" (시민의 신문, 2003). 가부장제 논리에 따라 젠더화된 시민사회에서 사회적 불평등을 이해하고 그에 맞는 수단을 활용하여 문제들을 해결해가기 위해서는 "여성주의적 또는 성평등적 가치에 대한 신념과 이에 대한 높은 수준의 감수성이 요청"(신경아, 2005 : 7)되는 것이다.

젠더 감수성은 가부장제로부터 비롯되는 성별 불평등과 젠더 문제들에 대한 감지능력으로서, "일상의 미시적인 부분에서부터 국가의 법과 정책이라는 거시적인 체계에 이르기까지 작동해야 하는 인식능력"으로 이해되고 있다. 또한 젠더 감수성은 다양한 차이에 대한 감수성으로 발현되어 그 지평을 넓혀가야 한다고 강조되고 있다(신경아, 2005 : 7).

이제 우리는, 최근 정책과 제도에 대한 성인지적 평가 차원에서 논의되는 젠더 감수성을 시민운동 내 가부장적 권위주의 문제를 해결해갈 수 있는 주요한 토대로 주목하고 적극적으로 사고할 필요가 있다. 다시 말해서 시민사회와 시민운동의 주요한 작동 메커니즘이 되고 있는 가부장제에 대한 전략은 이러한 젠더 감수성을 어떻게 고양시킬 수 있는지에 대한 논의로 발전되어야 할 것이다. 이것은 곧 가부장적 아비튀스의 재구조화를 가능하게 하는 문화적 과제이기도 하다. 왜냐하면 부르디외가 개념화했듯이, 아비튀스가 세상에 대한 인간의 행위방식(Aneignungsweisen)에 지향성을 부여할 수 있는 '모든 실천형태들의 형성 원칙'이라면(Bourdieu, 1987), 가부장적 편제를 갖고 있는 시민사회의 아비튀스를 젠더 감수성을 통해 재구조화한다는 것은 시민사회 구성원들에게 가부장제와 차별적인 다른 지향성과 행위를 부여할 수 있다는 것을 의미할 수 있기 때문이다. 이것은 아비튀스가 인간의 인식과 행위를 '구조화하는 구조'일 뿐 아니라 경제적 · 문화적 요소들과 사회적 관계를 포함하는 인간의 다양한 조건들의 변화에 따라 '구조화될 수 있는 구조'이기 때문에 가능하다. 이렇듯 젠더 감수성은 탈가부장제의 정치적 상상력을 고양시킬 수 있다.

문제는 가부장제가 오랜 세월에 걸쳐 구축되어왔듯이, 젠더 감수성 역시 하루 아침에 형성되고 도모될 수 있는 것은 아니라는 점이다. 긴 시간과 인내가 필요할 것이다. 그러나 젠더 감수성의 현재적 필요성을 인식한다면, 우선 시민운동 차원에서 젠더 감수성을 훈련할 수 있는 전환적이고 구체적인 전략들을 세워갈 수 있을 것이다. 예컨대 그동안 여성운동에서 정치적 · 경제적 차원의 여성 할당제와 그것을 위한 적극적 조치에 대한 수많은 노력들을 해왔다. 이러한 '적극적 조치'에 대한 개념을 우리가 비판해온 시민운동의 이슈 선택에 적용할 수 있을 것이다. 다시 말해서 시민운동에서 공익적 미명하에 선차적 과제로서 정당성을 부여받았던 정치경제적 사안과 이슈들의 일정 부분을 반드시 젠더 이슈로 선택해 추진하도록 하는 방식은, 그 이슈를 실현해가는 과정의 경험을 통해 불평등한 성별 문제가 얼마나 근본적이고 시급한 사안인가 하는 점을 감지하게 하는 계기가 될 수 있을 것이다. 젠더 감수성의 중요성을 인식하고 그것의 함양을 위한 사회적 합의를 이끌어내지 못한다면, 적극적 조치에 기반한 현재의 여성할당제 역시 가부장제의 상징폭력 속에 규정된 젠더화된 제도적 프레임의 한계를 벗어날 수 없을 것이다.

5. 맺는 글 : '배제적 통합'과 여성 시티즌십의 과제

90년대 이후 한국사회에서 시민운동이 본격적으로 전개되면서 인권과 소수자의 권리 등 새로운 문제들이 부각되고, 기존의 정책과 법, 규범에 대한 새로운 해석과 그 수용이 요구되고 있다. 몇몇 여성정책의 제정과 개정이 이루어져왔으며, 거버넌스에 기초한 정책의 입안과 실행에서 근대적 공/사 분리의 해체가 요구되고 있다. 그러나 여성은 이러한 여성정책의 입안과 실행 과정에서 지속적인 '수혜자'로 인식되고 존재해왔으며 여성의 시티즌십 역시 남성의 시민적 지위에 의존 종속하는 이등 시민권의 틀 속에서 유지되어왔다. 시민권의 이러한 보호와 시혜의 과정은 여성의 진정한 필요와 요구를 반영한 것이 아니며, 보살핌의 영역과 부단히 연관되는 아직도 강고한 사적 영역에 대한 여성의 책임 소재를 더욱 분명하게 하는 것이다. 여성의 시티즌십은 이러한 사적 영역과 관련된 과제들을 수행하는, 그리고 시민운동 속에서 특화된 영역을 담당하는 역할에 대한 책임 강조 속에서 윤리적으로 또 다른 성별적 모형을 만들어가고 있는지도 모른다. 이러한 성격의 시티즌십과 시민적 주체로서 여성에 부여되어 있는 '상징적 폭력'의 의미를 파악할 필요가 있다.

사회적, 제도적으로 조절되어온 여성 배제와 주변성이란 국가주의, 군사주의, 민족주의의 정치문화가 그것을 지원하는 가부장제와 맞물려 지속적으로 파생되는 것이다. 따라서 기존 사회의 체제유지 논리에 비판적 시각을 가져야 하는 시민운동은 한국의 사회적 메커니즘의 근본적 토양이 되고 있는 가부장적 권위주의 문화에 대해 진지한 성찰을 할 필요가 있다. 그럼에도 불구하고 시민운동은 아직도 기존 방식으로 정의되고 편제된 정치 이데올로기를 중심으로 한 '선차적', '보편적' 거대 과제에 집중하고 있으며, 이러한 운동방식 속에는 성별 위계관계가 드러날 수밖에 없다.

다시 말해서 한국의 시민사회가 지향하는 공동체가 상상적 공동체에 머물지 않고 공존을 지향하는 자발적 공동체가 되기 위해서는 담론과 운동에 있어 절차적 민주주의를 담보하고 그것을 유지 · 발전시킬 수 있는 민주적 시민문화의 형성과 그것에 기반한 시민 주체들의 정체성이 시민성의 내용으로 확보되어 시민사회의 주요한 작동 동력이 되어야 할 것이다. 그것을 위해서는 우선 시민사회의 성장과 현재의 시민운동이 비판적 시민의식으로 가득찬 시민 주체들에 의한 자율적 동학으로 저절로 움직이는 것과 같은 신비주의적 낙관론의 나르시시즘에서 벗어날 필요가 있다. 또한 다양한 세력의 차별적 경험에 근거한 첨예한 투쟁의 역동성을 적대적인 것이 아닌 공존을 위한 활기로 이끌어가기 위한 개방적 소통과 상호작용의 기제들을 형성해가야 할 것이다.

젠더 감수성을 훈련하고 고양시키며, 가부장적 권위주의 문화의 청산과 평등한 시민문화의 형성을 매개할 수 있는 또 하나의 기제는 민주시민교육이다.[24] 성인지 교육 내용을 포함한 민주시민교육이 시민운동과 접목되어 젠더 감수성을 향상시킬 수 있는 보다 다양한 방법과 프로그램을 통해, 국민국가를 중심으로 한 가부장적 권위주의 문화와 정

24) 시민사회가 발달하지 않은 사회에서의 시민교육은 대부분 국가에서 이루어지는 국민교육의 일환으로 실시되어왔다. 민주시민교육은 국가가 주도해왔던 시민교육의 주류에 대한 안티테제로서 시민사회의 형성과 구축, 그리고 확장과 함께 하는 시민의 비판적 의식화 과정 및 스스로의 시민적 기호를 상징화하고 표현해내는 전반적인 시민자율 교육과정으로 성장했다. 민주시민교육은 국가 내에서 그 본질로서의 정치사회의 권위주의적 성격에 대하여 저항해왔으며, 경제적 토대가 요구하는 노동자성에 대한 비판적 문제 제기를 담당해왔다. 이렇듯 민주시민교육은 국가의 일방적 정치사회화에 대하여 시민사회단체들이 주도하는 비판적 성인 교육의 일환이 되고 있으며, 시민사회의 의식적 문화적 문제들을 새롭게 재구성하는 역할을 할 수 있다고 기대된다. 민주시민교육이 지향하는 가치는 일상적인 모든 삶의 전 영역에 걸쳐서 민주적인 관계를 형성하는 것에 있으며, 이러한 일상 문화의 형성을 주목할 때, 민주시민교육은 시민운동의 수단이 아니라 목적 자체가 된다고 하겠다(민주화운동 기념사업회, 2003).

서를 바꾸어나갈 때 민주적 시민문화와 시민적 정체성이 형성될 수 있을 것이며 이것은 현재 여성 시티즌십의 제한적이고 차별적인 문제점들을 해결하는 토대가 될 수 있을 것이다.[25)]

또한 시민운동권에서 활동하고 있는 많은 여성활동가들이 재정적 시간적 이유로 일에 매달려 자기 역량을 확보할 수 있는 기회를 갖지 못하는 것을 볼 때 민주시민교육과 같은 교육적 매개를 통해 여성의 역량과 리더십을 훈련해가는 것이 가부장적 권위구조와 문화를 불식시키고, 결국에는 여성 시티즌십의 장기적 발전에 초석이 될 수 있을 것이다.

이런 의미에서 볼 때 배타적이고 차별적인 범주로서의 시티즌십을 지양하고 배제된 주체로서의 여성을 시민사회 안에 복귀시키기 위해서는 여성 시티즌십을 젠더적 관점에서 이해하고 그러한 문제의 초점들을 왜곡시키는 시민사회의 가부장적 문화 기제들을 여성주의적 가치 지향 속에서 전환시켜가야 할 것이다. 다시 말해서 대립이 아닌 구조와 개인의 소통으로서의 공사영역 개념의 재정립, 차이의 정치와 차이지향적 전략의 필요성, 시민사회 담론과 운동에 있어 거대 과제와 결과 지향뿐 아니라 과정의 중요성, 보살핌과 공존 그리고 자발적 연대를 중심으로 한 여성주의 가치가 관철되는 민주적 시민문화가 형성되어야

25) 시민단체 활동가들도 시민운동의 활성화를 위하여 시민의식의 성숙과 시민교육의 필요성을 인식하고 있다. 이것은 시민운동 활동가들이 그들이 활동하는 공간의 특수성을 이해하고 자신들의 정체성을 자각할 수 있는 다양한 교육에 대한 욕구를 반영하는 것이며, 이러한 민주시민교육을 통해 시민단체는 성평등한 지향성을 가질 수 있을 것이다. "그와 더불어서 인식이 변화될 수 있도록 여성에 대한, 여성으로서의 눈을 뜰 수 있는 그런 교육이나 행사를 마련해야 되지 않을까 생각해요"(지역자치, 평화운동단체 회원, 여), "가장 중요한 것은 우리 국민의식이 성숙되어야 하고…… 기본적으로 언론이나 정책이 그런 작업을 복지라는 개념으로 같이 끌어가줘야 하는데 아직까지는 그렇게 못하고 있거든요"(교육운동단체 회원, 여), (한정숙, 2003 : 213).

할 것이다. 이런 점에서 여성주의적 시민사회 논의는 평등한 시민의 참여로 이루어지는 진정한 참여민주주의 확보를 위한 매트릭스가 되지 않을까?

| 참고 문헌 |

〈논문 및 단행본〉

강대현 (2001), 「현대사회에 적합한 시민사회론과 한국 시민사회 분석 틀 모색」, 『시민교육연구』 제32집, 1~33.

강이수 (2003), 「90년대 여성운동과 '연대' 그리고 정체성의 문제」, 김진균 편저, 『저항, 연대, 기억의 정치2』, 문화과학사, 103~128.

강정구 (2000), 『현대 한국사회의 이해와 전망』, 한울.

권혁범 (2004), 『국민으로부터의 탈퇴—국민국가, 진보, 개인』, 삼인.

김경희 (2004), 『양성평등과 적극적 조치』, 푸른사상.

김상봉 (2005), 「나르시스의 꿈을 넘어서」, 『시민과 세계』 제7호, 268~307.

김성국 (2000), 「신뢰의 다차원성과 한국 시민사회의 역동성」, 『사회과학』 제39권 제2호(통권 제51호), 65~96.

김성국 (2002), 「한국 시민사회의 성숙과 시민사회운동의 과제」, 시민사회포럼·중앙일보시민사회연구소 엮음, 『참여민주주의 실현을 위한 시민사회와 시민운동』, 아르케, 71~131.

문순홍 편저 (2001), 『한국의 여성환경운동—그 역사, 주체, 그리고 운동유형들』, 아르케.

민주화운동기념사업회 (2003), 『지금, 시민운동에는 어떤, 시민교육이 필요한가?』, 시민교육미래만들기 워크숍 자료집.

서미라 (2002), 「정치적 기회구조의 변화와 '진보적' 여성운동의 제도화—〈한국여성단체연합〉을 중심으로」, 성공회대학교 시민사회복지대학원 석사학위논문.

신경아 (2005), 「성별영향평가 시스템 구축과 젠더훈련의 필요성」, 경기도가족여성개발원, 『'성인지 정책을 위한 성별영향평가' 토론회』 자료집, 3~19.

신병현 외 (1996), 「상상적 이념공동체로서 기업조직?」, 『산업노동연구』 제2권 제1호, 203~249.

오장미경 (2003), 『여성노동운동과 시민권의 정치』, 아르케.
윤정숙 (2004), 「'진보적' 여성운동의 전환을 위한 모색」, 『창작과 비평』 겨울호.
이수자 (2004), 『후기 근대의 페미니즘 담론』, 여이연.
이영자 (2000), 「시민사회와 성의 정치학」, 『현상과 인식』 제24권 1/2호, 41~62.
이종영 (2001), 『성적 지배와 그 양식들』, 새물결.
임지현 (2000), 『우리 안의 파시즘』, 삼인.
장미경 (1999), 『페미니즘의 이론과 정치』, 문화과학사.
장미경 (2001), 「시민권(citizenship)개념의 의미 확장과 변화 : 자유주의 시민권 개념을 넘어서」, 『한국사회학』 제35집 6호, 59~77.
장미경 (2001), 「시민권의 정치와 한국 여성노동운동(1987-1999)—주체 인정운동의 측면에서」, 『경제와 사회』 통권 제50권, 214~239.
장미경 (2005), 「한국사회 소수자와 시민권의 정치」, 『한국사회학』 제39집 6호, 159~182.
장은주 (2000), 「시민사회의 비판적 잠재력— '생활세계'의 민주적 차원에 대한 검토」, 『철학』 64집, 247~271.
정상호 (2003), 「시민사회 연구의 과제 : 공익적 시민운동을 넘어서」, 『경제와 사회』 통권 제60호, 175~194.
정철희 (2003), 『한국 시민사회의 궤적—1970년대 이후 시민사회의 동학』, 아르케.
조순경 외 (1995), 「'진보적' 운동권의 뿌리깊은 성차별」, 『사회평론 길』 8, 142~150.
조형 외 (2003), 『여성의 시민적 권리와 사회정책 : 한국 여성 노동자의 삶의 질을 중심으로』, 한울.
조혜원 (1999), 「시민권의 가부장제적 성격에 관한 연구」, 전기사회학대회 발표 논문집, 250~253.
조효제 편역 (2000), 『NGO의 시대』, 창작과 비평사.
조희연 (1995), 「민중운동과 시민사회, 시민운동」, 유팔무 외, 『시민사회와 시민운동』, 한울.

한승희 외 (2002), 『민주시민교육의 개념과 쟁점—민주시민교육 기초조사분석연구사업 보고서』, 민주화운동기념사업회.

한정자 외 (2002), 『시민운동에서의 여성 참여실태와 활성화 방안 연구』, 한국여성개발원.

황영주 (2000), 「남성의 얼굴을 가진 근대국가—젠더화된 군사주의, 자본주의 그리고 민주주의」, 한국정치학회 기획학술회의 발표논문집, 1~20.

Dietz, M. (1985), "Citizenship with a Feminist Face : The Problem with Maternal Thinking", *Political Theory* 13, 19~35.

Habermas, J. (1990), *Strukturwandel der Öffentlichkeit*, Frankfurt a. M.

Honneth, A. (1989), *Zwischenbetrachtungen. Im Prozess der Aufklärung*, Frankfurt a. M.

Ignatieff, M. (1995), "The Myth of Citizenship", in : Beiner, R., *Theorizing Citizenship*, New York, 53~78.

Lister, R. (1997), *Citizenship: Feminist Perspectives*, New York.

Voet, R. (1998), *Feminism and Citizenship*, London.

Vogel, U. and Moran, M. (1991), *The Frontiers of Citizenship*, New York.

Young, I. (1990), *Justice and the Politics of Difference*, Prinston.

〈신문 및 잡지 자료〉

「시민운동 내 가부장성」, 『시민의 신문』, 2002/05/29.

「시민단체, '성폭력 규약' 마련이 시급하다」, 『시민의 신문』, 2003/06/09.

윤정숙, 「성평등 가치 통합이 '진보성' 필요조건」, 『시민의 신문』, 2003/10/13.

「여성후보 추천운동 여성연합 '권력화' 초래했다」, 『시민의 신문』, 2004/05/26.

「여성인권 '법 · 제도 진전' 따라 역풍도 거세」, 『시민의 신문』, 2004/06/03.

「남성인맥구조 활용 시민운동 더 이상 안돼」, 『시민의 신문』, 2004/09/08.
곽형모, 「평택, 새만금 그리고 운동 '감수성'」, 『시민의 신문』, 2006/05/18.
「운동사회 내 가부장성과 권위주의 철폐를 위한 여성활동가」, 『여성신문』, 2000/06/03.
「여성 배반하면 '낙천 리스트' 오른다」, 『여성신문』, 2004/02/04.
「특별기획-진보마초 대탐구」, 『이프』 2004 겨울호, 115~131.
정주연, 「운동가의 인권을 보장받을 권리……」, 『인권하루소식』, 2000/11/07, 1731호.

〈인터넷 자료〉

'YMCA변화를 이끈 여성' 사이트 www.ymcakorea.org/womensign/qna.html
권은교, 2006/01/10, 「시민사회 내 '위계의 폭력' 있다」, 『일다』, www.ildaro.com
서정영주, 2000/06/26, 「나무(개인)를 보지 말고 숲(조직)을 보자고(?)」, 진보네트워크, www.jinbo.net
이지은, 2000/02/10, 「'여성' 활동가로 살아남기 혹은 여성 '활동가'로 자리 찾기」, 진보네트워크, www.jinbo.net
최정민, 2000/03/16, 「같이 운동하는 사람이면 이럴 순 없다?」, 진보네트워크, www.jinbo.net
한국여성단체협의회, 2006/04/16, 「혼인 없이 동거하는 사실혼의 합법화를 중단하라」, www.iwomen.or.kr

사회권의 역설, 평등주의 전략에 의한 불평등 : 국민연금제도에서의 여성사회권

양난주*

1. 문제 제기 : 사회권은 시티즌십의 완성인가?

시티즌십(Citizenship)은 사회적 성원권(membership)의 정체성과 관계의 문제이다. 시민으로서 가지는 책임과 의무, 권리의 내용은 개인과 개인, 또 개인과 사회, 국가, 공동체와의 관계에서 어떤 개인적, 사회적, 제도적 행위들이 기대되고 보장되는지를 보여준다. 시민이 된다는 것은 사회의 진정한 성원으로서 사회와의 관계에서 따르는 의무와 책임을 가지게 되고 또한 사회 성원이라는 이유로 보호와 혜택을 받는 사회적 권리의 수혜자로서 규정되는 것이다(브라이언 S. 터너, 1997). 흔히 시티즌십의 발전 과정은 시티즌십 권리의 발전으로, 또 권리를 보장하는 제도의 발전이라는 면에서 민주적 발전(democratic develop-

* 서울대학교 사회복지학과 박사과정.

ment)으로 등치되어 설명되고 있다.

시티즌십을 시민적 권리(citizenship rights)의 진화이론으로 구축한 이는 T. H. 마샬이다. 자본주의 사회의 계급불평등이라는 분열과 갈등을 시민적 권리가 가진 통합적 특성을 통해 완화할 수 있다는 것이 마샬의 생각이었다(Giddens, 1996). 마샬에게 계급완화(class abatement) 기제로서의 시티즌십은 '복지국가의 정신'(김형식, 1998)이었고 공민권(civic rights), 정치권(political rights)에 이어 20세기에 발전했다고 정의한 사회권(social rights)은 복지국가라는 평등주의 전략을 실현하는 시티즌십의 완성 단계였다. 사회권(social rights, social citizenship)은 자본주의 사회에서 시장이 아니라 민주주의 정치제도라는 다른 자원의 원천으로부터 획득되는 '권리'라는 정당성과 권력이 된다. 이러한 사회권의 확립을 통하여 '복지'는 소수 빈민에 대한 자선적 시혜가 아니라 전체 사회 구성원의 보편적 권리로 전환하였다. 국가 혹은 사회와 개인이 맺는 관계로서 시티즌십은 시민의 자유롭고 독립적인 생활을 영위할 권리를 의미하며 시장경제에 의존하지 않고 시민들이 생활할 수 있는 사회권(social rights)을 통해 완성되며 이러한 권리를 보장하는 복지국가를 통해 실현된다는 것이다.

그런데 역사를 뒤돌아보면서 구성한 시티즌십 권리의 진화이론이 사회의 평등주의적 발전을 추구하던 20세기의 학문과 사회정책 영역에 주었던 효과가 정작 21세기에 들어와서는 곳곳에서 점점 쇠약해지고 있다. 복지국가는 재정적, 이데올로기적 면에서 공격을 받고 있으며 이러한 복지국가의 어려움은 사회권의 확대에 장애를 초래하고 있다. 21세기에 본격화된 지구화의 진전은 국민국가의 경계를 허물어 국민국가 안에서의 성원으로 규정되던 시티즌십 개념의 기초에 현실적 문제를 제기하고 있다. 또한 신자유주의의 발흥은 정부의 권한 축소와 개인의 책임 강조, 시장 중심의 민영화라는 가치를 중심으로 정책을 실현하여 실제 정부의 책임과 정책의 공공성이라는 측면이 위축되는 결과를 초래하고 있다.

이러한 시점에서 '시티즌십'에 다시금 천착한다는 것은 어떠한 의미를 갖는가? 특히 시티즌십의 사회권적 측면을 살펴보겠다는 것의 목표는 무엇인가? 첫째로 그것은 시티즌십 이론의 중심 아이디어인, 시티즌십의 통합적 성격이 평등주의적 사회 전략의 근거가 된다는 점에 동의한다는 것을 의미한다. 둘째, 현실 사회에서 불평등이 완화되기는커녕 엄연히 존재할 뿐 아니라 더욱 복잡하고 심각한 양상으로 진전되고 있다는 현실 인식이 이 문제의 해결 경로로서 시티즌십, 사회권에 대한 고찰을 선택하게 하였다. 마지막으로 가장 중요하게는 평등주의 전략의 기제로 채택되고 실현되어온 사회권을 통해 또 다른 성별 불평등이 노정되고 있다는 페미니스트들의 비판이 시티즌십의 내용을 수정하고 풍부하게 하는 데 반영되어야 하고, 이는 곧 평등주의 전략의 성평등성, 현실적 적합성, 내용적 풍부함을 더할 것이라는 기대가 있었다.

이 글은 시티즌십의 사회권 차원에 초점을 맞추고 있다. 사회권은 시티즌십을 완성하는가, 다시 말해 사회권을 통해 불평등은 완화되는가라는 문제의식이 연구의 출발이다. 평등주의 전략으로서의 사회권 실현에서 성별 불평등이 노정된다는, 복지국가에 대한 페미니스트들의 이론적 논의를 간단하게 살펴보고 실제 한국사회의 사회권 차원에서 성차별이 이루어지고 있는지를 국민연금제도에서 여성의 지위를 살펴봄으로써 고찰한다. 성통합적 사회권을 실현하기 위해 대표적인 사회권 프로그램인 국민연금제도는 어떤 방식으로 개혁되어야 하며 이것이 성통합적 사회권 수립, 시티즌십의 강화와 어떤 관련을 갖는지 논의할 것이다.

2. 평등주의 사회권에 의한 여성 배제

사회권이 모든 사회구성원에게 평등하게 실현되고 있는가라는 문제로 넘어가기 전에 우선 사회권의 내용이 무엇인지 살펴보겠다. 앞서 지적한 대로 시티즌십은 사회 · 역사적 맥락을 가지고 고찰해야 하기에 사회권의 내용 역시 사회 · 역사적으로 다르게 구성된다. 시티즌십 이론에서 사회권이란 무엇인가? 신체, 사상, 신념, 계약의 자유 등을 포함하는 공민권(civic rights)의 확립이 봉건제적 질서와 획을 긋는 자본주의 사회의 기초를 가져온 개인의 권리를 구성했다면, 선거권, 피선거권 등을 내용으로 하는 정치권(political rights)은 정치권력의 구성과 행사에 관한 권리를 수립하였다. 18세기와 19세기에 걸쳐 수립된 개인의 자유와 민주적 정치 참여의 권리는 다수의 시민들이 사회적 위험으로부터 보호받을 권리, 사회의 보편적 기준에 따라 인간다운 생활을 유지할 권리를 획득하는 것으로 발전했다. 이것이 20세기 시티즌십의 발전단계이며, 사회권의 발전을 말한다. 사회권은 이러한 사회보장(social security)의 구체적인 프로그램으로 확인해볼 수 있다. 이는 1950년대 마샬에게는 무상 의료보장, 무상 중등교육, 법률 구제(legal aid), 공공 주택 보조(subsidized public housing), 그리고 노동영역에서는 정부의 완전고용정책, 강력한 노동조합을 통해 시장에 의한 속

박으로부터의 보호를 의미했다(Runciman, 1996).

마샬의 시티즌십 이론에 대한 대표적인 비판이 영국이라는 일국의 경험을 보편화한 것이라는 점을 굳이 들추어내지 않더라도 마샬의 구상에서 사회권의 내용이 전후 영국 사회복지의 주요 내용과 긴밀하게 결합되어 있다는 점은 쉽게 알 수 있다. 즉 당시의 사회권은 남성생계부양자와 전업보살핌 제공자인 여성이라는 사회적 성별분업에 기초한 가족모델과 정부의 완전고용정책에 의한 노동자의 완전고용을 전제로 구상된 것이다. 남성노동자는 자신의 기여와 정부의 공적 책임으로 구성되는 사회보험에 의해 실업과 노령화에 따른 사회적 위험이 보장되고, 여성과 아이들이 피부양자로서 남성생계부양자의 시장임금과 사회적 보장에 의존하게 된다. 그러나 사회보장제도의 전제가 되었던 '완전고용'과 '남성생계부양자중심 가족 모델의 전일성'은 그 현실성을 이미 오래 전에 잃었다.

문제는 전후 모델에 기초한 사회권 이론의 기본 구도가 1990년대 복지국가 분석에 살아 있었다는 점이다. 에스핑 안데르센은 사회권으로 보장되는 구체적인 시티즌십의 권리들은 결국 노동자들이 시장에 의존하지 않고 살 수 있는 정도를 보장하는 것이라며 이를 개념화한 탈상품화(de-commodification)[1]를 통해 복지국가를 조명하였다. 남성은 취직을 하고 노동자가 되면 산업재해와 실업 위험에 대비한 보험지원을 받고 퇴직 이후에는 연금으로 소득보장을 받는다. 이들의 위험에 대한 대비는 국가와 기업과 노동자 본인의 기여로 축적된다. 그러나 가

1) 탈상품화는 노동자가 노동시장에서 노동력을 상품으로 판매하여 생활하는 것이 아니라 국가가 제공하는 사회서비스를 통해 시장에 의존하지 않고 생활할 수 있을 때 발생한다. 에스핑 안데르센은 사회프로그램에 구체화되어 있는 권리들이 노동의 탈상품화를 촉진시키거나 방해하는 정도가 복지국가들 간의 차이를 가져오는 중요한 차원이라고 주장했다.

족 안에서 가족구성원의 노동력 재생산을 위해 가사노동을 하고, 아이를 낳아 키우며, 노인들을 돌보는 일을 하는 여성들의 위험과 노후 소득보장은 생계부양자인 남성을 통해서만 이루어진다. 에스핑 안데르센의 구도에서 노동력을 상품화하지 않은 여성, 임금노동자가 아닌 돌봄노동자로서 여성의 사회권은 다뤄지지 않는다.

페미니스트들은 에스핑 안데르센의 복지국가 이론에 대하여 사회권의 성맹적 개념화와 이를 실현하는 복지국가에서 여성의 차별과 배제를 비판한다. 여성들의 노동에 기대어 기업과 국가가 노동력 재생산 비용을 절감하고 복지비용을 절약하건만 이러한 노동은 사적인 것으로 치부되어 공적인 보장체계를 갖지 못하고 있다. 페미니스트들은 노동력의 상품화 과정에서 상당 기간 배제되어온 여성들에게 '탈상품화' 개념을 통해 시민적 권리와 복지지위를 가늠하려는 것은 부적절하다고 말한다. 탈상품화 개념은 남성의 생애주기를 모델로 한 개념이며 따라서 이 개념을 통해 복지국가의 시민적 권리를 가늠한다는 것은 상품화되지 않은 노동력, 사적공간에서 부불노동에 종사하는 여성들에 대한 분석을 누락하는 결과를 초래한다는 것이다.

성별화되지 않는 추상으로서의 '시민', 시민의 지위는 결국 어느 한 성(gender)의 특수성을 보편화하기 십상이다. 시민의 지위를 성별화하지 않는 성맹적 분석은 어느 한쪽의 특성과 현실을 누락시키기 쉽다. 참정권을 예로 들어 말하면 남성과 여성에게 이 정치적 권리의 획득은 상당한 시기적 차이를 가진다. 투표권을 여성이 획득한 시기가 미국에서는 1920년, 영국에서는 1928년, 프랑스에서는 1946년, 스위스에서는 1971년이다. 사우디아라비아는 아직도 여성참정권을 인정하지 않고 있으며 쿠웨이트에서는 2006년 첫 여성 투표가 이루어졌다.

이 모든 나라에서 선거제도가 만들어지면서 투표의 권리는 우선 '자연스럽게' 남성의 것으로 당연시되었음은 두말할 나위가 없다. 제도적인 권리 획득의 시기만이 아니라 실제 여성의 정치참여 수준을 두고 정치권의 실현을 타진한다면 평등하게 '시민'의 정치적 권리가 실현되고 있는 사회를 찾기는 어려울 것이다. 올로프(Ann Shola Orloff, 1993)는 정치적, 시민적 권리가 여성에게 완전히 달성되지 않은 현실이 곧 불평등한 여성의 사회적 시민권이라는 결과를 가져왔다고 지적한다. 여성들이 법적 행위들, 정책형성과 집행에 참여하지 않는다면 여성을 위한 사회정책은 여성들의 사회적 시민권으로 전환되지 않을 것이라는 것이다.

이렇게 시민의 지위를 성별화하지 않은 결과 사회권은 여성의 노동을 두 가지 차원에서 누락한다. 첫째는 여성이 노동시장 밖에서, 또한 공적으로 인지되지 않는 사적 공간에서 수행하는 육아와 돌봄노동(care work)의 사회적 가치가 간과되었다는 점이다. 노동시장에서와는 달리 이러한 노동에 대한 사회적 보상(compensation)과 이 노동에서의 위험(risk)에 대한 보장은 없다. 이 노동에 대한 사회적 권리는 획득되지 않고 있는 것이다. 두 번째로 노동의 성별분업으로 인하여 노동시장에서 여성 노동권이 동등하게 실현되고 있지 않다는 점이다. 상품화된 노동력을 통해 시장에서의 구매력을 획득하고 이 크기가 권력으로 쉽사리 연계되는 자본주의 사회에서 여성 노동권의 취약성은 결과적으로 여성의 경제적 지위와 권력의 열등함을 가져왔다.

시민의 사회권을 성인지적으로 고찰하는 문제는 기존의 복지국가 연구를 여성주의적으로 재구성하는 문제이기도 하다. 달리(Mary Daly, 1994)는 복지국가 연구에서 살펴보아야 할 범주를 세 가지로 정리한다. 첫째, 국가 · 시장 · 가족이라는 영역과 그 영역들 안에서 서비스와 고용과 소득보장을 각각 살펴봄으로써 복지국가의 개입을 조망해야 하고, 둘째로 남성뿐 아니라 여성에 대한 위험과 권리와 자격 등도 살펴봄으로써 이데올로기적 구조로서의 복지국가를, 셋째로 가족에 대한 지원과 소득보장수준을 봄으로써 복지국가의 재분배구조를 보아야 한다고 하였다(〈표 1〉 참조). 이러한 지적은 복지국가 연구에서, 사회권 실현 정도를 고찰할 때 시민적 지위를 성별화하는 것이 필요하고 이를 통해 더욱 풍부하고 면밀하게 평등주의 전략을 수립하고 실현할 토대가 만들어진다는 면에서 타당한 것이다.

〈표 1〉 달리(Mary Daly)의 성인지적 복지국가[2)] 분석

분석의 차원	지표
국가의 개입 영역 (as a sphere of intervention)	1. where : 가족을 시장-국가 연관관계에 포함 2. what : 서비스 제공, 고용, 소득유지체계
이데올로기적 구조 (as a set of ideological practices)	1. 남성뿐 아니라 여성의 소득위험을 포함하여 보장되어야 할 위험의 종류 2. 남성과 여성 위험의 소재 (사회보험/공적부조 안에서) 3. 복지수급조건과 소득에 기반한 권리와 비교하여 돌봄노동에 따르는 권리 4. 자격의 단위, 다양한 프로그램들의 계산단위 5. 여성과 남성노동에 대한 구성과 제한 규정
재분배 구조 (as a framework for redistribution)	1. 가족에 제공되는 현금지원 종류, 가족보살핌활동 유형 2. 모든 보수의 임금 및 소득대체 수준 3. 가족수당의 구조와 성인 및 아동 '피부양자' 수당의 수준, 수혜자에 대한 지불수준 4. 맞벌이부부와 연관된 수혜의 조건

시장에 종속되지 않고 인간다운 생활을 영위할 권리인 사회권의 문제는 시민의 자유와 독립성의 원천이기도 하다. 올로프는 특히 기혼 여성과 어머니들이 유급노동에 대한 접근권을 확보하여 노동자로서의 지위를 갖는 것이 경제적, 정치적 권력의 원천이 된다는 점을 분명히 하였다. 그리고 여성에게 독자적인 가구를 형성하고 유지할 능력이 확보되어야 여성들이 경제적 필요 때문에 결혼을 하거나 불행한 결혼을 유지하는 강제적인 상황에서 자유로울 수 있다는 점을 지적했다. 즉 시장으로부터 독립성을 보장하는 시민의 사회권은 곧 여성시민에게 가부장제 속박에 대하여 독립성을 보장하는 원천이기도 해야 한다는 것이다.

여성시민의 노동권이 보장되어야 한다는 주장과 병행하여 여성시민의 돌봄노동이 사회적으로 보상되고 모성권이 인정되고 있다는 연구도 제기되었다. 세인즈버리는 국가—시장 차원에 대한 분석에서 시민/노동자라는 표준적 규정에 상품화되지 않는 노동력으로 사적 공간인 가족을 생활공간으로 하는 여성이 배제되고 있음을 드러내고, 노동자나 의존자로서만이 아니라 어머니로서 양육자이자 돌봄노동자로서 여성의 권리가 보장되어야 함을, 그리고 복지국가에 따라서는 그것이 보장되고 있음을 명확히 하였다. 그리고 기존 페미니스트 연구와 관련해

2) 페미니스트들의 복지국가이론 비판은 복지국가 차원들에 대한 성별화, 복지국가 연구에서의 성인지적 지표개발과 성인지적 복지국가 유형에 대한 연구로 이어졌다. 루이스(Jane Lewis)와 오스트너(Ilona Ostner)는 남성생계부양자의 힘을 전통적인 성별 노동분업과 이의 사회수급자격에서의 함의를 통해 유형화하여 복지국가의 유형을 생계부양자 모델의 강도에 따라 강하고, 온건하고, 약한 생계부양자 모델(Strong, Modified, Weak Breadwinner Model)로 구분했다. 세인즈버리는 이 유형화론이 여성의 권리 원천을 노동자(생계부양자)성에만 둔 것을 비판하고 돌봄제공자로서 여성의 노동과 권리가 사회적으로 인정받고 있는 복지국가가 있다는 점을 반영하여 복지국가 유형을 생계부양자 모델(Breadwinner Model)과 개인주의 모델(Individual Model)로 분류했다.

서는 여성의 권리를 지불노동/부불노동의 구도, 노동자/의존자라는 구도에만 제한하는 것이 아니라 수급 권리의 원천을 부양의 원칙(principle of maintenance)과 돌봄의 원칙(principle of care)으로 구분하여 노동자로서의 수급권만이 아니라 돌봄과 모성에 근거한 사회적 수급권이 복지국가에 존재한다는 점을 밝혔다.

여성이 완전한 사회 성원(full citizenship)으로서 사회권을 가지고 복지국가에 평등하게 결합하는 방식은 결국 두 가지 전략으로 나뉜다. 시민으로서 권리이자 책임인 '노동'에 대해 남성과 같은 권리를 강조하는 것이 그 첫 번째이다. 교환가치를 가진 '노동'만이 인정되는 자본주의 사회에서 노동력을 상품화할 수 있는 권리를 주장함으로써 노동시장에서 평등을 달성하여 동등한 사회 성원으로서 시티즌십을 획득하자는 것이다. 임노동자로서 유급노동 수행은 실제로 다양한 사회적 권리와 서비스 보장에 기초가 된다. 그러나 이는 왜 여성이 노동시장에서 끊임없이 차별받고 주변화되는지를 간과한 전략이라고 비판받는다. 사회적으로 성별화되어 있는 노동의 현실과 여성의 권리로서의 모성권, 사적 공간에서 수행하는 돌봄노동 등 차이에 기반한 여성의 권리와 특징들이 반영되지 않았다는 것이다.

차이를 옹호하는 측에서는 사적으로 간주되는 여성의 노동, 화폐경제 안에서 지불되지 않고 있는 가사노동과 돌봄노동, 육아 등이 사회적 기여로서 공적으로 인정되고 가치가 보상되어야 함을 주장한다. 여성의 모성권이 사회적으로 인정되고 돌봄노동의 가치가 매겨지는 것을 통해 공적 공간 중심, 임노동자 중심의 남성적 시티즌십과는 다르게 여성적 특징이 반영된 시티즌십을 재구성해야 한다는 것이다. 그리고 여성은 사회권을 실현하는 데 있어서 노동권과 모성권을 강요당하는 것이 아니라 선택할 수 있어야 함을 강조한다. 그러나 이러한 입장은 여성의 성별분업을 정당화하고 고착화한다는 비판으로부터 자유로울 수 없었다.

여성의 생애지위는 하나가 아니다. 노동자로서의 지위를 생애주기 내내 가져가는 데 사회적으로 성별화된 노동인 무급보살핌 노동자로서의 정체성은 끊임없이 그 공식적인 지위를 방해한다. 뿐만 아니라 사회적으로 인정되는 지위이자 모델로서의 노동자 안에 모성권이라는 것은 없다. 노동자는 사회적 관계에서 상품으로서의 노동력을 효율적으로 판매하는 시민일 뿐이지, 아이를 낳고 기르지도 않고, 가족을 보살피지도 나이든 부모의 병수발을 들지도 않는다. 따라서 어느 한 사람이 '순수한 노동력'이라는 상품으로 공적 세계에 결합하여 화폐를 벌어오는 이면에는 사회 성원이라면 누구나 겪는 사회구성원의 재생산과 가족에 대한 보살핌 노동이 가치 평가와 사회적 인정으로부터 배제된 채 다른 누군가에 의해 수행되고 있었던 것이다. 그리고 문제는 후자의 그림자 노동을 수행하는 사회 성원이 주로 여성들이라는 데 있다. 그리고 이렇게 사회적으로 성별화된 노동 분업과 노동시장에 의해 상품화되지 않는 모든 노동이 사회적 인정과 보상으로부터 배제되어온 현실은 이를 수행하는 사회성원 집단, 즉 여성을 사회권으로부터 배제시켜온 것이다.

3. 한국사회 사회권의 성별화 : 국민연금제도를 중심으로

한국에서의 사회권 논의는 초보적인 수준이다. 사회복지의 이론적 기초 혹은 이념적 기초에 대한 연구가 활성화되지 않은 탓에 사회정책 분야에서의 사회권 연구 역시 활발하지 못한 것이 현실이다. 앞서 언급한 마샬을 비롯한 유럽국가들의 복지국가 논의, 시티즌십 연구가 사회변화의 평등주의적 전략의 구체화라는 맥락에서 진전되어온 것에 비하여 한국에서의 사회복지는 다분히 개별 프로그램과 정책 차원에서 논의되고 연구되어왔다. 그러나 최근 들어 복지국가에 대한 연구와 함께 이에 대한 다양한 접근방식과 해석이 활발히 진행되고 있다.

국가인권위원회의 사회권 연구모임(2002)은 한국 사회권의 근거로 헌법적 기초와 국제규약을 제시하고 있다. 대한민국 헌법에서 확인할 수 있는 사회권을, 헌법 제31조 교육의 권리와 의무, 제32조 노동의 권리와 의무, 제33조 노동 3권, 제34조 생존권적 기본권, 제35조 환경권과 주거정책, 제36조 4항 건강권으로 제시하고 있다. 통상 사회권을 인간다운 생활을 할 권리, 곧 사회보장 영역으로 고찰하는 것과 비교해 볼 때 이미 헌법에 명시된 권리는 놀랍게도 포괄적이다. 이는 역으로 선언된 권리와 내용적으로 보장되고 향유되는 시민의 권리 사이의 괴리를 보여준다고도 할 수 있다.

시민권에 대한 여성주의적 접근을 통해 보는 사회권의 내용은 법률적 범주화와는 사뭇 다르다. 사회권을 일반적으로는 노동할 권리, 기회의 평등, 고용 · 건강 · 교육 관련 서비스 및 수당에 대한 권리로 규정하고 여성 현실을 인지한 권리 내용으로는 노동권과 건강권, 재생산권, 모성권, 경제적 복지권으로 구체화한다(조형 외, 2003). 재생산권과 모성권이 사회권으로 확립되어야 함을 분명히 한 것이다. 최근 저출산이라는 사회적 현상으로 인하여 여성의 재생산권과 모성권을 사회정책에 반영하는 논의가 급물살을 타고 있는 것이 사실이다.

다음 장에서는 한국에서 여성의 사회권을 살펴보고자 한다. 사회구성원의 인간다운 생활을 할 권리를 보장하기 위한 사회권을 실현하는 제도 안에서 여성은 자신의 권리를 얼마만큼 실현하고 있는지, 여성의 재생산권과 모성권이 시티즌십 실현에 있어서 얼마만큼 현실화되고 있는지를 살펴보고자 한다. 사회권을 통해 시티즌십이 얼마만큼 평등하게 구현되고 있는지를 고찰하려는 것이다.

이것을 사회보장정책 가운데 국민연금제도를 중심으로 보고자 한다. 사회보장정책은 크게 사회보험과 공공부조 그리고 사회서비스 분야로 나눌 수 있다. 대부분의 나라에서 그렇듯이 한국에서도 질병과 산업재해, 실업, 노후 소득보장이라는 위험에 대한 사회적 안전망을 사회보험제도를 통해 제공하고 있다. 공적연금은 보험이라는 방식에서 비롯되는 '기여에 의한 수혜'라는 성격이 기본적이지만 제도를 어떻게 설계했느냐에 따라서 그 안에 내재한 위험에 대한 공동대응이라는 사회연대성의 원리와 소득재분배 요소의 비중은 달라진다. 자산 · 소득조사에 의해 최저생계비가 지급되는 공공부조와는 다르게 가입에 의해 보장되는 연금수급권을 가지게 되며 스티그마의 위험으로부터 자유롭다. 소수 빈민에게 지급되는 공공부조에 비하여 연금은 대다수 사회구성원을 포괄하고 있으며 생애기간 동안의 노동에 대한 보상적 측면이 작동하고 있기에 한 사회에서 대부분 시민의 사회권이 어떻게 설계되고 실현되고 있는지를 알아보는 데 적합한 사례라고 생각한다.

국민연금제도의 출발은 1988년이었다. 따라서 아직 노령연금 지급이 전면화되고 있지 않다. 따라서 연금수령을 통한 사회권 실천에 대한 진단은 제한적이고, 제도적 차원에서 여성으로서 성별화된 시민의 사회권이 국민연금제도에 반영되어 있는지를 살펴보고자 한다. 여성의 두 가지 생애지위, 유급 임노동자(paid worker)로서 여성의 지위와 가족 내 육아와 돌봄노동을 수행하는 무급의 돌봄제공자(unpaid caregiver)로서 여성의 지위가 국민연금제도와 어떻게 결합하고 있는지, 이러한 여성의 두 가지 지위에서 사회권은 어떻게 확보되는지를 보려는 것이다. 그리고 연금제도 개혁 논의에서 이러한 여성의 지위 보장 방안이 어떻게 토론되고 있는지를 살펴볼 것이다.

1) 여성노동자와 독자적 연금수급권

연금지급의 근거이자 원천이 되는 노동시장에서 여성이 남성에 비해 열악한 지위에 놓여 있는 것은 새삼스러운 일이 아니다. 노동시장에서 여성의 지위는 경제활동 참가율과 임금수준을 통해 확인해볼 수 있다. 여성의 경제활동 참가율은 여성들에게 독자적인 연금수급권을 가질 수 있는 경제적 기반을 마련해준다는 면에서 중요하다. 그리고 임금수준은 노동기간과 함께 연금의 액수를 결정짓는 데 중요한 요소이다.

2004년을 기준으로 여성의 경제활동 참가율은 49.8%로 남성의 74.8%에 비해 현저히 낮다. 물론 한국 여성의 경제활동 참가율은 꾸준히 상승해왔다. 그러나 1999년 OECD 평균 여성경제활동 참가율이 59.5%이고 2002년 스웨덴 76.1%, 캐나다 60.7%인 것에 비하면 아직도 상대적으로 낮다고 할 수 있다(〈표 2〉 참조).

OECD 다른 회원국들과 비교하여 한국에서 여성 고용과 관련된 주요한 특징은 고학력(대졸) 여성의 경제활동 참가율이 상당히 낮다는 것이다. 대부분의 OECD 회원국은 학력이 높아지면 경제활동 참가율도 높아지는 관계를 보이는데 한국의 경우 대졸여성의 경제활동 참가율이 2004년 기준 57.1%로 중졸이하 여성의 경제활동 참가율인

〈표 2〉 성 및 혼인상태별 경제활동 참가율과 실업률 (단위 : 1000명, %)

연도		경제활동 참가율			실업률		
		계	기혼	미혼	계	기혼	미혼
1980							
	여자	42.8	40.0	50.8	3.5	1.1	9.3
	남자	76.4	88.3	52.4	6.2	4.1	13.1
1990							
	여자	47.0	46.8	45.6	1.8	0.8	5.0
	남자	74.0	88.2	43.2	2.9	1.9	8.0
2000							
	여자	48.3	48.7	47.0	3.3	2.2	6.9
	남자	74.0	84.3	50.2	4.6	3.2	10.1
2004							
	여자	49.8	48.7	53.3	3.1	1.8	6.9
	남자	74.8	84.3	53.6	3.7	2.2	9.2

출처 : 통계청, 「지난 30년 간 고용사정의 변화」(1994)
통계청, 「경제활동인구연보」(1996~2004) (여성가족부, 2005 『2004 여성백서』에서 재인용)

61.2%보다 낮다. 대졸여성의 취업률이 학력이 낮은 여성의 취업률보다 낮은 OECD 회원국은 멕시코와 한국뿐이다.

여성의 경제활동 참가율이 높아진다고는 하지만 실제 여성들이 어떤 노동에서 어떤 형태로 종사하고 있는가를 남성과 비교해보는 것을 통해 수치 이면의 현실을 확인할 수 있다. 2004년 기준으로 전체 취업여성 중 66.6%(남성 65.6%)가 임금노동에 종사하고 있는데, 이 중 상용임금노동자가 24.4%(남성 40.5%), 임시노동자가 30.6%(남성 16.8%), 일용노동자가 11.5%(남성 8.4%)이다. 비임금노동에 종사하고 있는 여성이 33.4%(남성 34.4%)인데, 이 중 자영업주가 18.6%(33.6%)이고 무급가족종사자가 남성의 경우 1.3%인 데 비해 여성은 14.5%나 되었다(여성가족부, 2005).

이렇게 노동시장 취업 상의 지위도 남성에 비해 열악한데 동종업종에서 일하는 여성의 임금 또한 남성의 임금에 비해 적다. 2003년을 기준으로 전직종 평균 임금비를 보면 여성은 남성임금의 62.8% 임금밖에는 받지 못하는 것으로 드러났다(〈표 3〉 참조).

2004년 말 공적 연금을 수급하고 있는 사람은 58만 2천 명으로 전체 65세 이상 인구의 13.9%이다. 국민연급 가입자 현황을 살펴보면 전체 경제활동인구의 92.5%가 가입되어 있어 국민연금제도가 일단 제도적으로 안착되었다는 것을 알 수 있다.

국민연금제도에서 연금권을 갖기 위해 여성은[3)] 우선 남성과 동일하게 유급노동자 자격을 가지고 가입하여 독립적인 연금수급권을 획득

〈표 3〉 직종별 성별 임금, 월평균 근로시간(2003년) (단위 : %, 천원, 시간)

직업	임금			근로시간	
	여자(A)	남자(B)	남녀임금비 %(AB)	여자	남자
전직종	1,446	2,303	62.8	195.2	204.7
의회의원, 고위임직원 및 관리자	2,726	3,608	75.6	186.6	186.2
전문가	1,953	3,235	60.4	183.5	179.7
기술공 및 준전문가	1,624	2,557	63.5	188.6	188.3
사무종사자	1,502	2,305	65.2	184.9	188.4
서비스종사자	1,176	1,698	69.3	211.6	224.7
판매종사자	1,368	1,862	73.5	196.1	201.6
농업 및 어업숙련근로자	1,046	1,824	57.3	219.8	208.2
기능원 및 관련기능근로자	1,107	1,942	57.0	211.7	213.1
장치, 기계조작원 및 조립원	1,250	1,893	66.0	214.9	224.6
단순노무직근로자	952	1,228	77.5	205.8	261.6

주 : 1) 월평균 임금 = 월급여액 + (연간특별급여액×1/12)
2) 5인 이상 사업체를 대상

출처 : 노동부, 「임금구조기본통계조사보고서」(2004), (여성가족부, 2005 『2004 여성백서』에서 재인용)

하는 방식이 있다. 이 방식을 취한 여성의 비율을 보면 2001년 기준 연금가입자 중 31%로, 남성가입자 69%에 비하면 여성이 남성가입자의 절반에도 미치지 못한다. 여성의 노동권이 충분하게 실현되고 있지 않은 상황의 연장이라고 해석할 수 있겠다.

다음으로, 앞에서 살펴본 것처럼 남성에 비해 상대적으로 저임금인 여성의 연금수령액은 노후 소득보장의 적절성에 부정적 영향을 미칠 것이다. 석재은(2004)은 연금급여액을 결정하는 소득수준에서 여성이 남성보다 소득수준이 낮아 남성이 받는 표준소득월액의 72% 수준에 불과한 연금급여를 받게 된다고 밝히고 있다. 노동시장에서 여성의 차별적인 지위가 노후 소득보장에서 또 여성에 대한 불평등한 결과를 초래하는 것이다.

마지막으로, 여성의 독자적인 연금권에서 장애가 되는 부분은 여성이 출산이나 양육 등으로 인해 경제활동을 중단하기 때문에 연금기여기간이 남성에 비해 짧다는 것이다. 연금급여 수준에 영향을 미치는 연금가입기간을 노동생명표를 활용하여 추정한 연구결과에 따르면 여성의 연금가입기간이 20세 여성의 경우 25.48년으로 남성에 비해 9.15년이 짧고 30세 여성의 경우 20.95년, 남성은 30.66년으로 9.71년의 차이를 보였다(석재은, 2004). 그러나 현실은 이러한 추정보다 더욱 어려울 수 있다. 출산이나 양육으로 휴직을 하게 된 여성의 복직과 재취업이 쉽지 않은 일임은 이미 널리 알려져 있다. 그리고 출산, 육아로 인한 노동경력의 단절이 일터에서 여성의 승진에 불리하게 작용하여

3) 현재 노령연금 수급자 성별 현황을 고찰하지 않는 것은 국민연금 지급이 전면화되지 않은 상황에서 통계자료의 부족과 분석의 제한성 때문이다. 이보다는 대표적인 공적연금으로서 국민연금 체계에 여성들의 구조적인 지위와 권리를 살펴보는 것을 통해 노후 소득보장의 경로와 정도를 살펴보고자 하였다.

결과적으로 임금수준에 부정적인 영향을 미친다는 것도 쉽게 짐작할 수 있다. 국민연금 가입기간이 10년이고 이동안 여성평균임금[4])을 받은 여성의 경우 노령연금의 소득대체율은 17.2%라고 한다(김수완, 2005).

이와 같이 남성보다 낮은 경제활동 참가율과 저임금, 출산, 육아 등으로 인한 노동이력의 단절이라는 노동시장에서의 여성의 열악한 지위는 노동자로서 여성의 독립적인 노후소득을 결정짓는 연금제도 급여산식 안에 그대로 투영된다.[5]) 가입기간과 소득수준에 따라 높은 수령액을 가지는 연금구조에서 여성은 노동시장에서의 성차별적인 지위로 인하여 불리한 위치에 처하게 되고 이는 노후 소득보장의 불안정으로 연결된다고 하겠다.

4) 이 분석에서 여성의 평균임금은 남성 평균임금의 65.1%를 상정하였다. 17.2%는 노령연금 수급액의 이 평균임금의 대체율이다. 이 때 같은 기간 연금을 납입한 연급수급자라 해도 남성에 비해 여성의 연금액이 낮다는 것을 확인할 수 있다. 국민연금제도는 저소득 가입자를 위해 소득수준이 낮을수록 급여대체율이 높아지게 설계되어 있다. 저임금직종에 있는 여성노동자들에게는 유리한 부분이라 할 수 있으나 이는 어디까지나 자신의 임금에 비하여 상대적으로 유리하다는 것이고 이를 위해 장기간 연금에 가입해야 한다는 점 역시 고용단절을 가질 수밖에 없는 대부분의 여성노동자들에게는 충족하기 어려운 조건이다.

5) 연금급여산식, 출처 : 국민연금관리공단 http://www.nps4u.or.kr

연금액 = 기본연금액 × 연금종별 지급율 및 제한율 + 가급연금액

기본연금액 = [2.4(A+0.75B)×P1/P+1.8(A+B)×P2/P]×(1+0.05n/12)

A = 연금수급전 3년 간의 평균소득월액의 평균액

B = 가입자 개인의 가입기간 동안의 표준소득월액의 평균액

※ 가입자 개인의 가입기간 동안의 표준소득월액을 매년 보건복지부장관이 고시하는 연도별 재평가율에 의하여 연금수급전년도의 현재가치로 환산한 후 그 합계액을 가입자의 전체 가입월수로 나누어 산정

P1= '98. 12. 31 이전 가입월수

P2= '99. 1. 1 이후 가입월수

P = 가입자의 전체 가입월수

n = 20년 초과월수

2) 전업주부 여성과 파생적 연금수급권

유급임노동자가 아니라 가사노동의 전담자로서 전업주부인 기혼여성은 생계부양자인 남성의 소득에 의존하여 피부양자 자격으로 파생적 수급권을 갖는다. 아내에게 주어지는 연금권이 파생적 수급권이란 것, 즉 남편에 종속된 피부양자 자격으로부터 권리가 나온다는 것 자체가 이미 여성의 가사노동을 인정하여 부여되는 권리가 아니라는 것을 드러내고 있다. 기혼여성은 파생적 수급권에 의해 유족연금, 배우자연금, 이혼 시 연금분할 수급권 등을 제공받는다.

배우자의 사망 시 여성이 유족연금 수급자가 되려면 전업주부여야 한다. 취업노동을 하여 독자적 연금수급권이 있을 경우에는 노령연금과 유족연금 중 하나를 선택해야 한다. 그러나 유족연금은 노령연금의 전액을 받는 것이 아니기 때문에 독자적 수급권자와 동일한 대우를 받는 것이라고 할 수 없다.[6)]

배우자연금은 가족수당적 성격의 부가급여인데 수급자격이 배우자, 18세 미만 또는 장애등급 2급 이상에 해당하는 자녀, 60세 이상 또는 장애등급 2급 이상에 해당하는 부모이기 때문에 특별히 여성의 가사, 양육노동의 가치를 인정한 장치라고 보기 어렵다. 배우자가 받는 가급연금액은 2004년 기준으로 한 해에 184,140원이며 자녀, 부모는 122,760원이다.

6) 유족연금액은 가입기간에 따라 다음의 금액에 가급연금액을 가산한 금액으로 한다. 다만 노령연금 수급권자가 사망한 경우에 유족연금액은 사망한 자가 지급받던 노령연금액을 초과할 수 없다(국민연금법 64조). 1. 가입기간이 10년 미만인 경우에는 기본연금액의 1,000분의 400에 해당하는 금액, 2. 가입기간이 10년 이상 20년 미만인 경우에는 기본연금액의 1,000분의 500에 해당하는 금액, 3. 가입기간이 20년 이상인 경우에는 기본연금액의 1,000분의 600에 해당하는 금액 등이다.

연금분할 수급권은 1998년 12월에 도입된 것인데 이혼하였을 시 노령연금액 중 혼인기간에 해당하는 연금액의 50%를 받을 수 있도록 하고 있다. 그러나 분할연금 수급자가 재혼한 경우에는 지급이 정지되며, 정지 기간 동안 연금 수급권자에게 연금이 지급된다. 즉, 연금분할 수급권이 여성의 무급 돌봄노동의 이력을 노후 소득보장에 대한 권리로 인정해준다기보다 다른 소득원(재혼을 통한 남자)을 가지기 전까지의 소득보장방안이라는 성격을 가지고 있다고 해석할 수 있다.

결국 전업주부로 가족이라는 사적 공간에서 돌봄노동을 수행한 여성의 노동과 사회권은 그 가구의 생계부양자인 남성, 연금권을 가진 남성에 속한 피부양자로서 부여되는 파생적 수급권으로는 전혀 인정되고 있지 못함을 알 수 있다. 개별 노동자의 노동력을 재생산하는 데, 그리고 사회적 노동력을 재생산해내는 데 양육과 돌봄노동이 필요하다는 것은 누구도 부인하지 못할 사실이다. 그렇다면 상품화된 가사노동서비스와 다르게 무상으로 가족 내에서 행해지는 가사노동과 돌봄노동의 가치(특히 육아노동)는 어떤 방식의 사회적 인정을 취득할 수 있는가.

임노동자라는 지위를 전제로 작동되는 사회보장 프로그램으로는 여성의 사회권이 보장될 수 없음은 일찍이 역설되어왔다(Orloff, 1993 ; Sainsbury, 1994). 남성은 취직을 하고 노동자가 되면 산업재해와 실업 위험에 대비하여 보험지원을 받고 퇴직 이후에는 연금으로 소득보장이 된다. 이들의 위험에 대한 대비는 국가와 기업과 노동자 본인의 기여로 축적된다. 그런데 가족 안에서 가족구성원의 노동력 재생산을 위해 가사노동을 하고, 아이를 낳아 키우며, 노인들을 돌보는 일을 하는 여성들의 노동은 사회적으로 인정되지 않을 뿐 아니라 어떠한 보상체계도 가지고 있지 않다.

여성이 가족이라는 공간에서 행하는 양육과 돌봄노동은 상품화된 노동만이 화폐를 통해 그 가치를 인정받는 자본주의 시장질서의 바깥에 위치해왔다. 그러나 고령화 사회라는 새로운 국면은 저출산 현상으로 인해 사회재생산으로서 출산과 양육의 중요성, 그리고 고령인구의 증가를 통해 노인들에 대한 돌봄서비스가 '사회적으로' 중요하다는 사실을 '전사회적으로' 환기시켰다. 그리고 사회 구성에 중요한 역할을 하는 이 두 부문에 대한 모든 노동이 가족 안에서 여성들에 의해 수행되어왔고 이제 변화한 가족구조와 사회 환경, 그리고 사회구성원의 욕구(needs)는 더 이상 양육과 돌봄노동을 개인적으로 해결하도록 방치하는 것을 허용하지 않게 되었다.

이제 양육과 돌봄노동이 공적서비스로 제공되어야 하고, 이러한 노동을 사적으로 수행하는 사회구성원에 대해서 정당한 보상과 인정이 수행되어야 한다.[7] 그리고 주로 여성들이 수행하는 양육과 돌봄노동이 노동이력으로 연금제도 안에 반영되어 노후 소득보장에 대한 권리 확보와 급여산정에 반영되어야 한다. 가족이라는 사적 공간에서 상당 기간을 양육과 돌봄노동을 하게 되는 여성의 사회권을 연금제도에 반영하는 문제는 여성노동의 사회적 인정이라는 문제 외에도, 여성의 노후 소득보장문제를 해결하는 것과 관계를 가진다. 여성노인 빈곤의 구조적 요인 중의 하나가 시장노동만을 기준으로 짜여진 노후 소득보장 체계와 여성의 생애주기와의 부조화에서 발생하는 것이 분명했을 때는 이를 개선하기 위해 여성노동의 특성을 반영한 방식으로 노후 소득보장체계를 재편하는 것이 필요할 것이다.

7) 여성의 가족 내 무급 돌봄노동에 대한 사회적 인정과 관련하여 육아수당(아동수당), 유급육아휴직, 돌봄수당 등과 관련한 논의가 이루어지고 있다.

3) 연금제도 개선논의와 여성의 사회권

여성의 노동권과 모성권 · 재생산권을 보장하기 위한 방안, 그러나 현실적으로는 여성의 노동시장에서의 불리한 위치와 성별 분업노동으로 인한 노후 소득보장의 위험을 예방하기 위해 국민연금제도를 개선하기 위한 방안들은 다양하게 제출되어 있다. 최소가입기간 축소, 가입범위 확대, 연금 크레디트 제도의 도입, 급여수준의 상향 조정, 연금분할 수급권 제도 개선, 재혼 시에도 유족연금 자격 유지, 기초연금제도 도입 등을 통한 연금구조 개혁 등이 그것이다(정재훈, 2005).

국민연금제도의 틀 내에서 제시되는 각종 대안들이 여성의 수급권을 어떻게 변화시키는지 앞서 구분한 여성의 생애지위와 관련하여 재구성해보면 다음과 같다.

연금제도 개선방안은 1인1연금제도를 기본으로 여성의 독자적인 연금권을 가지게 하는 것을 중심으로 제출되고 있다. 물론 소득보장에서의 적정성과 독립성을 장기적으로 고려했을 때 그것이 가장 바람직하다고 할 수 있겠으나 노동시장에서 여성의 열악한 지위를 고려했을 때, 그리고 여성의 경제활동 참가율을 고려했을 때 당장 1인1연금제도로 개편하는 것은 전업주부나 저임금 여성노동자에게는 부정적인 영향을 미칠 수 있다. 또, 노동권에 기반한 1인1연금제도에서 여성의 모성권과 보육, 돌봄노동의 가치를 인정하는 방식 역시 여성의 생애주기를 반영한 개혁방향에서 관건이 된다고 할 수 있다.

노후 소득보장을 위해서는 무엇보다도 여성의 노동권이 보장되어야 한다. 노동권 중심의 견해에 대해서 남성중심적 독립성의 규범, 곧 경제적인 독립성만을 독립성으로 간주하는 것이 아닌가 하는 비판이 있기는 하지만 여성의 고용에 대한 권리 확보는 여성의 독립성을 실현

〈표 4〉 여성의 연금수급권 보장을 위한 개선전략

연도		보장유형	
		임노동자로서의 지위 / 독자적 수급권	무급 돌봄노동자 / 파생적 수급권
보장내용	수급권	1. 사업장 가입자 범위 확대 2. 적용 관리 노력 제고 3. 임의 가입 확대	1. 유족연금 수급조건 합리화
		1. 분할 연금 수급조건 완화 2. 연금 크레디트 제도 도입 3. 보편적 기초연금제도 도입	
	적정급여	1. 표준소득월액 하한선 상향조정 2. 분할연금의 소득분할 방식 전환 3. 최저보증 연금제도 도입	1. 가급연금 급여수준의 노령연금 급여수준 하향과 연동 상향 조정 2. 유족연금 급여수준 상향조정 3. 유족연금과 노령연금 병급 개선

출처 : 석재은(2004)의 글에서 재구성

하는 데 결정적인 요인이 된다. 왜냐하면 이미 사회 현실에서 남성노동자에게 가족임금이 실현되고 있지 않으며, 다양한 가족형태가 출현하여 남성 단독생계부양자 모델은 그 적실성을 상실했다. 또 국가적인 차원에서도 여성인적자원의 경제활동 참여는 사회의 생산성 강화와 사회적 빈곤을 해결하는 중요한 열쇠이다. 여성들에게도 독립성과 자율성을 확보하기 위해 경제적 권력이 요구되는데 이것은 자본주의 사회에서 노동자로서 경제활동에 참여하는 것이 가장 주요하고 안정적인 방식이다. 이러한 논리는 여성뿐 아니라 남성에게도 똑같이 적용할 수 있다. 이제까지 여성이 노동시장에서 배제당해왔기에 유급노동에 대한 접근권리를 강조하는 것이다.

1인1연금 방식의 연금제도에서 노후 소득보장 수준에 고용상의 지위와 성과가 상당히 반영되기에 노동시장에서 여성 지위 개선은 불가결한 과제가 된다. 더불어 시급하게는 임시직, 일용직, 시간제 근로에 종사하는 여성노동자에 대한 연금적용의 확대가 필요하다고 할 수 있다. 관리가 어려운 영세사업장 노동자와 자영자들을 관리하기 위한 대안도 마련되어야 할 것이다. 연금적용의 확대라는 과제에 속하는 이 문제는 자영업자 소득파악을 통한 납부예외자와 장기 체납자 문제라는 국민연금의 해묵은 과제를 해결하는 것과 더불어 추진되어야 할 것이다.

〈표4〉에서 독자적 수급권을 강화하면서 무급 돌봄노동자로서 여성의 지위를 인정하고 연금제도에 반영하는 대안으로 분할연금 수급권과 연금 크레디트 제도와 기초연금제도를 제시했다. 이러한 대안은 1인1연금제도라는 정책적 대안이 남성노동자의 규범과는 다르게 여성의 이중적 생애지위를 반영하여 구성될 수 있는 중요한 요소이다.

우선, 분할연금 수급권은 남성의 소득에 여성의 가사노동이 기여하고 있는 바를 분명히 하는 방식으로 수립되어야 한다. 분할연금이 여성의 연금수급권을 강화하는 방식으로 운영되기 위해서는 현재 급여분할에서 소득분할로 변경되어야 한다. 이혼 시 혼인기간 동안의 배우자별 소득, 기여기록을 분할하여 각자의 계정에 기록하는 형태를 취함으로써 이혼 후 배우자였던 자의 사망 또는 장애와 같은 상황변화에 관계없이 분할연금 수급권을 가질 수 있게 되어야 한다. 또한 재혼 시에는 분할연금 지급이 중단되는 현재의 방식도 개인 계정에 대한 기록과 권리로서 분할연금 수급권이 확보된다면 개선될 수 있을 것이다.

연금 크레디트 제도는 스웨덴, 독일 등의 나라에서 이미 실시하고 있는 방식이다. 임신과 출산, 육아, 노인이나 장애인의 돌봄노동에 대해 그 기간을 기여기간으로 간주하는 것이다. 연금 크레디트 제도는 기여기간의 단절을 경험하는 연금가입자인 여성노동자의 수급권에는 긍정적으로 작용하나 전업주부인 여성의 수급권을 보장하는 데는 크게 영향을 미치지 못한다는 점에서 제한적이다. 연금 크레디트 제도의 도입 자체의 정당성은 확보되어 있는데, 문제가 되는 부분은 연금재정과의 관련 탓에 크레디트 기간과 연금 크레디트 적용산식에 대한 논란이 있을 수 있다.[8)]

기초연금제도는 기여와 관련 없이 시민권에 기초하여 노후 소득보장의 일정 부분을 국가가 조세를 재정으로 하여 제공하는 것이다. 일정 연령에 도달하면 정액의 급여가 제공되는데, 여성의 경우 노동자냐 전업주부냐에 상관없이 보편적으로 연금수급권을 갖는다는 면에서 여성의 소득보장에 가장 크게 영향을 미칠 수 있는 제도이다. 스웨덴, 네덜란드 등이 이 기초연금제를 실시하고 있는데, 현재 국민연금제도를 1인1연금제도로 전환한다면 노동시장에서 여성의 열악한 지위를 감안했을 때 기초연금제도의 도입은 필수적이다. 기초연금제도를 도입하는 데 있어서 관건이 되는 것은 급여수준과 기초연금을 지급할 정부의 재정이다. 현재 기초연금제도에 대해 한나라당과 민주노동당, 참여연대가 안을 제출해놓고 있다. 기초연금제는 단독으로 주장되는 것이 아니라 전체 연금개혁에서 부분적인 도입이 주장되는 것이기에 기초연금급여 수준과 연금의 다른 구성부분의 설계, 연금재정과 밀접한 연관을 가지고 전체적인 연금개혁 속에서 논의되어야 한다.

8) 석재은(2004)은 연금 크레디트 최대 인정기간을 4년(1자녀당 2년)으로 하고, 보험료 대납 기준소득은 전가입자 평균소득의 50%로 하며, 급여산정시에는 해당 기간의 균등부분만을 적용하여 급여를 산정하는 대안을 제시하고 있다. 노인이나 장애인 돌봄노동에 대한 크레디트 적용은 노인수발제도나 장애인사회서비스를 통해 보험료가 대납되는 방식이 논의되고 있다.

4. 여성사회권 실현과 통합적 시티즌십 형성의 과제

앞의 사례에서 여성의 사회권이 이중적 생애지위를 온전히 반영하고 있지 못한 현실과 최소한의 소득보장, 기초적인 사회권을 확보하기 위해 소득보장의 대표적인 제도인 연금제도에서 여성의 특수성이 어떻게 반영되어야 하는지를 살펴보았다. 주요하게는 여성의 노동권이 실현되어야 하고 무급 돌봄노동이 사회권 프로그램에 반영되어야 한다는 점이 피력되었다.

여성은 노동자로서의 삶과 양육자, 전업주부로서의 삶 중에서 어느 하나만을 선택하여 살지 않는다. 여성만이 아니라 모든 사람이 여러 가지 정체성을 띠고 사회적 역할들을 수행하는데, 생애주기에 따라 혹은 관계의 국면에 따라 어떤 하나의 정체성이 우위에 서거나 전면화되기도 하고 때로는 정체성 간의 충돌도 일어난다. 그런데 문제는 자본주의 하에서 '노동자'로서의 정체성은 너무도 압도적이라는 사실이다. 경쟁적인 시장 질서는 표준화된(?) 노동자로 하여금 그 어떠한 다른 역할도 부차화시키면서 '노동시장 중심성'을 강화하도록 강제해왔다. 그리고 경쟁적인 노동시장에서 생존해야 하는 노동자, 남성생계부양자들은 양육자를 비롯한 가족구성원으로서의 활동과 정체성, 그 외 시장 밖 시민사회 구성원으로서의 활동을 주변화하고 가치절하할 수밖에 없는 조건에 놓여져왔다. 그리고 이러한 노동시장의 강제와 관성이 여성 노동자에게 적용되는 순간, 전통적인 가족모델에서 여성이 주로 가져왔던 양육자라는 다른 중요한 정체성과 크게 충돌을 일으키게 된다는 것이다.

안정적인 노동자로서의 생애과정이 침식되고 있는 남성의 경우에도 그것을 과거와 비교해서 위기로만 해석할 것이 아니라 전체 사회변화 속에서 정체성의 재정립 문제로 풀어야 한다. 남성의 정체성 역시 단일한 것이 아니라 다중적이라는 점, 남성에게도 양육자, 돌봄의 권리가 적용되어야 한다는 것이다. 생계부양의 책임을 여성과 공유한다면 돌봄노동의 책임도 공유하는 것이 합당하다. 그리고 고령화와 저출산을 특징으로 하는 시대에 생애주기 전체를 사고할 때 남성이라고 양육과 돌봄노동에 있어서 다른 누군가의 서비스를 무상, 유상으로 받는 것이 아니라 스스로 참여하고 제공할 수 있고, 또 해야 한다는 인식의 전환이 필요하다. 그러나 이는 경쟁논리가 점점 강화되는 노동시장의 변화를 수반하지 않고는 대단히 어려운 일이다.

젠더 평등에서 핵심적인 생산노동(시장)과 재생산노동(가족) 두 차원의 문제를 해결하는 데 여성의 낮은 지위, 여성의 하중만을 분석해서는 답을 찾을 수가 없다. 이 문제를 여성의 문제가 아니고 이 사회 공동의 문제로 인식하고 전체 사회구성원이 이 두 차원에서 어떻게 형평성을 가질 수 있는지, 이를 실현할 수 있는 방도는 무엇인지 만들어 내는 것이 필요하다. 이러한 통합적인 사고는 성인지적인 가족정책의

〈표 5〉 노동권과 부모권 보장을 위한 통합적 분석틀

분류	조건의 보장(평등)	결과의 보장(평등)
시장영역(노동권)	보육의 사회화(공보육의 강화), 방과 후 프로그램, 직장보육시설의 확대, 노동시간 선택제도 등	소득(세)공제제도, 사회보험(국민연금, 건강보험 등), 퇴직연금, 노인요양보험 등
가족영역(부모권)	육아휴직제도, 부모보험제도, 출산전후휴가제도, 부모출산휴가, 주부수당, 주부연금, 출산비용비원, 아동(가족)수당, 한부모가족수당 등	국민기초생활보장제도, 경로연금, 교통수당 등

출처 : 보건복지부(2004), 「가족정책의 성인지적 관점 강화 방안 연구」

연구를 통해 가시화되고 있다. 여성의 모성권/재생산권만이 아니라 남성의 부성권 역시 보장되어야 한다는 문제의식을 가지고 개별구성원이 가구 내에서 수행하는 가사노동의 사회적 가치를 어떻게 인정할 것인가의 문제와 시장영역에서 노동을 통한 소득(노동권)의 보장과 이에 수반한 사회보장(사회권) 문제를 통합적으로 정책화해야 한다는 것이다. 이를 위해 여성에게는 시장화 전략이, 남성에게는 가족화 전략이 강조된다.

복지국가는 사회정책과 사회서비스를 통해 탈상품화와 탈가족화를 이루어내고자 한다. 이러한 방향에서 성별화된 시민으로서 여성과 남성의 사회권은 공히 실현되어야 한다. 자본주의와 가부장적 질서가 엄존하고 있는 사회에서 이러한 평등화 전략은 시장과 가족, 생산노동과 재생산노동을 성별 분업체계로 유지해왔던 기존의 사회질서를 해체하고 새로운 성통합적 공유체계를 구축해야 한다는 것을 그 핵심으로 하고 있다. 이제 성별로 분화된 분업구조, 이에 의해 일면화된 시민성과 시민적 권리의 지속은 불가피하게 사회구성원 일부를 배제하고 억업할 수밖에 없게 된다. 성차별적인 구질서와 제도를 성인지적 시민화(civilization) 과정을 통해 변화시켜나가는 것을 통해 전 사회구성원의 사회권, 시티즌십은 실현될 것이다.

5. 마치며

새로운 시티즌십은 역동적으로 변화하는 현실을 담아내는 과정이다. 권리와 책임의 통합으로서 시티즌십의 구축을 강조하는 것은 현실을 변화시키는 시민의 참여로 사회 동력을 회복하자는 것이다.

이 글에서는 시티즌십의 완성단계로 언급되어온 사회권에서 여성의 배제를 살펴보았다. 여성이 이중적 생애지위로 인하여 생산노동으로 결합되는 노동시장에서, 또 재생산노동이 이루어지는 가족영역에서 다양한 노동을 통해 생애기간 동안 노동하지만, 이를 반영하여 보장되어야 할 사회권 프로그램에서는 어떤 방식으로 배제되고 차별받는지를 살펴보았다. 실제 평등주의 전략으로 주창되는 복지국가 프로그램이 시민과 사회권을 성별화하지 않음으로 인하여 결과적 불평등을 양산하고 있는 역설을 한국의 국민연금제도에서 여성의 지위를 통해 간단하게 살펴보고 이를 개선하기 위해 여성의 노동권 확립과 돌봄노동의 사회적 보장 방안에 대해 고찰했다.

그러나 이보다 더 근본적으로는 시장과 가족으로 양분화되어 있는 사회적 성별분업을 해소하기 위해 여성에 대한 시장화 전략, 남성에 대한 가족화 전략이 병행되어야 하고 사회 전체적으로 가부장적 의식의 개선이 수행되어야 한다. 테일러 구비(Taylor-Gooby, Peter)는 남성이 돌봄노동에 대한 사회적 의무를 완전히 받아들이고 책임을 지지 않는 한 여성은 정치적, 경제적, 사회적 시민이 될 수 없다고 강조하고, 돌봄노동으로부터 남성의 독립을 도덕적 해이로 해석해야 한다고 했다.

현대사회에서 시티즌십의 재정립은 시민의 다양한 정체성을 인식하고 시민의 다양한 사회적 노동을 사회적으로 인정하고 포용하는 것을 통해 이루어질 수 있을 것이다. 다시 말해 시장에서 상품화된 노동만을 참여로서의 노동으로 간주하는 것이 아니라 다양한 사회적 참여와 기여로서의 활동(activity)—구체적으로는 돌봄노동(care work), 자원활동, 상호부조, 봉사 등—을 노동의 범주 안으로 포섭하고 사회적으로 인정하는 것을 통하여 '노동'이 시민으로서의 권리이자 의무로 정립될 수 있다는 것이다. 이는 생산노동과 재생산노동의 위계화와 성별 분화를 극복하는 것을 내용으로 한다. 이렇게 노동에 대한 개념 재정립은 남성과 여성의 가부장적 성별 분업구조를 해체하고 여성의 이중적 생애지위가 사회권을 실현하는 데 온전히 반영되는 토대가 될 것이다. 그리고 이러한 과정에서 사회는 더욱 포용적이고 통합적인 시티즌십, 평등한 사회 구조와 제도를 형성해낼 수 있을 것이다.

| 참고 문헌 |

김미숙 외 (2003), 「고령화사회의 사회경제적 문제와 정책대응방안—OECD국가의 경험을 중심으로」, 한국보건사회연구원.

김수완 (2005), 「여성의 공적연금 급여수준의 국가간 비교연구 : 한국, 미국, 스웨덴, 네덜란드, 독일을 중심으로」, 『사회보장연구』 21:1, 85~118.

김영란 (1999), 「여성빈곤과 복지국가의 재구조화」, 『한국사회학』 33(가을호), 551~583.

김영모 편 (1992), 『빈곤이론 빈곤정책』, 한국복지정책연구소 출판부.

김인숙 외 (2004), 「가족정책의 성인지적 관점 강화 방안 연구」, 보건복지부.

김태성 · 손병돈 (2002), 『빈곤과 사회복지정책』, 청목출판사.

김형식 (1998), 『시민적 권리와 사회정책』, 중앙대학교 출판부.

김혜경 (2004), 「보살핌노동의 정책화를 둘러싼 여성주의적 쟁점 : "경제적 보상(payment for care)" 을 중심으로」, 『한국여성학』 20:2, 75~102.

박영란 (2002), 「여성빈곤정책」, 한국여성정책연구회 편, 『한국의 여성정책』, 미래인력연구원.

보건복지부 (2005), 「OECD 사회정책 동향분석 및 정책방향 비교연구」, 보건복지부.

브라이언 S. 터너 (1997), 『시민권과 자본주의』, 일신사.

사회권연구모임 (2002), 「사회권 보장을 위한 기초연구」, 국가인권위원회.

석재은 외 (2003), 「여성의 빈곤실태 분석과 탈빈곤 정책과제 개발」, 보건복지부 · 한국보건사회연구원.

석재은 (2004), 「연금의 성별 격차와 여성의 연금보장 방안」, 『보건사회연구』 24:1, 93~129.

여성가족부 (2005), 『2004 여성백서』, 여성가족부.

이혜경 · 홍승아 (2003), 「성통합적 복지국가재편 논의를 위한 여성주의적 비판」, 『사회보장연구』 19:1, 161~189.

이혜경 · 최은영 (1997), 「한국 여성빈곤의 원인과 결과」, 『연세사회복지연구

4』, 142~185.

장지연 (2004), 「복지국가에 대한 페미니스트 관점의 기여와 한계」, 『한국사회학』 38:3, 177~200.

정재훈 (2005), 「국민연금제도 발전 방안에 대한 연구 : 양성평등적 관점에서의 비판적 분석」, 『한국사회복지학』 57:3, 31~50.

제인 프리드먼 (2002), 『페미니즘』, 이후.

조형 · 강인순 · 정진주 (2003), 『여성의 시민적 권리와 사회정책』, 한울아카데미.

홍순영 · 황인성 저 (2004), 『SERI 전망 2004』, 삼성경제연구소.

한국보건사회연구원 (2005), 「2004년도 전국노인생활실태 및 복지욕구조사」, 한국보건사회연구원.

테레사 쿨라빅 (2000), 『복지국가와 여성정책』, 새물결.

통계청 (2001), 「인구주택총조사보고서」, 통계청.

_____ (2002), 「장래가구추계」, 통계청.

_____ (2005), 「2005 고령자통계」, 통계청.

Craig, Gary (2004), Citizenship, Exclusion and Older People, *Journal of Social Policy*, 33(1), 95~114.

Daly, Mary (1994), "Comparing Welfare State : Towards a Gender Friendly Approach", in Diane Sainsbury (ed.), *Gendering Welfare States,* SAGE.

Esping-Andersen, GØsta (2002), A New Gender Contract, in GØsta Esping-Andersen (ed.), *Why We Need New Welfare State*, Oxford : Oxford University Press.

Giddens, Anthony (1996), "T. H. Marshall, the state and democracy", in Bulmer, Martin & Rees, Anthony. M. (ed.), *Citizenship Today*, UCL Press.

Hirdman, Yvonne (1998), State Policy Gender Contracts : The Swedish Experience, in Eileen Drew & Ruth Emerek & Evelyn Mahon(eds.),

Women. Work and the Family in Europe, London : Routledge.

Hobson, Barbara (2000), Gender and Citizenship in Transition, Routledge.

Lister, Ruth (1997), Citizenship : Feminist Perspectives, New York University Press.

______ (1998), Principle of Welfare, in Alcock(eds.), *The Student's Companion to Social Policy*, Blackwell.

______ (2003), Investing in the Citizen-workers of the Future : Transformations in Citizenship and the state under New Labour, *Social Policy and Administration*, 37(5), 427~443.

Lunt, Neil, Spoonley, Paul and Mataira, Peter (2002), Past and Present : Reflection on Citizenship within New Zealand, *Social Policy and Administration*, 36(4), 346~362.

Marshall, T. H. (1950), Citizenship and Social Class, Cambridge University Press.

OECD (2000), Reforms for an Ageing Society, Paris : OECD.

Orloff, Ann Shola (1993), Gender and the Social Rights of Citizenship : The Comparative Analysis of Gender Relations and Welfare States, *American Sociological Review*, 53(June), 303~328.

Rodger, John (2003), Social Solidarity, Welfare and Post-Emotionalism, *Journal of Social Policy*, 32(3), 403~421.

Runciman, W. G. (1996), "Why Social Inequalities are Generated by Social Rights", in Bulmer, Martin & Rees, Anthony. M. (ed.), *Citizenship Today*, UCL Press.

Sainsbury, Diane (1994), Women's and Men's Social Rights : Gendering Dimension of Welfare State, in Diane Sainsbury (ed.), *Gendering Welfare State*, SAGE.

Shaver, Sheila (2002), Australian Welfare Reform : From Citizenship to Supervision, *Social Policy and Administration*, 36(4), 331~345.

여성의 정치권과 정치세력화를 위하여

최 진*

1. '정치적인 것'을 다시 보기

정의로운 사회에 대한 열망이 인류의 이상이었다면, 이의 근대적 요약본은 평등한 사회를 희망하는 것이다. 미래에 대한 정치적 상상과 집합적인 실천을 표상하는 시티즌십의 정치를 통해서 여성들이 희망하는 정의롭고 평등한 사회상은 적어도 다음 세 가지 요소를 옹호하는 것이다. 개인적 자율성 증진, 집합적인 차이에 대한 사회적 인정, 그리고 개별 국가의 경계마저도 뛰어넘는 다양성이다.

하지만, 여성들은 지난 수십 년 간 시티즌십 정치가 이루어지던 '공적' 공간에서 부정되었을 뿐 아니라, 그들에게 할당된 사회적 역할—이는 특정한 가치체계, 교육 관행, 복합적 행위양식 등을 동반한

* 이화리더십개발원 연구원.

다—은 집단적으로 획득된 남성의 정치적 역량에 유효한 조건들로 기능했을 뿐이다. 즉, 남성들이 공적인 공간에서 정치적 주체가 되기 위해서는, 여성들은 공적 공간으로부터 배제되어 남성들이 정치적 주체가 되기 위한 조건을 창조하는 다양한 노력에 봉사해야 했음을 의미한다. 이런 점이 여성의 시티즌십은 존재해온 현재의 사실이 아니라는 점을 증명한다.

오히려 자율성과 차이, 그리고 다양성을 포괄하는 시티즌십을 여성이 전유하기 위해서는 새로운 도전이 필요하다. 즉, '여성의 비시민'이라는 문제틀에서 발전되어온 '사적' 관계들을 변형시키고, 특정한 방식으로 공적 공간으로 이전시키며, 정치적 영역(예를 들면 출산통제와 자녀양육뿐만 아니라 분업과 권력의 성적 재분배 사이의 충돌)에 재통합되어야 한다는 것이다. 이와 같은 전환은 지속적이면서도 전면적인 시티즌십 정치를 통해서 이루어질 수 있다. 이 글에서는 지역 공동체에서 발전되어온 여성들의 실천활동을 시티즌십 정치 사례의 하나로 주목하고자 한다.

90년대 이후 주부들의 사회적 영역으로 다시 등장하면서 개인적·정치적인 변화를 주도해온 소비자생활협동조합 활동(이하 생협 활동)이 그것인데, 생협 활동은 여성에게 힘 갖추기(empowerment)를 가능케 한다(윤정숙, 2003)는 점에서 아래로부터 조직되는 시티즌십 정치의 출발점이라고 볼 수 있다. 이와 같은 활동은 '사적 관계'와 '개별화'된 공간 속의 삶과 가족적 관심과 가치 그리고 수동적 자아를 '공적' 관계와 '공동체'적 공간의 삶, '사회적 관심과 가치' 그리고 '주체적 자아'로 확장시킬 수 있다는 점에서 생활정치의 사례로도 주목받아왔다. 하지만 노동 사회를 지향하는 근대성의 가치정향과 문화 특수적이고 성 특수적인 공 · 사 영역의 위계가 갖는 영향력을 무시하지 않는다면 비시민적 장에서 시민적 장으로의 전이가 손쉽게 일어나지 않을 것이라는 점을 예측하기는 어렵지 않다. 따라서 이 글은 시민화의 과정—시티즌십 정치를 통해 공동체의 완전한 구성원으로서의 위치를 만들어가는 과정—을 정치세력화로 정의하고 생협 활동을 대상으로 첫째, 어떻게 주부로서 자신을 긍정적으로 정의하면서 시민적 역량을 키워나갔는지 둘째, 생활세계의 경험을 제도 정치와 소통하면서 어떤 정치적 차이와 변화를 만들어갔는지를 분석함으로써 지금까지 정의되어왔던 정치적인 공간을 넘어서는 정치세력화의 문제를 논의하고자 한다.

그간 여성의 정치세력화란 공적 공간, 특히 의회 정치로 진출하는 것이거나 생활세계의 주체가 되는 것 중의 하나를 선택하는 문제로 다뤄졌다. 이와 같은 접근은 여성이 온전한 정치주체 또는 시민의 범주에 포함되는 것을 불완전하게 한다. 여성의 시민화란 여성의 경험과 목소리가 사회적인 것이 된다는 것이다. 이는 단지 다양한 영역에 활발하게 참여하고 개인적으로 의미를 부여하는 것만으로 충분하지 않으며 사회적으로 이를 수용할 뿐만 아니라 정당한 것으로 받아들여져야 한다는 점에서 정치적인 과정이다. 이는 개인적 차원에서는 삶과 생활의 관점이라는 '집합적 차이'에서 문제를 바라보고 여성의 목소리가 들릴 수 있는 새로운 공간을 창출하고 개별 주체의 사적 생활을 재조직화하는 일련의 과정이다. 또한 사회적 차원에서 사회생활의 원리를 스스로 결정할 수 있는 자기 논리에 입각한 의사소통적 행위가 발전되어야 하며, 여성들의 경험이나 의식 또는 가치관이 정치적 공간을 채울 만큼 의미있고 가치 있는 것이라고 사회적으로 승인받는 과정이 동반되어야 한다. 더불어, 참여의 지속성을 보장할 수 있도록 개별 주체의 사회 · 경제적 조건이 변경되어야 한다는 점에서 자원재분배의 문제 또한 결부되어 있다.

2. 시티즌십 정치 '기획'

자아의 소통과정과 정치과정으로서 '공동체' 활동을 통해 사회 전면에 나서지 못했던 여성 행위자들이 자신의 경험들과 그 해석을 공적 문제와 교통함으로써 여성들은 자신의 행동에 사회적 의미를 부여하고, 타자와의 관계성 속에서 일상을 재해석하기 시작했다. 이는 자신의 목소리를 낼 수 있는 정치 공간 창출의 전제가 된다는 차원에서 시티즌십 정치 '기획'으로 이름붙일 만하다.

1) 자아의 소통과정

근대적인 시티즌십을 뚜렷하게 특징짓는 것은, 원리상으로 시민 지위가 보편적으로 주어졌다는 선언이 공식화되는 것이자 자율적이고 의식적인 주체로서 시민적 삶을 살아갈 권리를 보장받았다는 것이다 (Held, 1995 : 145~56).

문제는 권리 행사의 주체가 대단히 추상적인 '유적(類的) 존재'로서 각종 생활의 계기와 구체적 연관이 없는 인간으로 정의된다는 데에 있다. 이와 같은 주체의 성격은 시민 지위를 특권으로부터 보편적인 것으로 확장시켰다. 하지만 동시에 근대적으로 구성된 '정치'—즉 권리의 내용을 구성하는 시민 주체의 실천활동—에는 인간의 사적인 삶과는 구분되는 독립적인 영역이라는 의미가 포함된다는 점에서 사적인 공간에서 활동하는 여성이 개입할 여지를 차단했다. 더불어 시민의 사회적 삶이라는 것도 근대의 계약, 교환, 노동사회의 삶과 관련되어 그 자체로 노동사회 및 노동하는 주체를 표상한다. 특히, 여성의 시민화에 문제적인 사적 생활영역은 근대를 구성하는 영역이지만, 근대적 삶을 구성하는 개인의 속성이나 능력과는 일견 무관한 장소이다. 여성들이 주로 활동하는 가족과 일상적인 것들과 관련된 삶은 '정치적인 것'의 외부에 존재할 뿐만 아니라 시민적 삶을 지탱하는 '부수적'인 장소가 된다. 자연스럽게도 개념상 '부수적'인 존재인 주부들과 주부의 일상 역시 정치적인 것 외부에 존재하며, 그 자체로 충분한 사회적 의미를 갖고 있지 못하다.

시민적 삶과 관련해서 전업주부는 타인의 성취—남편 또는 아이들—를 경유해서만 자아의 존재감을 획득할 수 있거나 가정 내의 성별 분업에서 비롯된 경제적 의존자라는 조건의 제약 하에서 살아가는 대단히 주변적인 집단이다. 유적 존재로서 시민적 삶과 괴리된 사적인 생활영역을 준거로 자아의 존재감을 정의한다는 것은 공적 활동으로부터 소외를 가중시킨다. 생협 활동이 눈길을 끄는 이유는 사적 생활영역에서 벌어지는 사건들을 시민적 활동으로 재해석할 수 있는 가능성을 갖고 있다는 점이다. 생협 활동은 가족과 일상의 범위를 벗어나지 않으면서도 사회적 활동과 매개되면서 가족 내에서 주부의 입지를 변화시킬 수 있는 계기가 되었다. 전업주부에게 사회적인 위치에서 허용된 자유가 가족의 삶을 보호하는 것이라면, 가족의 건강을 살피기 위한 구매활동은 일상과 관련된 자연스러운 활동이며 손쉽게 접근할 수 있는 활동이지만 동시에 생산과 지역사회 그리고 지구환경이 연결되는 통로이기도 하다.

"남편은 제가 생협 활동을 하는 것을 좀 못마땅하게 생각하고 잘난 척 좀 하지 말고 집에나 있어라 하는 굉장히 보수적인 사람이거든요. 제가 생협 활동을 한 것은 가족 내에서 권리 찾기를 하면서부터였습니다. 그래서 과일 같은 것 줄 때도 맛이 없는 딸기가 와도 약으로 먹어라 하면서 주고 이 딸기는 남편이 아무리 많이 벌어다 준다고 해도 아무나 먹는 그런 딸기가 아니다. 순전히 당신이 마누라를 잘 만나서 먹을 수 있는 것이다. 이렇게 공치사를 해가면서 막 먹입니다." (D생협 15주년기념 자료집, 2004)

특히, 가족 영역에 속해 있으면서도 가족으로 제한된 관심으로부터 벗어날 수 있다는 점이 활동에 부여된 사회적 의미를 수용하면서 자아의 범위를 확장할 수 있다. "내가 사오는 오이 하나가 다국적 기업의 세계화 문제와 연관된다" 는 생각은 자아에 대해 "주부로서 지구 환경을 지키는 사람" 이라는 정체성을 부여한다. 그리고는 "사회를 위해서 일을 하고 싶어 했었다는 기억이 떠올랐고, 여기서부터 시작하자는 생각" 으로 생협 활동에 참여한다.

이런 과정은 일상생활의 시간 · 공간적 의미가 구체적인 장소로서 의미를 가지는 계기가 된다. 생협에 참여한 여성들은 구매하는 상품들에 '생활재' 라는 이름을 붙이고, 구매 행위를 생활공동체 활동으로 변형시키면서 구매와 소비에 사회적 의미를 부여하기 시작했다. 의미부여는 가정생활에서 자기 목소리를 갖게 함으로써 자기존중감(self-esteem)을 향상시킬 수 있다. 또한, 안전한 식탁문제뿐만 아니라 자아에 대한 문제, 주부로서 할 수 있는 활동들에 대해 광범위한 문제들을 소통하고 가족에게 안전한 것을 먹이자는 생각을 "땅을 살리고 지구를 살린다" 는 의식으로 전환시켰다.

생협 활동에 대한 참여는 단순한 물건 구매와 상품 지식의 증가에 그치는 것이 아니라, 전업주부가 자신인 것(what one is)을 긍정하게 하는 계기가 된다. 먹거리에 대해서만큼은 전문성에 입각한 주도권을 갖게 될 뿐만 아니라 구매 활동과 관련된 다양한 공동체 활동을 가족에게 제안하고 참여를 독려하는 위치에 서게 될 수도 있기 때문이다.

> "내면이 성장하고 자아실현하는 것은 굉장해요. 생협이 8년째인데 정말 집에만 있었던 주부였어요. 이웃과 왕래도 안하고 사귀지도 못하는 그런 주부였는데 제가 환경에 대해서나 지방자치에 대해서 얘기할 수 있었던 것은 제가 성장한 결과죠." (생협운동과 여성리더십 워크숍 조별토론, 2003)

> "처음에는 경제적으로 다소 부담스러운 생협 이용을 유난떨면서 해야 할까 하는 생각들이 없었던 것은 아니었지만, 교육을 받으면서 (지속가능한 지구환경 만들기는) 정말 내가 해야만 하는 일이고, 어느 사이엔가 잃어버렸던 자아를 찾는 것을 다시 시작해야 한다는 생각이 들었다." (생협운동과 여성리더십 워크숍 조별토론, 2003)

대안적인 사회운동으로 출현한 90년대 이후의 생협은 먹을거리를 공동으로 구입하는 단위로서 5~10명의 작은 공동체(반, 등대 또는 두레라고 부르기도 함)를 기본으로 활동해왔다. 이 공동체에서는 '안전한 먹을거리' 에 대한 학습과 토론이 이루어지기 때문에 환경, 지구적 위험, 지속가능한 개발 등등의 이슈들이 일상적으로 논의된다. 또한,

참여한 주부들뿐만 아니라 에코가족운동이나 기타 공동체 모임들을 통해서 가족들의 참여를 촉진할 수 있다. 이와 같은 활동 방식과 범위가 물건 구매에 그치지 않고 주말이 되면 자신과 그의 동료들이 주도하는 사업이나 생산지에 아이들과 남편을 동행하고 참가할 수 있다. 스스로 가족에게 제안하고 설득하고 참여를 끌어내면서 '나도 아줌마'임을 인정하고, 아줌마의 활동을 가치 있는 것으로 정의하게 된다.

물론 시민 정체성의 문제가 현재 자신인 것(what one is)을 있는 그대로 받아들이는 데서 한 걸음 더 나아가 자신이 누구인가(who one is)를 정의하고 그것에 의미를 부여하는 과정을 동반해야 한다. 특히 주부들이 집합적으로 시민적 역량을 키워간다는 것은 현재 자신의 것을 시민으로서의 삶을 살아가는 토대로 적극적인 인정을 하고 가치를 부여한다는 것을 의미한다. 이와 같은 주부로서 자신들에 대한 인정은 기존의 것과는 구별되는 시민적 삶의 양식을 만들어낼 수 있는 전제가 될 수 있다.

2) 공동체 활동과 정치 기획

근대사회는 경쟁을 기본적인 생활원리로 한다. 이는 시장활동뿐만 아니라 정치 영역에서도 권력이라는 정치적 재화를 두고 동일하게 일어난다. 이처럼 개개인을 원자화시키는 곳에서 구성원들 간의 유대와 공유를 상징하는 공동체라는 정치적 공간은 의미를 잃어갔다. 유대와 공유는 새로운 기획을 구성하는 최소한의 전제가 되기 때문에 사적 영역에 있던 주부들 간에 소통이 일어나고 그 과정에서 사사로운 일로 간주되던 생활 영역을 사회적인 실천으로 변형시킬 수 있다는 점에서 '생활공동체'에 주목할 만하다. 생협 활동에서 '생활공동체'는 생활재를 구매하는 공동체 단위이다. 명목상으로는 공동소비행위를 지칭하는 것이지만, 주부들 간에, 그리고 생산자와 지역의 여러 행위자들과 관계들이 형성되고 사회에 대한 규범을 새롭게 해석하는 과정이 존재한다는 점에서 소통적 행위가 일어나는 장으로 정의할 수 있다.

이웃 간에 의도적으로 형성된 공동체에서 제일 먼저 출현하는 것은 개별화된 가사와 육아 활동을 기분 좋은 유대감의 장으로 변화시켜 봤다는 점이다. 개별화된 가사와 육아는 주부들이 사회적인 것들로부터 격리되어 있다는 느낌을 갖게 하지만, 전일제 주부에게 집안에서의 경험이 그 자체로 자기정체성에 긍정적이 되기는 쉽지 않다. 하지만 자신의 일들이 사회적인 가치를 갖는 것으로 재정의되고 사회적 실천으로 재평가된다면 자아정체성이 시민적 삶과 교통할 수 있다.

> "자연스럽게 아이들도 친해지게 되지요. 그러니까, 잠깐씩 서로서로 봐주기도 하고. 아이를 맡길 때도 걱정되지 않아요. (그 엄마가 나와) 비슷하니까 잘 봐줄 거라는 기대감이 생기지요."(생협운동과 여성리더십 워크숍 조별토론, 2003)

> "공동구입을 해야 하는 이유도 단지 유통 상의 단가절감 때문만이 아니라 개인주의와 경쟁 위주의 인간관계를 지양하고 더불어 사는 공동체를 지향하기 때문이라는 점도 좋게 생각되었다. 그런데 막상 공동구입을 시작하고 보니 여간 성가신 일이 아니었다. 물건 오는 날은 꼼짝없이 집에 있어야 하고 사람들이 온다고 하니 청소도 해야 하고 차 대접도 해야 하는 등등. 그런데 시간이 흐를수록 공동체 안에 다른 이웃들과는 다른 친밀감이 생겨났다. 우선은 당번 맡은 사람에 대한 배려, 급한 일이

있는 사람에게는 다음날까지 물건을 맡아주거나 직접 갖다 주는 수고가 서로간에 아주 자연스럽게 생겨난 것이다." (D생협 15주년기념자료집, 2004)

공동체 내부에서의 정서적 유대형성과 친밀성의 증대 즉, 관계성의 확장과 심화는 개인적 차원에서의 자신감을 부여했을 뿐만 아니라 이웃과 더불어 할 수 있는 일들을 찾는 것으로 발전되었다. 공동소비를 위해 조직된 구매공동체의 활동범위는 구매행위에 그치지 않았다. 이들은 소비품목에 누가 어떻게 만들었고 왜 구매하는지에 대한 의미를 부여한 '생활재'라는 이름을 붙였다. 생활재의 생산과 소비는 물건의 교환을 넘어 생산자와 소비자의 관계맺기의 한 형태가 되었다. 하나의 농산물을 선택할 때 가격이나 브랜드가 아닌, 만나고 교류했던 생산자의 얼굴을 연상하면서 가격과 효용성보다는 직접적인 관계망에 가치를 부여하기도 한다. 이런 가치는 타자와 타 지역에 대한 배려를 확산시킨다.

"소비자는 생산자의 생활을 보장해주고 생산자는 소비자의 건강을 보장해주는 것이다. 생산이 제대로 평가받도록 하는 것인데 생산량을 미리 정하고 책임 소비해주는 것이다. 어떻게 해서라도 배추를 소비한다." (D생협 15주년기념자료집, 2004)

"생산자와 유대관계를 맺는 것이 우리에게 즐거움까지 준다. 생산자와 소비자가 얼굴을 익히고 도움을 주고받는 기회들이 쌓여서 서로에게 따스한 존재가 된다는 것은 생각만 해도 흐뭇하다. 애들도 생활재가

배달되면 '~아저씨네 딸기다' 하고 소리를 지르며 생활재를 받아든다." (생협운동과 여성리더십 워크숍 조별토론, 2003)

"소금의 다이옥신 파동이 나서 정말 고생을 많이 했다. 생협사람들은 일단 성분분석이 나오기 전까지 내 소금을 믿어줬다." (D생협 15주년 기념자료집, 2004)"

"아파트나 복지관을 섭외한 거리시식회에서는 서로를 연결해주는 역할을 하기도 했고, 아파트에서는 폐식용유를 모으고, 복지관은 폐식용유를 수거하고, 우리는 벌여놓은 장터에서 비누 시연회와 곁들인 시식회를 마련하였다." (D생협 15주년기념자료집, 2004)

이들에게 타자에 대한 배려는 매우 구체적인 사람과 그의 활동에 대한 믿음이고 신뢰라는 점에서 '유적 존재' 로서의 시민 주체의 자율성 및 연대와는 다른 질의 관계성을 창출한다. 즉, 순수한 도덕성이나 의식에서 나라는 시민을 규정하기보다는 항상 타자에 대해서 말하고 타자들에 의해서 인정받는 상호주관적 관계에 의존하여 나를 정의한다. 상호 인정은 모든 개인을 동일한 것으로 다루는 보편 규범에서 벗어나 개개인들의 구체적인 욕구와 감정, 관심 등에 대한 이해와 증인을 포함하는 것이다. 따라서 시민에 대한 기존의 규범적 판단 속에서 배제되었던 근접성과 상호이해가 곧 시민으로서의 자기정체성을 구성할 하나의 가능성을 갖게 된다. 더불어 공동체들은 생협의 틀을 통해서 다른 이웃과 지역사회와 교통하는 방법을 만들어냈다. 생협 내에서 만들어진 동아리들은 지역을 대상으로 생활의 불편함을 개선하려는 노력이거나 유쾌한 체험을 하기 위한 활동들을 만들어냈다.

"생협과 조합지역 내에서 필요한 동아리를 만들어 진행하고 있어요. 처음엔 슬라이드로 시작해서 지금은 영상 모임도 있어요. 영상 모임은 어린이 동화책을 슬라이드로 찍어 아이들에게 보여주고 어린이 집이나 유치원, 학교에서 상영도 합니다. 그런 팀이 하나 있고 박물관 모임도 그렇게 하고 있어요. 다양한 조합원이 많기 때문에 찾아보면 잘할 수 있는 일이 하나씩은 있거든요. 그런 분들이 지도를 맡고 동아리를 운영하면 조합원들이 참여해서 여러 행사를 이끌어갑니다. 동화를 읽는 어른 모임과 영상 모임이 연계해서 프로그램을 같이 하기도 하고 방학 때는 어린이들을 데리고 생산지에 가서 며칠씩 체험교육을 하기도 합니다. 우린 먹거리에 관계된 것만 한다고 단정 짓지 않고……." (생협운동과 여성리더십 워크숍 조별토론, 2003)

"우리 동네의 신호등이 굉장히 짧아서 위험하다거나 쓰레기가 너무 오랫동안 방치되어 있다든지 하는 문제에 대해서 스스로 민원을 내서 해결할 수 있었어요. 동네마다 의견함 같은 것을 만들거든요. '등대'가 있는 동네는 외부에 붙였어요. 하지만 외부에서는 활용을 잘 못하더라구요. 의견함을 모으면 민회를 열어 이런 것들을 어떻게 처리할 것인가 의논합니다." (생협운동과 여성리더십 워크숍 조별토론, 2001)

지역 공동체들은 소극적으로는 자신의 의지와 관계없이 발생했거나 개인이 해결하기 어려운 문제—자녀양육, 보호서비스, 환경, 안전—를 지역 이웃과 함께 해결하기 위한 것이며 적극적으로는 시민 스스로

가 새로운 공공재를 창출하고 이를 가꾸어가기 위한 소통적 노력을 유지시킨다. "음식물쓰레기를 어떻게 버려야 할지, 적은 비용으로 질 좋은 탁아가 가능한지, 수입농산물을 밥상에서 어떻게 몰아낼지, 다이옥신 배출하는 소각장 건설에 어떻게 대응할지, 수십 년 된 나무를 베어내고 골프연습장 들어서는 것에 대해 어떻게 대처할지" 등에 대한 담론들을 만들어가면서 지역사회에 영향력을 행사했다. 따라서 주부들에게 문제시되던 '경제적 성취'를 대신하는 대안적 성취감을 느끼게 한다. "이 정도면 괜찮은 일을 하고 있다"거나 "반듯한 직장생활이 아니어도, 같이 만나고 일하는 성취감이 크다"는 등 자신의 활동에 긍정적인 이미지를 부여하고, 자아에 대한 인정(recognition)을 촉발시키며, 자신이 서 있는 자리와 역할에 대해 적극적인 해석을 이끌어낸다. 이것은 개별적이고 부수적인 것들로 평가되어왔던 자신들의 경험을 공공의 문제를 해결할 수 있는 자원으로 활용하는 것이며 동시에 자아와 자신의 경험들을 긍정하는 과정이기도 하다.

공동체 활동을 지역으로 확산시키는 데에는 생활재 구매를 위한 상점을 개설한 것이 중요한 계기가 되었다. 매장을 개설하고 참여할 수 있는 구체적인 공간을 만든다는 것은 가정의 틀에서 자신의 활동에 의미를 부여하던 것과는 다른 형태의 사회적 의미를 부여한다. 우선, 주부들은 지역 매장 경영에 참여함으로써 더 적극적으로 무보수 노동에 의미를 부여한다. 지역 매장은 일상적인 생활재의 공급과 구입이 이루어지는 장소이지만 생협 활동에서 매장 경영은 자신과 가족을 대상으로 하던 활동을 지역을 대상으로 하는 사업으로 확장시킨다는 의미를 갖는다. 따라서, 매장 경영과 매장 활동에 대한 참여는 지역의 여성공동체를 만들어간다는 사명감과 책임의식을 부여한다.[1)]

"초기 매장사업은 예산도, 경험도, 인력도 부족했지만 모든 것을 조합원 스스로 결정하면서 함께 경영에 적극적으로 참여하고 많은 논의를 하면서 사업운영을 경험하는 기회가 되었다. 조합원에서 자원활동가 · 파트타임활동가 · 상근활동가로 성장하는 기회가 되었다." (생협운동과 여성리더십 워크숍 조별토론, 2003)

"우리 손으로 직접 사무집기를 장만하고, 사무실 공간도 마련하여 꾸민 일이 기억에 남는다. 여성들이 어찌나 씩씩하게 일도 잘하는지, 좋은 느낌을 갖게 되었다. 나는 날마다 새로운 공동체를 알리며, 동네를 돌아다녔다." (D생협 15주년기념자료집, 2004)

스스로가 이웃들과 함께 무엇인가를 해보고 싶은 자발성이 우러나오고 이를 자기 지역에서 실험해볼 수 있는 가능성이 실현될수록 공공의 장을 형성하고 확장시킬 가능성이 높아지고 있다고 말할 수 있다.

사회적 활동을 통해서 개개인이 '시민'으로서 정체성을 갖는다는 것은 첫째, 개인의 책임 하에 관리되도록 요구된 삶의 관심사들이 공동체의 관심사로 전환된다는 것과 둘째, 공동체 삶의 이슈들을 통해서 개인 자신에 대한 존재감이 존재로부터 비롯된 연대성을 감지할 수 있는 연결망 속에 위치지어진다는 것이다. 이와 같은 연결망은 자신에게 주어진 시간 구성을 변화시키면서 일상적 삶의 공간과 시간을 재구성하려는 시도들을 형성해낸다. 특히, 우리가 주목하는 것은 여성의 정치

1) 판매장은 공동체를 확장시키는 역할도 했지만, 동시에 그 자체로 다른 친환경상품 판매점들과 경쟁하게 된다는 점에서 때로는 경영과 효율성에 대한 문제들을 제시하기도 한다. 이런 점은 공동체 내에 이질적인 욕구들을 발생시키지만 이들이 소통되고 상호침투하면서 정치적 확증을 강화시키기도 한다.

기획은 도덕적 지식의 공유된 지평을 확장하는 데에 '자기 논리적(egological)'으로 대화를 통해 관여할 수 있는 가능성을 확장시켰다는 것이다. 그리고 이 기획 안에는 타자에 대한 관심과 배려로부터 출현하는 윤리적 주체형성과 자기 목소리를 통한 합리적 대화가능성이 동시에 출현한다. 이와 같은 소통의 힘은 생활 속에 존재하는 관행들에 문제를 제기하고 변화를 촉진하는 기회를 열었다. 평등에 대해 해방적인 시티즌십은 상이한 '타자'와의 사회적 마주침을 통해 지속적으로 전개된다. 타자와의 관계 속에서 포괄적인 사회성을 회복하는 것이다. 이처럼 생활세계에 대한 개입과 재해석을 시작한 주부들의 실천활동을 통해서 근대적 시민의 속성을 변화시킬 수 있다는 희망의 메시지를 읽어본다.

3. 정치적 권리의 재구성과 장애

여성의 사회적 실천은 현재 삶에 대한 새로운 시선을 만들고 다른 삶에 대한 꿈과 욕망을 창출한다는 점에서 정치적 권리에 대한 다시보기(rethinking)를 고안해내고 있다. 새로운 시선이 사회성을 획득하기까지 일상생활을 재조직화할 수 있는 자원 공급이 필수적이다.

1) 경계에서 정의된 '자치'

차이를 포괄하는 시티즌십이란 사회의 구체적인 위치에 있는 사람들—젠더, 국적, 종교, 민족성, 인종, 능력, 나이, 인생 주기 단계에 의해 그들 집단 구성원으로서의 정체성(group membership)과 범주가 정의되는 사람들—이 자신들의 시티즌십이 '차이'로서 구성될 수 있도록 조정하고, 그럼으로써 그들에게 이름을 부여하는 과정(entitlement)에 접근할 수 있는 가능성과, 독립적인 행위를 집행할 수 있는 자신들의 가능성을 스스로 결정하는 것을 승인하는 것이다.2) 따라서, 자신의 차이를 규명하고 이를 공동체가 수용할 수 있도록 실천하는 적극적 행동이 필수적이다. 차이를 규명하고 이를 사회가 수용하도록 하는 것은 생활세계의 문제를 공적 시각에서 조망하고 공적 문제를 생활세계의 관점에서 해결하는 전제가 된다.

생협 활동을 벌이던 주부들은 자신들이 구매하는 유기 농산물 생활재의 원활한 공급을 위해서 음식을 만들기 전에 나오는 계란 껍질이나 야채 다듬은 것 등의 쓰레기를 말려서 농산물 생산자들에게 퇴비로 제공했다. 이와 같은 활동은 생산자를 배려하고 유대감을 증진시키는 행위이자 소비를 풍요롭게 하는 행위로서 사회적으로 의미 있는 주부활동들을 만들어내기 위한 시도 중 하나였다.

하지만, 지역 내 쓰레기 소각장 설치 문제가 이슈가 되자 주부들의 경험은 전혀 다른 질의 사회적 실천을 일으켰다. 공공기관, 정책, 시민 개개인의 역할에 대해 토론하고 정리하는 과정은 자신들이 경험하고 이해하는 것과 다른 해결방식을 가진 사람들과 대안들에 직면하게 했고 자신들의 확증성을 규명하도록 하였다. 이는 생활과 공공성을 연결시키는 과정으로 여성들의 경험에서 공적 문제를 해결하려는 시도라고 평가할 수 있다.3) 소각되는 가연성 쓰레기의 50% 이상을 차지하는 음

2) 차이와 시티즌십의 문제에 대해서는 다양한 입장이 있다. 예를 들어, 여성에 대해서는 Young(1990), Collins(1990), Yuval-Davis(1991, 1997); 토착적 · 문화적 소수자에 대해서는 Kymlica(1995), Modood와 Werbner(1997) 등이 이야기하고 있다.

식물 쓰레기의 소각이 치명적인 다이옥신 등의 오염물질을 발생시킨다는 것을 알게 된 후 음식물 쓰레기를 태우지 않고 처리할 수 있는 방법들을 찾아내려는 노력이 소각장 건설 문제를 해결하는 방법으로 구체화될 수 있었다. 쓰레기 정책에 대한 토론회를 거치면서 주부들은 퇴비를 공급하기 위해 쓰레기를 말리던 경험을 확장시켜 '생쓰레기 퇴비화 정책'을 실현할 수 있도록 하였다.

생산과정과 환경에 대한 지식, 지속가능한 지구를 만들기 위한 활동 경험들이 공공 정책과 만나면서 지역 여성들은 '자치'의 정의와 범위에 대해서 갈등하였다. 일반적으로 정치 참여는 투표를 하거나 의원이 되는 것으로 대표되어왔고, 자치란 대의 민주주의제도에 대한 참여로 정의되어왔다. 하지만 쓰레기 문제, 소각장 문제, 의회 방청활동 등을 거치면서 기존의 자치에 대해 회의하게 되고 "스스로 해결하는 것", "소박한 생활의 목소리를 수용하는 것", "공정하게 처리하는 것", "합리적으로 따져보는 것"이라는 나름의 방식들을 제안하게 되었다.

3) 시티즌십에 문제를 제기하고 재구성하려는 여성주의자들은 아렌트(H.Arendt)의 '사회적 영역(the social)' 출현을 근대적 특징으로 보는 사고로부터 많은 영향을 받았다. 아렌트는 근대적 질서로서의 국가와 시민사회의 분리가 정치적 평등 및 공공성과 양립가능하지 않다는 입장을 가진다. "공개적으로 나타나는 모든 것이 만인이 보고 들을 수 있으며, 또 가장 최대한으로 광범위한 공개성(the publicity)"을 가진다. 이것은 곧 공적 영역이 출현 공간(the space of appearance)이 된다는 것이자, 공적 영역은 발화(speech)와 행동으로 구성된다는 생각의 출발이다. 그녀는 발화를 행위의 가장 고유한 특징으로 삼는데, 개인은 자신을 드러내고 타인의 인정과 동의를 받음으로써 자신의 정체감을 얻게 되고, 동시에 세계의 현실감을 얻는다. 공공 영역을 구성하는 행위는 다원성이라는 인간의 조건에 조응해야 하는데, 다원성은 평등과 차이라는 이중 성격을 갖는다. 즉, 인간이 평등하지 않으면 상호작용이 불가능하고 차이가 없으면 상호작용은 무의미한 것이기 때문이다(공적영역과 주체 및 발화의 상관성에 대해서는 Arendt(1958) 참조, 아렌트의 공공영역과 권력 및 법률 간의 상호연관성에 대한 문제제기의 여성주의적 유효성에 대한 논쟁 및 의사소통 행위와 정의(justice)의 문제에 관해서는 Lister(1997)를 참조).

"생협의 물품을 창조해내는 주인의식은 오랜 정치적 냉소와 불신을 벗어버리는 데에도 기여하였다. 의정 방청활동을 통해 바람직한 의원상을 꿈꾸게 되었고 우리가 나서보자라는 데까지 이르게 되어 지역 회원들이 똘똘 힘을 뭉쳐 대표로 나간 회원을 당선시킨 것이다. 이 과정에서 동네 반장이나 동장은 사리사욕이 없는 사람이 되어야 한다는 깨달음을 얻어 동네일을 맡는 데 더 이상 수동적이지 않게 되었다." (생협운동과 여성리더십 워크숍 조별토론, 2003)

"사실 선거를 치르고 나니 배운 게 많아요. 소시민들이 자기네들의 소박한 삶의 목소리를 낼 수 있고 정말 주민들의 삶을 대표해서 주민의 의견을 가지고 나가서 해결하려는 것이 주민자치구나 하는 것을 깨달았거든요." (생협운동과 여성리더십 워크숍 조별토론, 2003)

이와 같은 문제 정의는 지역 운영과 관련된 실천활동으로 정치 참여의 폭을 넓히고 정치 내용에 생활과 관련된 문제들을 개입하게 하였다. 아이교육, 급식, 자치센터 프로그램에 대한 구체적인 욕구와 관심 등은 공동체 활동과 변화를 경험한 주부들이 처해 있는 환경과 맥락으로부터 출현한 것이다. 의회에서 다루는 쓰레기 수거나 주차 공간의 문제 또는 마을버스 노선 문제들은 지역에서 24시간 거주하는 여성들과 불가분의 문제들이다. 뿐만 아니라 개발과 건축 문제들은 아이들을 안전하게 키우는 문제와 직접적인 연관이 있다.

"작년 같은 경우에는 구 예산안을 저희하고 다른 시민단체가 보기로 했어요. 조잡한 수준이긴 하지만 제안서를 내고, 젊은 구의원들이 구의회에 제안을 해서 예산을 삭감하게 했어요. 그리고 주민자치센터와 관련된 예산을 늘리구요." (생협운동과 여성리더십 워크숍 조별토론, 2003)

"주민자치센터에 7명의 회원이 주민자치위원으로 결합했다. 일반 회원뿐 아니라 활동가들도 결합해 주민자치센터의 활성화와 주민이 자치적으로 지역의 일을 고민하고 해결하는 바람직한 모델을 만들기 위한 활동을 벌여왔다. 관 주도로 매사를 처리하던 관변단체회원 중심으로 구성된 주민자치위원들과 호흡을 맞추면서 일을 하는 것은 어려움도 많았다. 그러나 그동안 쌓아왔던 교육, 문화활동의 역량을 지역에 확산하려 노력하고 있다." (생협운동과 여성리더십 워크숍 조별토론, 2003)

"아이를 안전하게 키우기 위해서라도 지역이 바뀌어야겠더라고요. 계속 개발하자는 공약만 나오는데, 사실 지역이라는 것이 생활공동체이지요. 이 지역에 땅값을 올리는 것보다 더 중요한 것이 아이들의 안전한 놀이공간이고, 경쟁보다는 협력을 가르치는 보육시설 그런게 더 중요하지요. 개발 중심으로 생각하면 안전보다는 가격이 되잖아요." (생협운동과 여성리더십 워크숍 조별토론, 2003)

의회, 공공기관의 예산과 운영에 대한 개입으로 인해 그간 관행적으로 반복되던 지역의 일들을 여성들에게 익숙한 방식, 여성들이 요구하는 부분들로 변화시킬 수 있었다. 주민자치센터 위원으로 들어간 여성들은 가요경연대회 일색인 마을행사에 남녀노소 다양한 사람의 참여를 가능하게 하는 대동놀이를 결합시키거나, 지역 음악인들을 모아서 한여름밤의 음악회를 기획, 추진하거나, 영화상영에서도 여성영화나 어린이 영화를 볼 수 있도록 하고, 주부들의 어려움을 덜어줄 수 있는 자녀 독서지도나 동화구연 등의 사업들을 지역사업으로 추진하였다. 사업방향의 수정은 자신들의 관심과 입장에서 '주민자치위원, 학교운영위원, 지방의회 의원, 행정 관료'와 말하고 자신들의 견해와 시각을 사회적으로 승인받는 경험이 되었다.

뿐만 아니라 공적 영역과의 소통과정은 지역사회에 존재하는 다른 관점과 다른 윤리를 경험하고 판단할 수 있는 기회를 만들게 했다. 단순하게 '다른' 시각이 아니라, 자신들의 의도나 실천과 배치되는 시각에 직면함으로써 '공동체'가 공유하는 단일하고 고정된 도덕적 기반이나 단일한 가치가 존재하지 않는다는 점과 자신들의 가치와 경험이 지역사회에 다른 결과를 줄 수 있다는 믿음이 생성되었다. 통제와 표준화를 지향하는 경향과 회의주의, 동의하지 않음과 차이에 대한 관용을 지향하는 경향들 간의 갈등을 경험하면서 '집합적 차이'를 정의하고 어디서 · 어떻게 차이를 합법적으로 재현할(대표할) 수 있을지를 모색할 수 있는 것이다.

여기에서 '차이'라는 것을 집단들 간의 상호작용이며, 집단 간의 관계의 함수로 이해하면, 다르다고 여겨지는 집단을 배제하지 않을 수 있다는 것이다. 그러므로 모든 집단을 인정한다는 것, 그리고 각각 집단들의 문화와 속성은 나름대로 가치가 있는 것이라고 인정하는 것은 기득권 집단 또는 지배 집단의 기준에 맞추어서 사회가 운영되지 않을 가능성을 만들어가는 일이다. 왜냐하면, 기득권 집단이나 지배 집단의 기준과 규범이 보편성을 획득하게 되는 것은 인정받고자 하는 여러 집단이 자신들의 고유한 속성을 드러내지 못하게 하는 결과를 낳기 때문이다.

따라서, 여성들의 견해가 차이로서 받아들여지고 독특한 하나의 규범이나 기준으로 인정된다는 것은, 어떤 집단이라고 하더라도 사회적으로 인정된 제도에서 풍부한 기술을 만족스럽게 배우고 사용하는 것, 제도 형성과 운영에 참여하는 것, 다른 사람들과 즐기고 의사소통하는 것, 집단 특유의 경험과 느낌, 사회생활에 대한 견해를 다른 사람에게 표현하는 것을 공동체가 사회정의(justice)로 수용하게 된다는 것을 의미한다.

여성들은 자신들의 경험을 통해 '자치'에 접근하면서 학교운영위원회나 주민자치센터 등과 같은 제도화된 기구들에서 관습적으로 통제되어온 삶의 문제들과 관료적 절차에 대해서도 "대안을 가진다"라는 이슈로 개입하고 변형을 시도하였다. 이 과정에서 다른 경험을 가진 타자들에게 무조건적인 배려와 친밀성을 표현하는 것은 아니다. 경험의 차이와 시각의 차이에 따라 경계짓기와 협상이 이루어진다.

> "어느 정도 관계를 가지고 참여할 수 있는 것과 아닌 것을 정확하게 구분해야 할 것 같아요. 학교운영위원이 되어서 골프나 치고 돈이나 내놓는 아저씨들과 함께 한 테이블에 앉는다. 이런 것이 과연 참여인지 아니면 시간 낭비인지를 정교하게 계산해야겠더라고요. 예전에 저희가 그랬어요. 무조건 우리는 참여하고 있다고 생각했는데 자꾸 몇 번씩 부딪쳐보면서 수정하게 되더라고요."(생협운동과 여성리더십 워크숍 조별 토론, 2003)

이와 같은 경계짓기는 가족의 문제로 정의되어온 것에서부터 제도적인 절차와 관행들에 이르기까지 자치 또는 민주주의와 관련된 문제들을 규범적인 쟁점으로 만들었다. 비판적인 의사소통을 시도하는 과정을 통해서 정치적인 것이 아니라고 치부되어온 생활의 이해들, 여성들의 경험과 느낌들을 해결하는 것을 공공성의 기준이자 자치의 기준으로 제시했다.

지역사회와 의회가 "어린이를 돌보고 교육하는 일을 정치적 생활의 일부(Pateman, 1985 : 13)"로 또는 공동체의 사건으로 변형시키려는 시도는 배려와 약자에 대한 사회적 책임을 공적 윤리로 추구하는 공동체를 구성하려는 도전이다. 이들은 자치의 일환으로 동네일을 맡고, 아이들의 놀이공간을 만들고, 선거과정에 참여하면서 지역문제를 해결하고자 한다. 이와 같은 '자치'에 대한 의미부여와 사회적 활동은 세상에 대한 의미와 정의를 공유함으로써 사회적인 부정의와 문제들의 틀을 만들어낼 수 있고 이와 같은 공유가 집합적인 행동을 이끌어낼 수 있다. 능동적으로 행동하는 자아들은 자신의 삶을 변화시키고 새롭게 구성하고자 한다는 점에서 희생자로서의 여성, 희생에 대한 보상으로서 정치 대상이 되는 것에서부터 분리될 수 있다. 또한, 이들은 차이를 없애거나 타자와의 연계를 거부하는 고립된 이성 주체가 아니라, 서로의 정체성 간 갈등을 인정한다. 그럼으로써 '어떠한 사람도, 어떠한 행동도, 삶의 어떤 측면도 프라이버시로 떠밀려서는 안 되고, 어떠한 사회제도나 관행도 공적 토론과 표현에 적당한 주제로부터 선험적으로 배제되서는 안 된다(Young, 1990 : 120)'는 것을 인정함으로써 '관계적 자아'로서 시민 역할을 수용할 수 있다.

2) 변형능력의 장애들

생협에 참가하는 여성들은 생협이 먹거리 직거래 외에도 환경보호나 생명운동, 유해식품 추방운동, 물가안정, 세금, 육아, 교육, 여성문제, 지역의 행정, 문화, 복지 등 다양한 문제에 개입해야 한다고 생각했고 또 개입해왔다. 하지만, 이 일상의 정치는 개인적인 것을 정치화시켰지만, 가족이라는 사적 영역을 변화시키지는 못했다.

하지만, 여성의 경험이 생산되는 중요한 영역인 재생산 영역이 시민적 영역에서 추방되어 개별적인 일로 인식되었다는 점에서 자율적인 시민활동을 하고자 하는 여성들에게는 전장(arena)이 될 수밖에 없다.[4] 가족들이 반대하지도 않고 사회적으로도 좋은 일로 인정받을 수 있는 '봉사활동'으로 자신의 활동을 제한할 때만이 가족들도 지지해준다는 점이다. "지역을 위해서 뭔가 하고 있다고 말할 수 있었지만" 가족의 불편에는 속수무책이다.

"제가 한 건 8년 정도 되는데, 저는 이렇게 열심히 했고 가끔은 남편과 싸워가면서 활동을 했는데 남은 게 무엇인지 생각하면 나는 사회적 경력을 얻은 것도 아니고 그렇다고 해서 내가 무슨 아이를 잘 키운 것도 아니고 남편한테 봉사를 잘한 것도 아니고 이런 생각이 자꾸 든다는 거죠."(생협운동과 여성리더십 워크숍 조별토론, 2003)

"그런데 나는 생협 때문에 생기는 갈등이나 고민조차도 내가 생협

4) 시민사회 내에서 정치적인 것과 무관하며 동시에 무의미한 가족 내에서 이루어지는 재생산 활동은 생산적 노동과 대비되어 특별한 숙련을 요하지 않는 일로서 시민사회 문명수준과는 동떨어진 일로 인식되어왔다. 노동 사회는 무엇이 인간적인 것이고 인간이 무엇을 목표로 해야 하는가라는 공적 논의를 노동이라는 활동과 풍요로움으로 대체해왔고, 공적 영역에 경제적 논리를 확산시켰다(Arendt, 1958 : 80-1 ; 126~134). 노동자-시민이라는 독립적인 주체들은 자아에 대한 배타적 관심과 주관적 필요에 따라 생명을 유지하기 위한 생산노동 활동을 통해서만 서로 결합된다. 더불어 행정은 시민을 소비자화시킴으로써 개별화했고, 노동하는 시민은 자신과 구분되는 존재들에 대해 권리 영역에서만큼은 배제시켰다.

이 아니면 뭘 고민이 있겠나 싶어요. 반면에 남편한테 핍박을 받고 있는 거예요. 아이들은 엄마에 대해서 많이 인정해주고 되게 자랑스러워하는 면이 있어요. 그런데 남자들이 좀 이중적인 면이 있잖아요. 자기 친구들한테는 '우리 마누라가 생협 이사야' 이렇게 자랑을 하면서 실제로 가정 안에서는 자기가 불편한 게 있으니까." (생협운동과 여성리더십 워크숍 조별토론, 2003)

특히 우리 사회에서는 재생산 영역 자체를 문제삼기보다는 재생산 기능을 사회화시키는 전략을 취해왔기 때문에 가족 외부에서 사회적인 일을 하기까지는 여러 장애들을 넘어서야만 한다. 그런 점에서 공동체의 주변부에 위치한 가족생활에 대한 변화가 향후 여성의 시티즌십 획득을 위해 가장 중요한 '정치적' 과제이다. 현실적으로 여성들 참여의 지속성을 보장하는 데는 가족생활과 관련된 여성의 부담을 지원할 수 있는 사회 · 경제적 자원이 필요했다.

먼저, 사회적 활동을 위한 시간이 문제이다. 여성의 가족에 대한 책임 중에서도 육아문제는 시간을 조절할 수 없다는 점에서 자유로운 시간 활용을 어렵게 한다.

"의정지기단 엄마들이 방청활동을 못하고 있거든요. 방청하는 것을 어려워하기도 하지만 애들 때문에 나올 수가 없어서……." (생협운동과 여성리더십 워크숍 조별토론, 2003)

"내가 먹거리 문제를 말하지만, 정작 아이가 시켜먹어야 하는 짜장면, 피자 뭐…… 이런 거 먹고. 남편보다도 아이들 성적이 갑자기 떨어졌다든가, 갑자기 산만한 모습을 보이면, 그게 남편의 책임이 아니라 다 내 책임인 것 같은 생각이 들더라구요. 그런 게 힘든 거고." (생협운동과 여성리더십 워크숍 조별토론, 2003)

생협 활동에서 이웃 간에 조직된 공동구매 공동체는 가정이라는 공간을 단위로 구성되고 활동하기 때문에 육아나 가족에 대한 책임이 오히려 유대감을 증진시키는 역할을 했다. 하지만, 주부들이 가정 이외에서 이루어지는 활동에 참여할 때, 아이와 주부의 공간적 분리는 단순한 시간 부재의 문제이기보다는 가족에 대해 책임을 다하지 못한다는 죄책감을 불러일으키게 된다. 적어도 현재 상황에서 가족에 대한 보살핌 책임이 있는 주부들이 완전한 공동체 구성원으로서 정치적 주체가 된다는 것은 가족이 의미 있는 공적 공간으로 재정의되거나 가족에 대한 책임을 누군가에게 떠맡기지 않고는 불가능해 보인다.

둘째는 경제적 독립성 역시 문제이다. 공적 활동을 한다는 자부심과 경제적 필요성 또는 경제적 성취는 갈등 상황을 연출하거나 때로는 선택의 문제가 된다.

"자원활동을 하다 지치게 되는 이유가 자원활동에 대한 공적인 의미는 인정한다고 하더라도 결정적으로 경제적으로 환산시키지 못하는 것. 경제적으로 여유가 있는 사람들과 그렇지 못한 사람들 간에 경계가 뚜렷해지게 된다. 돈이 활동을 지속시킬 수 있다는 느낌이 일종의 괴리감을 주게 된다. 자원활동은 돈이 있어야 할 수 있다는 것. 집에서도 일이 바빠지면 돈도 못 벌면서 어디를 다니냐는 반응이 있다. 가족들의 반대가 굉장히 많다." (생협운동과 여성리더십 워크숍 조별토론, 2003)

"저는 생협에서 활동비로 한 달에 30만 원씩 받고 있거든요. 그것 갖고 남편한테 큰소리 칠 입장은 못 되고 그래도 남편이 경제적으로 뒷받침해주니까 이렇게 활동도 할 수 있는 거잖아요."(생협운동과 여성리더십 워크숍 조별토론, 2003)

"다양한 활동—환경부터 여성, 미디어, 상담, 지역까지—을 하면서 몇 년 동안 스터디하고 상담하고 교육하고 그러면 거의 전문가가 되는 거예요. 그리고 외부 강사로도 대접을 받고 활동하고 그러니까 자타가 공인을 하는 거죠. 집안에서도 남편한테 인정을 받고."(생협운동과 여성리더십 워크숍 조별토론, 2003)

이와 같은 문제들을 해결하기 위해서 생협은 공동육아나 어린이들과 함께 하는 지역활동들을 만들어갔지만 육아에 대한 여성의 책임을 완화시키고 사회적 활동을 위한 시간을 만들어낼 수 있는 것은 아니었다. 또한, 여성들의 경제적 욕구를 충족시키기 위한 워커즈 콜렉티브(workers' collective)에 대한 관심을 보이기도 했다. 하지만, 워커즈 콜렉티브는 빈번이 실패했다. 노인복지센터 운영, 독거노인들에게 식사배달, 재생비누 만들기, 공동보육 사업 등의 지역사회 복지 또는 환경과 관련된 사업은 완전한 자립을 보장하는 수준은 아니다.

오히려 문제 해결을 위해서는 불평등이나 상품화 논리가 갖는 체계 자체의 문제에 대한 근원적 성찰이 요청되며, 생활공간에서 지속적으로 제기되는 이슈를 제도 정치와 결합함으로써 사회적 자원 배분을 변경해야 할 필요가 있다. 생활 이슈에 대한 사회적 책임의 문제로 사회가 중요하다고 생각하고 가치정향을 변경하는 문제이기 때문에 공동체가 만들어낸 생활정치의 의제를 의회가 수용할 수 있게 해야 할 뿐만 아니라 사회적 자원의 배분 규칙 또한 변화시킬 수 있어야 한다. 규범과 관행을 제도화한 사회적 규칙을 만들고, 규칙을 만드는 과정에서 담론적 권력을 산출하는 과정은 어떤 행위가 타당한 것인지, 타당한 행위가 여타 다른 사회적 규칙들에 필적한 것인지를 사회적으로 설득하는 힘이다. 따라서, 사회적 행위자와 제도 간의 상호작용은 타당한 행위와 규범적 제도를 구성하는 두 차원, 사회적으로 그럼직한 행위를 정당화시키는 가치에 기반한 인정(recognition)과 그럼직한 행위에 대한 사회적 자원의 배분(distribu-tion)을 둘러싼 갈등과 변동의 과정이다.

우리가 정치과정에서 사회적 정당성을 확보하는 과정을 정치참여로 정의한다면, 기존의 정치 외부에서만 행사되는 설득과 담론적 권력은 일상생활을 다르게 만드는 능력을 약화시키게 된다. 즉, 공적 가치라고 일컬어지던 정의, 평등, 자유를 사적 영역에 적용시키는 힘과, 사적 영역의 실천들을 지배해온 배려, 정서적 유대 등을 공공생활로 확장시키는 힘 간의 조율을 꾀하기 어려운 상황을 낳게 한다. 결과적으로 주류 정치(Politics)와 직접적으로 연결되지 않는 생활 영역(politics)으로 제한된 '자치' 활동은 공적인 장에 다른 목소리를 만들어내기는 했으나 자신의 일상 생활을 제약하는 사회적 조건들을 변화시키는 데까지 이르지는 못했다. 그런 점에서 '공식적' 정치와 '비공식적' 정치의 경계에 도전할 뿐만 아니라 대항 세력화를 만들어낼 공간을 확보할 집단의 역량(competency)을 증진시켜야 할 과제는 아직도 남아 있다.

이런 조건이 충족되어야만이 여성의 집단적 임파워먼트가 가족, 공동체에 영향을 미칠 수 있다. 즉, 사회생활의 원리가 여성의 힘으로 결정(self-determination)되고 결정과정에서 여성들의 요구와 경험들이 사회적으로 가치 있는 것으로 인정될 때, 여성들은 적극적 시민일 뿐만 아니라 온전한 생활세계의 주체로서 자리매김할 수 있다.

4. 여성 정치세력화의 과제

여성들이 안고 있던 문제는 대개 '정치'의 관심영역에서 벗어나 있는 것들이었다. 대의제 정치 체제는 물론이고 그에 대항한 대안적 정치 공간들-노동자 정치, 시민 정치-에서도 대개의 정치적 관심과 참여의 문제는 일터로 표상되는 공적 영역에 집중되어 있었다. 생협 활동은 주부들에게 삶과 생활의 관점을 통해서 공적인 문제들을 바라보고, 다양한 관계망을 형성할 자원과 사회적 활동의 틀을 제공했다.

지역을 기반으로 한 사회적 활동들은 자존감을 고양시키고 시티즌십의 근본적인 속성인 정치의식과 개인적 힘에 대한 자각을 발전시켰다. 또한, 여성이 목소리를 낼 수 있는 새로운 공간을 열었다. 하지만, 우리에게 문제가 된 것은 참여에 의해서 주부들이 "특정 공동체(가족)의 성원으로서가 아니라 개인으로 인정" 받았느냐 하는 것이다. 즉, 가족적 관계 내의 한 위치로 스스로를 정의하지 않고, 고유한 자기 세계를 지니는 주체로 스스로를 정의하고 자율적 선택능력을 갖는 것으로 사회적으로 인정받고 존중받았나 하는 것이다.

가치관과 태도의 변화가 공적 정치를 경험하게 하였고 사적 영역을 정치화시킨 것은 사실이다. 학교급식을 위한 안전한 먹거리, 쓰레기 줄이기, 자원재활용, 화학약품사용 감소, 환경보호, 사회복지, 남녀평등한 지역개발에 대한 시민참여 등 남성 정치조직들의 관심이 적었던 일상생활 문제가 대안적 정치의 문제로 의제화되었다. 뿐만 아니라 회원들 간의 공동체 활동은 주관적인 의사소통을 활성화시켰고 공적 영역에서 기존 세력과는 다른 자신들의 가치관과 경험을 확인하게 했다. 더불어 지역 내에서 주부와 아이들이 참여할 수 있는 새로운 사업들을 기획했다. 그러면서, 경험, 주장 등의 차이가 있는 주변인들과 자신의 경험으로 의사소통할 수 있었고 존재하나 보이지 않는 것으로 치부되었던 자아를 스스로 표현하는 행동을 통해 차별을 유지하던 사회의 지배적 질서에 도전했다.

하지만 풀뿌리 수준 또는 생활 현장에서 여성들의 시민적 정체성 찾기와 조직화가 얼마나 성공적이었는가와 무관하게 정책 결정이 만들어지고 실행되는 과정의 외부에 여성들이 있는 한 영향력은 제한된다. 그런 점에서 시티즌십 정치는 아래로부터의 조직화와 조직화된 시민 공동체가 제도정치와 소통하는 것 두 차원을 포함해야 한다. 여성의 개입행위가 시도되고 영향력이 행사된 사회정책들이 국가/가족, 공적/사적 경계선을 재구조화할 수 있기 때문이다.

문제는, 여성 주체의 자각과 정치활동 공간 창출이 정치 재구성의 필요충분조건은 아니라는 점이다. 우선 여성의 생활환경을 변화시킬 수 있는 자원이 보충되어야 한다. 그리고 가족의 영역을 벗어나서 이루어지는 자원 활동들이 시민공동체를 유지시키는 의미 있는 일이라는 점을 사회적으로 지지할 수 있어야 한다. 그렇지 않다면, 주부의 역할로부터 시작된 모든 사회 활동에 투여된 시간과 노력은 개인적인 희생이거나 집합적인 소외로 귀결될 수밖에 없다. 그런 점에서 여전히 여성 시티즌십의 정치는 진행중이다.

| 참고 자료 |

김성희 (1999), 「방청 후기 : 3년 동안 변한 것들…… 그러나 변하지 않은 것들」, 『함께하는 지역살림』, 고양여성민우회.

김은경 (1998), 「평범한 주부에서 깐깐한 지방의원이 되기까지」, 『지방의회 여성의원의 삶과 도전』, 한울출판사.

녹색삶을 위한 여성들의 모임 (2005), 「풀뿌리 여성지도자의 성장과 특성」, 창립 10주년 기념 심포지엄.

박영숙 (2005), 「민우회 생협의 역사」, 한국여성민우회 15주년 기념 자료집.

서혜란 (1993), 「생활협동조합의 발전방향과 과제」, 『생활과 협동』 제27호, 생협중앙회 생활협동조합전국연합회, 2005, 생협대학 자료집.

여성환경연대 (2001), 〈제1차 여성환경포럼 생협여성활동가를 위한 워크숍〉 자료집.

지은희 · 정외영 · 유옥순 · 신경혜 (1994), 『지역여성조직을 어떻게 만들었는가—3개 지역 3년의 역사』, 한국여성사회교육원.

http : //www.womenlink.or.kr

http : //www.minwoocoop.or.kr

http : //www.pcycoop.or.kr

| 참고 문헌 |

노영란 (2002), 「시민성과 시민윤리」, 대한철학회 『철학연구』 제83권.

문순홍 (1998), 「생명운동의 논의구조와 전략」, 생명사상 심포지엄 자료집.

여성환경연대 (2002), 『여성이 새로짜는 세상』, 박영률출판사.

유문항 (2004), 「전업주부들의 지역사회 참여에 관한 사례연구」, 『도시연구』 제9호.

윤세홍 (2004), 「지방의제 21이 바라는 지속가능한 마을만들기」, 『도시와 빈곤』

69호.

윤정숙 (2003), 「여성의 눈으로 본 생협」, 여성환경연대, 〈생협운동과 여성리더십 워크숍〉 자료집.

이영자 (1998), 「지방화 : 여성주체의 미래 사회를 위하여」, 『지방화와 여성』, 미래인력연구센터.

정경숙 (2004), 「대구지역 전업주부들의 여성환경운동 참여에 관한 연구」, 『환경과학논집』 제9권 제1호, 73~89.

Barbalet, J. M. (1988), *Citizenship*, Milton Keynes, Open University Press.

Diets, M. (1987), "Context is all : feminism and theories of citizenship", *Daedulus*, 116(4).

Fraser, N. (1995), " From redistribution to recognition? Dilemmas of justice in a 'post-socialist' age", *New Left Review*, (212), 68~93.

Jodi Dean (1992), " Including Women : The consequences and side effects of feminist critiques of civil society", *Philosophy and Social Criticism*, 18, 3/4.

Lister, L. (1997), *citizenship : Feminist Perspectives*, London : Macmillan.

Lister, L. 1998. Vocaburary of citizenship and gender : The UK. *Critical Social Policy*, vol. 18, no. 3. 309~31.

Mansbridge, J. (1998), "Feminism and Democracy", in A.Phillips, *Feminism & Politics*, Oxford : Oxford University Press.

Marshall, T. H. (1964), Class, Citizenship and Social Development, New York : Doubleday, reprinted in T.H. Marshall and T. Bottomore, eds., (1992), *Citizenship and Social Class*, London : Pluto Perpective.

Mouffe, C. (1992), "Feminism, citizenship and radical democratic politics", in J. Butler and J.W. Scott(eds.), *Feminists Theorize the Political*, New York & London : Loutledge.

Mouffe, C. (1992), " Feminism, Citizenship, and Radical Democratic

Politics." in *Feminist Theorize the Political*, edited by Butler, J. and Scott, J.W., New York and London.

Nelson, B. J. (1984), "Woman' s poverty and women' s citizenship : some political consequence of economic marginality", *Signs*, 10(2).

O' Connor, J. (1993), 'Gender and the social rights of citizenship', the comparative analysis of gender relations and the welfare state', *American Sociological Review*, Vol. 44, no. 3.

Pateman, C. (1992), 'Equality, difference, subordination : the politics of motherhood and women's citizenship' in G. Book and S. James (eds.), *Beyond Equality and Difference*, London : Routledge.

Phillips, A. (1993), *Democracy & Difference*, Cambridge : Polity Press.

Taylor, David (1990), " Citizenship and Social Power" in *Citizenship: Critical Concepts* (1994), edited by Bryan S. Turner and Peter Hamilton, London and New York.

Voet, Rian (1998), *Feminism and Citizenship*, SAGE Publicaton : London Thousand Oaks New Delhi.

Walby, S. (1994), 'Is citizenship Gendered', *Sociology*, Vol.28, no. 2.

Young, I. M. (1989), 'Polity and group difference : A critique of the ideal of universal citizenship', *Ethics*, no 99, 230~74.

Young, I. M. (1990), *Justice and the Politics of Difference*, Oxford : Princeton University Press.

Yuval-Davis, N. (1991), 'The citizenship debate : women, ethnic processes and the state', *Feminist Review*, no 39.

Yuval-Davis, N. (1992), 'women and citizenship' in A. Ward, J. Gregory and N. Yuval-Davis (eds.), *Women and citizenship in Europe*, Stoke : Trentham Books and European Forum of Socialist Feminists.

Zimmerman M. A, & Rappaoir, J. (1988), "citizen participation, perceived control and psychological empowerment", *American Journal of community pshchology*, 27(6) : 733~751.

Zimmerman M. A. (2000), Empowerment Theory, In Rappaoirt & E. Seidman(eds.), *Handbook of community pshchology*, New York : Plenum Press.

시민공동체 '성미산 마을' 프로젝트

이은희*

그냥 말 그대로 신작로였다.

공동체라고 해서 무슨 번듯한 캠퍼스가 있는 것도 아니었다.

슈퍼마켓과 문구사, 음식점, 교회, 연립주택……

여느 이면도로처럼 좁은 도로변으로 고만고만한 가게와 주택이 늘어선 풍경 속,

눈에 잘 띄지 않는 작은 규모의

마포두레생활협동조합 매장이 보였다.

공동체…… 도대체 사람들은 왜 이곳을 공동체라고 부를까?

적잖이 고민하면서 길을 두리번거리고 있었다.

그리고 그때, 나는 눈앞의 광경에서 그 이유를 알아차렸다.

* 한국여성재단 기획홍보팀장.

낮 12시 30분.

노란색 상하의 체육복을 입은 한 무리의 초등학생들이 인도로 쏟아졌다.

삼삼오오 재잘거리며 뜨거운 햇볕 아래를 걷는 아이들이

가게 앞에 나와 계신 어른들께 연신 우렁찬 목소리로 인사를 드린다.

"안녕하세요." "안녕하세요." "안녕하세요."

어른들도 인사마다 화답한다.

"아무개야, 아픈 건 좀 나았니?"

"엄마더러 오늘 저녁에 모임 있으니 아무개 집으로 오라고 전해라."

"아빠, 오늘 어디 갔다며? 언제 오시냐?"

서울 도심 한복판에서

막힘 없이 열려 있는 동네, 사람 사는 마을이

다시 살아 꿈틀거리고 있었다.

1. 성찰적 시민운동과 공동체운동

한국의 시민운동은 1987년에 시작하여 사회변혁과 진보를 꿈꾸는 NGO들을 중심으로 매우 빠르게 성장해왔다. 보수적이고 중앙집권적인 국가 권력을 비판하고 시장의 패권을 견제하는 데 성과를 거두면서, 시민운동은 나아가 정부와 기업, 언론을 비롯한 한국사회 전반에 중요한 영향력을 행사하는 사회 권력으로서 갈수록 그 중요성을 더해갔다. 그러나 오랫동안 중앙집권적 구조에 대항해온 탓일까? 시민운동은 자신이 저항했던 구조와 닮은꼴을 하고 있다는 지적과 함께, '시민 없는 시민운동'이라고 하는 매우 근본적이고 실존적인 비판에 직면하여 방황과 고민을 거듭해왔다. 혹자들은 이러한 현상을 두고 '시민운동의 위기'라고 평하고 있으나, 그보다는 시민운동의 주체와 성격, 그리고 운동 공간에 대한 성찰과 자리매김을 할 기회라고 보는 것이 일반적인 시각이다. 어쨌든, 시민운동은 운동가와 운동단체 중심에서 일상의 삶을 영위하는 시민의 참여와 그들의 결사를 중심으로 한 패러다임의 일대 전환을 요구받고 있다.

이러한 배경에서, 자기가 선 자리에서 생활 문제를 정치화시켜내는 풀뿌리운동이 급부상하였다. 풀뿌리운동이 표방한 생활 정치는 아래로부터의 민주주의에 대한 기대를 구체화하였으며,1) 그동안 중앙으로부터 소외되어온 '지방'에 대한 관심을 복원하였고, 개발지상주의에 주눅 들어 있던 환경운동과 생태주의를 일깨웠으며, 운동의 정치사회적 차원만이 아니라 문화적 차원, 즉 문명적 전환을 이끌어가는 대안문화운동2)으로까지 시민운동의 지평을 넓히는 데 기여하였다. 그리고 아직은 미약한 수준이지만, 그동안의 안티(anti) 운동이 지니고 있던 상대적이고 부정적인 전략을 극복하고 돌봄과 소통을 핵심 전략으로 하는 새로운 운동을 기획해나가기 시작하였다. 풀뿌리운동의 공통된 가

1) 한국 생활협동조합운동에 큰 영향을 미친 일본 가나가와생활클럽 생협에서는 이를 '생활자 정치'라고 명명하고 다음과 같이 정의하고 있다. "생활자 정치는 지역사회에서 생활하는 사람들(즉 생활자들)이 일상생활을 하는 가운데 문제를 발견하고 과제를 정리하여 해결책을 제시하고 실현하는 주체적인 힘, 즉 문제해결의 힘(=사회적 권력)을 형성하는 활동"을 말한다(요코다 카쓰미, 2004 : 297).

2) 정수복은 "한국의 시민운동이 쉽게 표적이 되는 권위주의 정권과 싸우고 부패한 정치권을 비판하고 감시하는 일에 강조점을 두었기 때문에 사회 제도와 의식을 지배하는 가치문화 차원에서의 이중성과 전근대성을 지속적이고 심층적으로 비판하지 못했다"고 지적하면서, 21세기형 시민운동은 대안문화운동을 지향해야 하며 그 대표적 가치는, "생태주의적 전망, 탈물질주의적 삶의 양식, 영성의 재발견, 여성주의적 시각"이라고 제시하였다(정수복, 2000 : 208~210).

치지향이자 목표로서, 공동체적 삶의 회복운동과 나아가 이런 삶이 영위되는 공동체마을 또는 마을공동체 만들기 운동이 그것이다.

공동체운동에서 가장 중요한 것은 공동체적 삶을 희구하며 공동체 건설에 능동적으로 참여할 시민의 존재이다. 지금까지의 '국가통치형 정치'에 길들여진 순종적인 국민이 아니라 이에 대항하여 사회적 삶을 스스로 기획하고 관리할 수 있는 '시민자치형' 시민이다(요코다 카쓰미, 2004 : 312). 따라서 오늘날 공동체와 공동체적 삶은 전통적인 지역의 촌락구조에서만이 아니라 거대도시에서도 그 가능성이 실험되고 있다. 아니 지역보다 도시 공동체운동이 더 활력을 띠고 있는 것이 사실이다. 왜냐하면 오늘날의 공동체는 지역적 동일성과 정주성(定住性)에 기반한 생활양식의 동질성보다는 동일한 문제상황과 이해관계, 그리고 이를 적극적인 소통으로 풀어가려는 구성원들 간의 공유된 의지와 연대가 더 중요하기 때문이다. 그러므로 전통적 의미의 공동체에서처럼 강력한 연대망과 구속력은 덜하지만, 도시 공동체는 문제를 함께 해결해가는 과정에서 민주주의를 경험하고 연습할 수 있으며, 혹은 이를 통해 구성원 다수가 민주적 소양을 갖춘 시민들로 성장해간다면 공동체의 지속적인 발전 가능성은 매우 낙관적이라 할 수 있겠다.

본고는 현재 진행되고 있는 도시공동체운동 중에서 최근 가장 주목받고 있는 도심 속 공동체, 마포구 성산동에 위치한 성미산 마을의 사례를 관찰하고 분석한 것이다. 성미산 마을은 그야말로 서울 도심 한복판에 위치한 공동체라는 사실만으로도 세간의 주목을 받아왔다. 게다가 마을 안에서 기획되고 추진되는 창의적인 프로그램과 사업들, 전문가들과 이웃들에게 언제나 열려 있는 개방성 등은 이 마을공동체의 미래에 대해서 깊은 관심을 갖도록 만들었다. 어린이집, 방과후교실, 대안학교 등에 이르는 보육과 교육운동, 생태운동, 생협운동을 비롯한 다양한 조합운동, 대안적 매체(지역방송 마포FM)운동과 문화운동, 주민자치운동 등에 이르기까지, 성미산 마을은 대안적인 삶을 희망하는 시민들의 꿈이 기획되고 실험되는 공간이다.

필자는 성미산 공동체의 사례가 한국사회의 시티즌십 혹은 시민과 시민사회에 관한 지금까지의 논쟁을 한 차원 업그레이드하는 데 기여하기를 희망한다. '소통과 배려'를 으뜸 가치로 여기며 개인의 자율성을 존중하면서도 상호 이웃함을 즐기는 사람들, 함께 하는 이들이 동의할 수 있을 때까지 하나의 주제를 놓고도 2박 3일 토론을 통하여 합의를 만들어가려 노력하는 이들, 성미산 사람들은 이 논쟁에 매우 유익한 근거들을 제공할 수 있을 것이라고 본다.

2. 마을의 출현과 시민의 발견

서울시 마포구 성산1동에 자리한 해발 65미터의 성미산. 이 작고 낮은 산이 전국을 떠들썩하게 만들며 주목받기 시작한 것은 2001년부터다. 2001년 7월, 서울시와 산의 소유주가 각각 배수지 토목공사와 아파트 건립 계획을 발표하자, 주민들이 이에 맞서 '성미산을 지키는 주민연대'를 결성하여 저항운동을 전개했다. 주민들은 서울시와 마포구의 지방의회 의원들과 구청장, 시장, 국회의원들을 만나면서 압력을 행사하고 공청회를 벌였으며 몸싸움을 벌이기도 하였다. 그러던 중, 서울시 상수도사업본부가 설 연휴를 앞두고 기습하여 성미산 정상 9천여

평의 수목 1천여 그루를 벌목하는 사건이 발생했다. 그러자 낮에는 여자와 아이들이, 밤에는 남자들이 교대로 머물며 24시간 꼬박 산을 지켰다. 그리고 마침내 2003년 10월, 주민들은 산을 훼손하려 했던 사람들로부터 성미산을 지켜냈다.

그러나 2006년 우리가 주목하는 성미산 마을의 시작은 그렇게 단순하지 않다. 성미산 문제가 불거지기 직전에 마포두레생활협동조합(2001년)이 만들어지지 않았다면, 아니 그보다 훨씬 전에 공동육아 어린이집과 방과후교실(1994년)이 존재하지 않았다면, 성미산은 분명 서울의 녹색 지도에서 사라졌을 것이다. 성미산 지키기 운동을 조직하고 전개했던 핵심 그룹이 바로 공동육아 어린이집의 부모들과 생협 조합원들, 일명 '공동육아 사람들'이었다. 이들은 어린이집과 생협 활동을 통하여 공통의 문제를 경험하고 함께 머리를 맞대고 해결해온 조직력을 가지고 있었다.

그러나 여기서 시작할 수도 없다. 조금 더 거슬러 올라가면, 한국 사회운동을 이끌었던 386세대의 존재와 그들의 '일상으로의 귀환'이라는 사건이 존재한다. 이것이 성미산 마을의 입구이고 출발점이다.[3)]

폭력적이고 억압적인 정부와 공권력에 대항하느라 청년기의 자유와 열정을 모두 사회운동에 바쳤던 386세대가 결혼하여 아이를 낳고 살면서 '나'의 문제, '가족'의 문제, 평범하게 먹고사는 '일상'의 문제에 직면한다. 마포두레생협의 이경란 이사는 "그 시절의 꿈을 운동 차원에서 그치지 않고 나와 우리 가족의 삶에 적용해보자는 생각"[4)]으로

3) 성미산학교의 교장 조한혜정은 학교 홈페이지 인사말에서 "성미산 마을 학교는 우리 시대의 희망이고 386 세대가 일구어낼 가능성의 최대치"라는 말로 학교 건립 운영의 주체를 밝히고 있다(http://www.sungmisan.net).

고민했다고 한다. "건강하고 똑똑한(?) 아이 키우기. 낳고 나면 뭘 먹여서, 무얼 가르쳐서, 어떤 인간으로 어떻게 키워야 할지 고민하고, 정보를 수집하고 좋은 교육기관을 찾고, 비슷한 고민을 하는 사람들과 무리를 이루고……"(이경란, 2005 : 96).

홍윤기는 "시민정치냐 아니냐 하는 것을 판가름하는 기준은 민주주의적 이성의 관철 여부"(홍윤기, 2002 : 35)라고 말해, 시민은 곧 민주주의적 이성을 가진 자이며 이를 실천하는 자로 정의했다. 광장에서 일상으로 귀환한 386세대 젊은 부모들은 민주주의적 이성과 민주주의를 향한 민감성을 지니고 있었다. 그리고 이를 자신과 가족의 삶뿐만 아니라 이웃의 삶, 사회적 삶에 관철한다. 그 결과가 공동육아운동이고 생협운동이며, 그로부터 시작된 일련의 마을공동체 만들기 운동인 것이다.

그러나 특이한 것은, 이들이 본래 성미산에 살던 정주민이 아니라는 점이다. 아이들을 안전하고 행복하게 키우고 싶은 마음에 공동육아를 고민하며 이 지역으로 찾아들었다. "원래는 지역주민들의 운동이 아니라 이주민들의 운동이었습니다. 1994년 처음으로 서울 시내에 공동육아 어린이집을 만들면서 마포와 인연이 됐습니다. 첫 아이를 막 낳아 키우는 젊은 엄마, 아빠들이 모여 만들게 된 거죠."[5] 마포FM 유창복 이사의 설명이다.

이처럼 성미산 공동체운동의 출발에는 당면한 생활의 문제를 해결하기 위해 목적의식을 가지고 이주해온 386세대 이주민들, 이미 격렬한 사회운동의 중심에서 민주주의에 대한 열정과 신념을 적극 실천하

4) 조선일보, 「사회주부란?」, 2005. 1. 21.
5) 노컷뉴스, 「도심 속 대안학교, 성미산학교 이야기」, 2004. 8. 8.

였던 경력의 소유자들이 있었다. 그리고 이들은 지금도 계속되는 시민 공동체 '성미산 마을' 프로젝트의 중심에 있다.

3. 공동체마을에서 마을공동체로

1) 1994~2000년 : 공동육아운동과 '공동육아 사람들'

1994년 한국 최초의 공동육아협동조합 '우리어린이집'이 연남동에 문을 열고, 그 이듬해인 1995년에 '날으는 어린이집'이 서교동에 설립되면서 육아를 중심으로 한 공동체운동이 성미산 마을에서 시작되었다. 그리고 아이들이 성장하여 학령기에 접어들자 방과후교실을 마련, 1998년에 도토리방과후, 1999년에 풀잎새방과후 교실이 문을 열었다.

그런데 이 지역에 새롭게 등장한 것은 조합 형태의 어린이집만이 아니었다. 아이를 안전하게 키우려는 현실적 문제에 직면하여, 그 해결책으로서 '우리 아이 우리가 함께 키운다'는 공동육아 철학에 공감해 하나둘씩 살던 곳들을 정리하고 어린이집 터전 주변으로 이사해온 약 20여 가구의 젊은 부모들, 일명 '공동육아 사람들'이 성미산 자락에 새로운 주민으로 정착했다.

보통 하나의 공동육아 어린이집은 20여 가족으로 이루어져 어린이집 운영과 공동육아 철학 등에 대하여 교사와 부모들, 그리고 부모들 간에 토론할 기회가 빈번하게 마련된다. 그런데다 이 때는 특별히 공동육아운동이 1호, 2호 어린이집을 설립하면서 걸음마를 떼는 시기였으므로, 운동의 이념과 내용, 운영 전반에 관하여 의논할 사항이 많아 부모들은 자주 회합했고 한번 회의를 시작하면 모두가 동의할 때까지 오래도록 토론했다. 육아를 중심으로 한 지속적인 토론과 직접 참여 형태의 운영방식, 그리고 작은 규모의 공동체 살림은 공동육아 사람들 간의 소통과 유대를 돈독하게 만드는 데 기여했다.

2) 2000~2003년 : 성미산지키기운동 – 이주민과 정주민의 만남

공동육아 철학으로 보살핌을 받던 아이들이 공립학교에 입학하면서 학교와 친구들, 그리고 지역사회와의 관계 등 서로 다른 환경들과의 소통의 어려움을 호소했고, 이를 해결할 방법이 모색되어야 했다. 곧 공동육아 어린이집 내부에서 운영되던 방과후교실이 별도의 방과후어린이집 협동조합으로 독립했다. 한편, 공동육아의 경험을 가진 부모들은 주변 초등학교와 중학교의 학부모운영위원회에 적극 참여하여 활동했다.

이렇게 육아에서 교육으로 공동의 관심을 확장하고 아이들을 위한 보육 시스템이 어느 정도 해결되어가자, 이들의 관심은 생활협동조합으로 옮겨갔다. 이는 아이들의 먹거리 환경을 건강하게 만들려는 부모들의 욕구에서 출발하여, 이 지역에 정착하여 살아온 기간이 늘어나고 지역 환경과 접촉하는 면이 넓어지면서 지역의 '주민'으로 뿌리를 내리고 싶은 마음, 그리고 공동의 문제를 함께 해결해오면서 형성된 이웃 관계를 잘 유지하여 성미산을 제2의 고향으로 만들어보려는 도시 생활인들의 의지가 바탕에 깔려 있었다. 그래서 2000년 4월부터 준비모임을 만들어 함께 공부하면서 만들어낸 것이 2001년 '마포두레생활협동조합'이다. 출발 당시 70여 가구가 뜻을 모았고 대부분 공동육아 사람들이 조합원으로 참여했다.

그리고 2002년에는 생활협동조합의 조합원 몇 명이 공동으로 출자해 협동조합형 유기농 반찬가게 '동네부엌'을 만들었고, 이듬해엔 조합형 카센터인 '성미산 차병원'을 만들게 된다. 육아, 교육, 먹거리 등 지역의 살림이 주로 여성, 엄마들의 손에서 이루어지던 때에 성미산 차병원은 아빠들이 설립한 최초의 협동조합이었다.

이렇게 주민 전체가 지역 살림에 참여하게 된 계기는 성미산지키기운동이었다. 이 지역 사람들에게 성미산은 단지 공기 좋은 산책로가 아니고, 그림 같은 추억의 동네 야산이 아니다. 여느 환경운동가들이 말하는 아름다운 녹색 자연환경을 뛰어넘어, 지역의 역사를 간직한 곳, 아이부터 노인까지 전 세대가 모여 소통할 수 있는 곳, 생태적인 학습의 공간이자 쉼과 휴식의 공간 등, 성미산은 이 지역 사람들에게는 결코 빼놓을 수 없는 삶의 중요한 일부였다.

삶의 터전을 보존하려는 의지는 정주민들과 이주민들 모두에게 한결같았다. 2001년 7월~2003년 10월에 전개된 성미산지키기운동은 지금까지 소수의 '섬'과 같던 이주민 중심의 협동조합운동이 지역 주민들과 협동하는 계기가 되었고, 이 지역에 '성미산 마을' '성미산 사람들'이라는 이름을 선물해주었다. 만약 성미산 사건이 없었다면, 그리고 성미산지키기운동이 전개되지 않았다면, 지금의 성미산 공동체는 존재하지 않았을 것이다. 왜냐하면 성미산 사건이 이주민과 본래의 정주민이 본격적으로 소통하는 최초의 기회를 제공해주었기 때문이다. 공동육아의 부모들과 생협 조합원들, 그리고 지역의 향우회, 청년회, 역도부, 댄스동아리, 할아버지와 할머니 등, 성미산을 사랑하는 사람들이 모여 서로를 알아가기 시작했다. 그리고 이들의 섞임은 시너지 효과를 발휘했다. 성미산지키기운동의 성공 후에 생협에 가입한 가구가 무려

1,300 가구나 되었다. 마포두레생협은 점차 마을공동체운동의 구심체로서 작용하며, 지역교육문화센터이자 평생교육의 장으로서 마을학교인 '우리마을 꿈터'를 개설하고, 아이 어른 할 것 없이 지역 주민들에게 개방했다. 또한 공동육아 사람들 중심으로 기획했던 마을축제와 마을운동회를 지역 주민들이 참가할 수 있도록 하는 등 지역과 소통하는 작업을 꾸준히 하였다. 공동육아 어린이집 20여 가구에서 출발한 성미산의 작은 공동체가 마을 전체로 확장되어 공동체운동으로 확산되게 되었다. 또한 생산적인 경제활동은 다른 곳에서 하고 보육과 교육, 생활재를 이웃과 함께 소비하는 것이 중심이었던 공동체가 삶을 나누는 전면적인 생활공동체로서 질적으로 변화하는 계기가 되었다.

3) 2004~2006년 현재 : 조직과 체계, 비전 만들기

성미산지키기운동의 승리 경험에 기반하여, 상설 NGO의 필요성이 부각되면서 지역운동을 주도할 시민단체 '참여와 자치를 위한 마포연대'가 2004년 6월에 결성되었다. 마포연대는 이후 인근 월드컵공원의 소각장운영 반대운동 등 마포지역 내의 정치사회적 활동에 주민들이 참여할 수 있도록 안내하고, 마을축제나 운동회 등 지역 내 행사 조직에도 주도적인 역할을 하고 있다. 또한 지역 내 소통의 확장 욕구는 마포공동체라디오(소출력) 방송국 설립(2005) 등으로 이어져 마포FM 라디오 방송이 전파를 타게 되었다. 홍대입구에 자리한 마포FM 사무실에는, 공동체 방송이라는 새로운 실험에 참가하고자 무수한 대학생 자원봉사자 스태프들과 중고교생, 주부 등 성미산 마을의 방송 출연진들이 문을 노크하고 있다.

한편, 공동육아 어린이집, 방과후교실, 방과후어린이집, 우리마을 꿈터로 이어지는 지난 10년 간의 공동체 교육의 경험이자, 다른 한편 새로운 시도로서 2004년 9월에 12년제의 도시형 대안학교 '성미산학교'가 문을 열었고, 1년 뒤 새로 지은 학교 건물이 완공되어 자리를 잡았다.

최근 성미산 사람들은 지나온 10년처럼 앞으로의 10년을 꿈꾸며 계획하고 있다. 중장기 비전과 전략(?) 기획이라는 이름으로 도시 생태마을 만들기 작업을 지속하고 있으며, 의료생협과 지역화폐, 지역 내 일자리 창출과 소수자의 사회안전망 구축 등의 과제를 새롭게 고민하고 있다.

4. 성미산 마을 프로젝트의 주요 특징

25 가구가 조용히 첫발을 디딘 후에 10년이 지났습니다.

공동육아 어린이집은 지역의 이방인으로, 섬으로 존재했던 시절이었습니다.

공동육아 어린이집, 마포두레 생협, 성미산 차병원, 성미산학교……

새로운 이웃이 생겨나고 우리 아이들이 이웃으로 자라납니다.

우리가 점점 넓어지고 커져갑니다.

넓어진 표면적으로 생활과 이웃과 지역을 만나고 있습니다.

이제 지역의 섬이 아니라 우리가 바로 지역이 되었습니다.

주민의 한 사람으로 마을축제를 벌였습니다.

주민의 한 사람으로 성미산을 지켜냈습니다.

주민의 한 사람으로 살기 좋은 도시마을을 만들려 합니다.

여태까지의 10년이 그러했듯이 앞으로의 10년을 약속해봅니다.

진실된 마음으로 소통이 이루어지는 마을

아이, 청소년, 청년, 어른, 노인, 주부 모두를 소중하게 배려하는 마을

사람과 함께 자연도 평화로운 마을

그래서 내 몸과 마음이 진정으로 행복한 마을[6)]

1) 욕구와 필요에서 출발하는 운동
'무언가 절실하게 필요할 때 스스로 해결하면서 힘을 모았다.'

성미산 사람들이 말하는 성미산 마을공동체운동은 전제된 이념이나 계획에 기반하고 있지 않다. 필요를 느낀 사람이 제안하고, 또 제안한 사람이 열심히 추진하면 언제나 공동의 과제로 삼아 연구하고 토론하며 실현되도록 노력해왔다. 대부분의 생활정치운동처럼 성미산 공동체에서도 먼저 생각한 사람이 적극적으로 실천하는 것을 철학으로 삼고 있다.

우선 아이들의 또래가 비슷하고, 부모들의 연배도 비슷하다 보니

6) (가칭)성미산마을만들기모임, 녹색사회연구소, 2004:60~61.

고민이 비슷했죠. 그러면서 부모들끼리 소통하고 같이 아이들을 키우면서 친해지게 되고, 어린이집 부모들의 작은 공동체가 생겼다고 할까요. 그러다가 그것이 생활협동조합으로 이어졌고, 성미산지키기운동을 계기로 지역 공동체로 가게 됐습니다.—유창복 마포FM 이사[7)]

냉장고에서 버려지는 것이 너무나 많아서 조합원 중의 누군가가 만들어 나눠 먹으면 어떨까 이런 제안을 했어요. 그래서 요리 모듬이 시작됐죠.—박미현 동네부엌 대표[8)]

우리는 언론에서 말하는 것처럼 공동체[9)]가 아니에요. 그리고 그걸 만들어야 한다고 생각해본 적도 없어요. 심지어 많은 사람들이 지켜보고 있으니 잘 해야겠다는 생각도 해본 적 없어요. 그저 할 수 있을 때까지 최선을 다해 열심히 하는 거죠. (중략) 우리가 여기까지 온 것도 무슨 근사한 계획이 있어서가 아니라 '필요하면 만든다'는 공통된 생각이었어요.—구교선 마포두레생협 상무이사[10)]

그러나 개별적 생각과 제안이 아무리 적극적인 것이라 해도 공동체에 받아들여지지 않을 수 있다. 따라서 욕구와 필요에 의한 운동이

7) 노컷뉴스, 「도심 속 대안학교, 성미산학교 이야기」, 2004/08/08.
8) MBC스페셜, 「그 산엔 길이 없다」, 2004/06/12.
9) 이때 공동체는 강력하게 연대된 전통적 의미의 공동체를 뜻한다. 성미산 마을은 개인의 자율과 자유를 존중하면서 소외되지 않고 더불어 사는 삶을 지향하는, 엄밀히 말해 조합방식의 네트워크라고 보는 것이 옳다.
10) 2005년 6월, 마포두레생협 사무실에서 이루어진 필자와의 인터뷰 내용에서 발췌했다. 그러나 2006년 현재는 비전 공동체로서의 결속을 꿈꾸며 다양한 공동체 실험을 기획하고 모색하는 중이다.

지속 가능하려면, 문제상황을 공유하고, 이를 해석하는 이념적 · 문화적 성향이 동일한 사람들의 존재와 생활양식이 있어야 한다. 이러한 이유로, 공동체적 삶에서 이웃은 매우 중요한 존재이자 관계이다.

2) '이웃 만들기' 운동

마포두레생협 홈페이지 〈우리마을 꿈터〉 게시판에 곧 분당으로 이사 가는 경섭 아빠가 착잡한 심경을 고백했다. 그가 그동안 공동체운동에 헌신하며 열정을 다했던 동인이 다름 아닌 이웃에 있었다는 점이 두드러져 보인다.

> 말을 하지 않아도, 눈빛만 봐도 무슨 생각을 하고 있는지 알 수 있는
> 10년 동안 사귀어온 많은 동네 사람들,
> 동네에서 "안녕하세요!" 하고 인사하면 의례적인 인사로 받지 않고,
> "요즘 어떻다면서……" 하고 말할 수 있는 녀석들이랑 함께 계속 살 수 있을 텐데……
> 또 녀석들이 자라는 모습도 함께 볼 수 있을 텐데…… (중략)
> 나의 인생 중에 가장 힘들었고, 많이 배우고, 성장해서 뿌듯한 10년 지기 동네 사람들~.
> —경섭, 한슬, 엄지, 열이오빠[11]

> 제일 중요하게 생각하는 것은 좋은 이웃 만드는 것이라고 생각합니다. 생활을 나눌 수 있고 삶을 나눌 수 있고 함께 할 수 있고 그런 부분

11) 경섭빠, 「왜 떠나느냐고요? 그러게요~」, 마포두레생협 자유게시판, 2005/01/24.

들이 지역이라는 공간에서 가능하니까 그걸 통해서 삶의 기쁨과 슬픔을 나누고 지역의 여러 현안을 같이 나눌 수 있다면 공동체라고 이름 붙여도 좋고 그렇지 않더라도 그냥 우리 삶 자체를 풍요롭게 만들 수 있으니까.—박홍섭 마포두레생협 이사[12)]

내가 이런 가게, 사람들이 다 원해서 가게를 하나 하고 싶은데 돈이 없잖아요. 그런데 선뜻 "십시일반 힘을 모아서 한번 차려보자" 이렇게 이야기를 모아볼 수 있는 친구들을 만났다는 거, 인생에서 굉장히 행복한 일 아닐까요?—박미현 동네부엌 대표[13)]

한국사회에서 개인주의가 사회적 병폐의 수준에 이르면서, 뿌리 없는 도시민들의 외롭고 우울한 정서는 점차 이웃과 고향에 대한 향수로 대체된다. 현대적 의미의 공동체가 아무리 느슨하고 개방된 사회적 관계를 특징으로 한다 해도, 기본적으로 공동체적 삶의 멤버십을 확보할 수 있다는 점에서 개인주의와는 확연히 구별된다. 나아가 이웃의 존재가 심리적 의존과 동맹을 넘어서 당면한 문제를 공공화(公共化)하고 해결 과정을 공동화(共同化)한다면, 그 관계문화에 입각한 공동체는 실로 강력한 힘을 발휘할 수 있다.

성미산 마을에서의 이웃들도 서로를 위하고 마을공동체를 위한 것이라면 언제나 흔쾌히 의기투합한다. 개인의 자아실현 문제에서부터 일자리 창출의 문제, 각종 다양한 조합운영에 관한 문제 등 때로는 신속한 모금을 통해 실질적인 해결책을 마련하기도 한다. 그러므로 이들

12) MBC스페셜, 「파랑새는 있다」, 2004/06/13.
13) MBC스페셜, 「그 산엔 길이 없다」, 2004/06/12.

의 '이웃 만들기'는 '사회 만들기' '마을 만들기'의 또 다른 이름이다. 공동체운동을 무겁지 않게 부담스럽지 않게, 살아가는 자리에서 생활로 풀어가려는 사람들의 지혜가 반영된 것 아닐까.

3) 소통과 배려의 문화운동

> 공동육아의 이념 자체가 내 아이들이 아니라 우리 아이들로 키우자는 것이고, 프로그램 중에 나들이가 있는데 마을 속에서 아이를 키운다는 개념이지. 이게 몇 년 지나다보니 문제의식이 생겼어. 부채의식 같은 것이기도 했는데, 우리 아이들만 잘 키우려는 거 아닌가 하는 부담 같은 거야. 그래서 1년에 두 번 정도, 방학 때나 명절 때 지역 놀이마당 열고 전통놀이 하고, 또 어린이집을 일요일에 동네 애들 와서 놀도록 공개했지. 부채의식과 이념들을 현실적으로 가능한 한 공간에서 묶으려고 시도한 것이었어. —유창복 마포FM 이사[14)]

'우리 아이 우리가 함께 키운다'는 공동육아의 철학은, 성미산 사람들로 하여금 점차 혼자보다는 여럿이 함께 하는 방식에 익숙해지도록 만들었다. 그리고 이러한 문화적 전환은 개인의 사고와 행동의 지평을 나와 가족에서 이웃으로, 이웃에서 마을로 기꺼이 넓혀가도록 만들었다. 육아 및 반찬, 생활재 구매와 자동차 정비 서비스에 이르기까지 모든 것이 협동조합 방식으로 이루어지기 때문에 이미 이 과정에 참여하는 조합원들 간에는 일상적으로 소통하는 문화가 정착되었다. 그런

14) 오마이뉴스, 「ㄴ양장점, 꽃다방, 랄랄라아줌마…… 100.7Mhz 마포 FM의 색다른 실험」, 2006/ 05/30.

데 문제는 아직 조합에 가입하지 않은 마을 주민들과의 사이에 놓인 경계였다. 그리고 이러한 구분 속에서 자라나는 아이들이 자칫 상처를 입지 않을까 고심하게 되었다. 그래서 성미산 사람들은 자신들의 삶과 놀이터를 마을 전체에 개방한다. 누구도 들어올 수 있고 누구와도 함께 놀 수 있는 개방성의 전략은 정주민들과의 소통능력을 키우는 데 주효했다. 그리고 여기서 나아가 조합원과 비조합원이라는 경계를 지우고, 각종 생활영역의 경계도 지우고, 너와 나라는 주체의 분리감마저 극복하여 마을 전체가 우리라는 이름으로 함께 참여하는 신나는 축제를 기획한다. 마포 주민들의 축제인 난장 '마포야 놀자'는 2001년 5월 5일부터 시작해 여섯 해째 성공적으로 지속되고 있다.

소통의 문제는 한편 시공간적 구속을 극복해보려는 욕구를 낳고 국가와 민족의 이야기가 아닌 자신과 이웃의 이야기를 나누려는 필요로 이어진다. 이렇듯 서로에게 열린 커뮤니케이션 매체에 대한 고민은 결국 지역라디오방송사업으로 이어졌고, 마침내 마포FM을 개국하게 된다. 마포 FM은 생활정보와 구청·동사무소 소식을 전하는 '희망을 여는 아침', 주부들이 참여하는 '랄랄라 아줌마', 노인들의 건강과 복지, 일자리 문제 등을 다루는 '아름다운 인생', 시각장애인과 노인 등 글을 읽지 못하는 이들을 위한 '책 읽어주는 라디오' 등 다양한 프로그램을 제공하고 있다. 특히, 2006년 7월에 새로 편성된 '성미산 마을 이야기'는 오늘의 성미산 마을이 형성되기까지의 역사를 상세하게 들려주어, 이 마을의 신입 이주민이나 어린이, 청소년들에게 매우 귀한 학습의 장이 되고 있다.

소통과 배려, 그리고 보살핌의 문화. 성미산 사람들은 이제 '우리 아이 우리가 함께 키운다'에서 '아이 한 명을 온전히 기르기 위해서는 마을 전체가 필요하다'[15)]는 생각에 이르고, 이 생각을 도심 속 대안학교 '성미산학교'의 설립을 통하여 실현한다. 성미산학교의 정신은 '스스로 서서 서로를 살리는' 교육이다. 기존의 공동체가 '상생(相生), 즉 함께 살아가기'를 추구해온 것에 비해 일면 진일보한 정신이다. 함께 사는 것에서 나아가 서로를 살리는 적극적인 생명 중심적 세계관으로의 진보는 성미산 미래 공동체의 철학으로 오래도록 자리매김할 것으로 보인다.

5. 소통과 기획, 그리고 신뢰

성미산 마을은 최근 가볍지 않은 내홍을 앓고 있다. 마을공동체를 개척할 당시에는 겪지 않았던 소통능력의 위축과 단절을 경험하게 된 것이다. 그 대표적인 예로서, 지난 2005년에는 공동육아 2호점 '날으는 어린이집'의 학부모들 간에 아이들 교육에 대한 입장 차이를 좁히지 못하고 종국에 어린이집을 해체하는 사건이 발생했다. 다시 뜻 있는 부모들끼리 모여 어린이집을 설립하긴 했으나, 소통 능력에 이상이 발생한 근본적인 이유를 찾아내어 해결하지 않으면 이와 같은 일이 반복될 수 있다는 문제의식이 제기되었다.

그렇다면 소통과 돌봄을 철학으로 하는 마을공동체에서 소통을 저해하는 문제는 과연 무엇인가?

첫째, 공동체 살림의 규모가 증가하여 직접적인 민주적 의사소통

15) 도시형 대안학교(가칭) 성미산학교 설립대회 및 설명회 초대장, 초대의 글 중에서.

이 불가능해졌다. 조합에 참여하는 조합원 수가 증가하자 회의일정조차 정하기 어려워 토론은 줄어들고, 의사결정은 만장일치가 아닌 다수결 방식으로 바뀌었으며, 합의는 협의 수준으로 대체되었다. 다수결의 의사결정 방식은 끼리끼리 문화를 양산하여, 결국 채택되지 못한 의견을 가진 사람들이 마을을 떠나는 일이 발생하기도 하였다.

둘째, 구성원들 간의 마을에 대한 이해가 다르다. 초기에 마을공동체를 만들었던 세대(1세대 이주민이며 현재 리더 역할을 하고 있는 386세대 부모들)와 이들이 만든 공동체를 하나의 프로그램처럼 소비하고 구매하려는 후배 세대(2세대 이주민) 간의 갈등이다. 1세대는 아이들에게 안전한 환경과 프로그램을 제공하기 위하여 마을을 개척했다면, 2세대는 소문대로 프로그램이 갖추어져 있는 마을에 이주해온 것이다. 그렇기에 이들 간의 갈등은 해결하기가 그리 쉽지 않다.

그런데 성미산 사람들은 이 문제를 소통의 확장으로 해결하고자 한다.[16] 즉 운동의 중심을, 기획을 위한 소통에서 소통을 위한 기획으로 바꾸는 것이다. 생협을 중심으로 하는 공동체 시민화의 확산과 지도력의 세대교체, 시민적 리더십의 학습 등이 그것이다.

그러나 성미산 마을의 어려움은 사실 이보다 더 근본적인 것에 있다. 성미산 마을은 하나의 정연한 공동체가 아니라 숱한 조합이 얽혀 있는 공동체 그물이다. 따라서 마을로서의 시스템을 갖추거나 정체성

16) 이에 대해 한살림 모심과살림연구소의 윤형근 연구원은 이 문제의 근본적인 원인이 욕구와 필요에 기반한 성미산 마을공동체운동의 특성 때문이라고 지적하며, 이런 운동은 필연적으로 소통의 막힘에 직면하게 된다고 주장했다. 따라서 이를 근본적으로 해결하는 방법은 소통의 확장이 아니라 '가치'에 입각한 재조직화이며, 성미산 마을공동체가 최근에 구상하고 있는 '중장기 비전과 전략적 계획'이 이에 해당한다고 말했다(대화문화아카데미(2006), 대화모임 〈시민운동은 있나?〉 토론자료).

을 형성하기가 어렵다. 대신 마을에서 활동하는 사람들과 조합이 마을을 대변한다. 그러나 조합이 영속되려면 그 필요가 끊임없이 생산되거나 유지되어야 하고, 상호간의 신뢰가 훼손되지 않아야만 사람들은 이 마을에 오랫동안 정착할 것이다. 기실, 성미산 사람들이 소통에 집착하는 이유도 그것이 바로 신뢰[17]와 직결되어 있기 때문이다.

여기서 잠깐 성미산 마을의 출발점을 되짚어보자. 국가와 시장의 일방적이고 억압적인 성격에 대해 불신하고 비판해오던 시민들이 해당 기능을 생활 영역에서 직접 수행할 자조적인 호혜모델을 구성하고자 계획했다. 개별적인 능력으로 수행하기 어려운 과제이므로 공동으로 참여할 집단을 구성했고, 이 과제에 참여한 이들과 자주 교류하면서 신뢰가 축적된 것이다. 신뢰는 그들을 사회적 기획과 정서적 교류 측면에서 모두 강한 유대를 형성하도록 도와주었고, 사람들은 이 유대를 바탕으로 신뢰를 제도화하기에 이른다. 그것이 바로 성미산 조합네트워크이며, 다시 말해 공동체마을인 것이다.

그러나 신뢰, 특히 점차로 정서적 유대에 기반하여 기획되는 마을공동체란 구성밀도와 응집력은 높일 수 있으나 폐쇄적인 성격을 갖기 쉽고 매우 가변적이어서 그 미래를 예측하기 어렵다는 단점을 가지고 있다. 이러한 문제들에 직면하여, 최근 성미산 사람들은 마을공동체의 중장기 비전과 전략적 계획을 모색하고 있다. 아울러 우리마을 꿈터, 마포FM의 '성미산 마을 이야기' 프로그램 등을 활성화하여 마을을 학습하는 시스템을 갖추려 노력하고 있다.

17) 신뢰는 국가와 시장의 실패 후에 대안으로서 제기된 사회자본의 핵심 개념으로서, 최종렬에 따르면, 특별히 한국사회에서는 호혜성과 밀접하게 연결된다(최종렬, 2004).

6. 시민적 삶을 찾아가는 실험

이상의 내용에서 살펴본 것처럼, 시민 공동체 '성미산 마을'은 처음부터 의도된 것이 아니었다. 그저 당면한 생활 문제를 공공의 이슈로 만들어 함께 해결해나가려 했던 사람들이 있어 시작된 것이다. 국가와 시장의 절대 권위주의에 맞서 싸웠던 청년정신, 일상으로 돌아온 386세대의 민주주의적 생활 정치에 대한 관심과 (육아를 중심으로 한) 공동의 영역을 만들고 이에 주체적으로 참여하기 위하여 낯선 곳으로의 이주를 감행한 이들의 적극적인 실천이 성미산 마을을 출발시켰다.

성미산 마을공동체운동이 다른 공동체 사례와 구별되는 점은 공동체 형성의 주체가 토착 주민이 아니라 목적의식을 가진 이주민이라는 것, 그리고 초기에 이들이 토착 주민들을 상대로 권력적 소통을 시도하지 않았다는 점이다. 그저 자신들이 설정한 공영역(共領域)에 집중하고 주목하며 지역 주민으로 정착하려 노력했던 것이 향후 마을공동체운동에서 리더십을 발휘하는 데 주효했다. 이런 시민의 주민화는 성미산 주민들로 하여금 역으로 주민의 시민화를 유도했다. 생활 문제를 정치화시켜내지 못했던 단순 주민들이 시민들의 리더십과 결합하여 행동하는 생활정치 공동체의 시민으로 참여하게 된 것이다. 게다가 리더십의 세대교체와 조합 임원으로서의 교육을 통하여 시민공동체의 리더로서 활약하기에 이른다.

물론 이의 결정적인 계기로서, 성미산 사건은 시민과 주민의 본격적인 소통과 협동의 기회로서 상호 신뢰를 형성하는 데에 크게 기여했다. 그리고 마을축제와 운동회, 밴드를 비롯한 다양한 동아리, 우리마을 꿈터로 대표되는 사랑방 등, 공동체는 문화적 차원에서 상호 보살핌의 욕구와 시스템을 엮어갔다. 그리고 그들은 더 이상 고요하지 않은 왁자지껄한 공동체적 삶으로 편입되었다.

> 이 동네에서 약 20년 살았는데, 최근이 가장 활성화되고 좋은 것 같아요. / 마을의 주민인 것 자체가 행복합니다. / 이 동네 사람들이 너무 좋아서 눌러 살게 됐거든요. 아마도 이 동네를 못 떠날 것 같아요. 좋은 먹거리 먹고, 좋은 일 하고…… 그러다보니까 사람이 긍정적으로 바뀌는 것 같아요.

그리고는 공동체의 평생학습 시스템 속에서 "스스로 서서 서로를 살리는 사람", 공동체적 삶을 실천하는 시민으로서 교육된다. 즉, 자유로운 개인으로서 주체성과 자율성을 확립하되 이웃과 공동체, 자연에 대한 소통과 보살핌을 실천하는 사람으로서 그 가치를 내면화하고 학습하게 된다. 이에 공동체 내의 협동조합 구조는 시민적 삶을 유지하고 학습하는 가장 최적의 기제로서 보여진다.

특별히 생태주의적 철학과 비전을 전제로 삶과 관계를 회복하려 하는 성미산 공동체. 이 공동체운동은 한국사회에 몇 가지 중요한 변화를 유도하고 있다. 물리적 투쟁과 저항에서 문화적 소통과 포용으로 한국 사회운동의 체질을 전환하도록 자극하고 있으며, 국가에 의해 지배되고 통제되어온 국민적 체질을 스스로 만들고 참여하며 경험하도록 하는 시민적 체질로 전환할 것을 자극하고 있고, 공동체 살림에 대한 참여권을 해당 시민에 한정하지 않고 꿈꾸는 모든 창조적 기획자들에게 개방하여 정주민 중심의 폐쇄 공동체가 아닌 열린[18] 네트워크 방식의 시민공동체 운동으로 전환할 것을 자극하고 있다.

지금까지의 시민운동은 시각과 청각에 기반하여 운동의 주체와 대상을 철저하게 분리하는 것을 특징으로 하였으나, 앞으로의 시민운동은 촉각의 에너지, 즉 접촉의 행위와 과정을 통해서 어떻게 주체와 대상을 하나로 잇는 마음의 울림을 만들어내느냐에 달려 있다고 한다(윤형근, 2004 : 10~11). 공동체 운동의 목적은 거푸집 같은 구조로서 공동체계를 만드는 것에 있는 것이 아니라 공동체적 삶의 양식과 사회적 관계를 체계화하는 것에 있다.

따라서 공동체는 무엇보다 전형성과 폐쇄성을 견제해야 한다. 그렇지 않으면 다른 공동체들의 선례에서 보듯, 구성원들의 일탈, 특별히 차세대들의 일탈을 그저 관망하는 수밖에 없을 것이다. 그러나 공동체 운동의 명분조차 해칠 정도로 유연성을 용인하면, 창조적인 실험들로 공동체가 해체의 위기를 맞이할 수도 있다.

공동체의 위기를 관리하기 위해서는, 먼저 내부 구성원들 간의 소통을 활성화하여 공동의 의지(common will)를 공유하고 달성해가며, 한편 이들만의 협력이나 조화만을 추구할 것이 아니라 공동체적 삶을 저해하는 외적 조건들에 대해서 적극적으로 대응하여 변화시켜 나가야 한다. 아울러 사회가 공동체를 지향하며 발전해갈 수 있도록 필요한 노력을 아끼지 말아야 한다.

성미산은 또 다른 성미산을 낳을 것이다. 대안이 필요한 사회, 대

18) 이신행은 이미 1990년대 중반부터 민주적 공동체로서의 민회를 주창하며, 특별히 간과하지 말아야 할 점으로서 주민성과 주거성의 문제를 이야기했다. "주민성은 주거성을 배타적으로 적용하지 않고 주거성 이외의 여러 인연과 관계, 관심이 촉매가 되는 여러 결사성(結社性)까지도 포함해야 한다. 현대의 다영역적-다관계적 삶은 주민성의 시간적-공간적 범주를 크게 확장시키고 있기 때문이다"(이신행, 1995 : 109).

안을 모색하기 위한 수많은 실험들, 그리고 그 속에 녹아 있는 인간과 자연에 대한 성숙한 문화. 이 다양한 프로젝트들이 전국 곳곳에서 전개되어 행정구역이 사람들의 마을로 바뀌고 마을을 일구어낸 경험이 결국 시민사회 전체를 풍요롭게 하는 데 기여하게 되기를 바란다.

| 참고 문헌 |

〈문헌 자료〉

KYC · 시민의신문 엮음 (2005), 「성미산 차병원—생협의 새로운 시도」, 『도시 속 희망공동체 11곳』, 시금치.

(가칭)성미산마을만들기모임 · 녹색사회연구소 (2004), 「성미산 마을현장과 2005년 활동계획」, 『2004활동보고서 : 성미산 생태마을 만들기』.

강대기 (2001), 『현대사회에서 공동체는 가능한가』, 아카넷, 제11장.

김상민 (2005), 「주민환경운동과 사회적 자본의 상호작용에 관한 연구—마포구 '성미산 배수지 건설 반대운동'을 사례로」, 서울대학교 환경대학원 환경계획학과 석사논문.

문순홍 (2001), 「생태 위기 시대의 여성 반란, 그 네 가지 틀」, 『여성이 새로 짜는 세상』, 박영률출판사.

서화숙 (2005), 「도심 속 고향만들기, 마포두레생활협동조합」, 『행복한 실천』, 우리교육.

송재룡 (2001), 『포스트모던 시대와 공동체주의』, 철학과현실사, 제3장.

오재식 (1995), 「세계화 시대의 새로운 방향의 모색」, 크리스천아카데미 편, 『주민자치, 삶의 정치』, 대화출판사.

올리버 포피노&크리스 포피노 지음, 이천우 옮김 (1993), 『세계의 공동체마을들』, 정신세계사.

요코다 카쓰미 지음, 나일경 옮김 (2004), 『어리석은 나라의 부드러우면서도 강한 시민—생활클럽 운동그룹과 풀뿌리 민주주의운동의 모델 만들기』, 논형.

유창복 (2006), 「성미산마을」, 『시민운동은 있나?』 대화문화아카데미 대화모임 자료집.

윤형근 (2004), 「나눔에 대한 이야기 두 가지」, 『콩반쪽』, 아름다운재단.

이경란 (2005), 「성미산, 공동육아에서 마을공동체로의 모색 : 그 경험과 열린 가능성」, 『여성, 녹색세상을 말하다』, 여성환경연대.

이신행 (1995), 「사회적 권력의 형성과 민회조직」, 크리스천아카데미 편, 『주민자치, 삶의 정치』, 대화출판사.
이현애 (2004), 「지역환경문제 참여를 통한 환경의식 변화와 지역공동체 형성」, 서울대학교 대학원 협동과정 환경교육전공 석사논문.
정수복 (2000), 「시민운동에서 대안문화운동으로」, 조효제 편역, 『NGO의 시대-지구시민사회를 향하여』, 창작과비평사.
주창복 (2003), 「도시형 대안학교 '(가칭)성미산학교' 만들기가 시작되었습니다」, 『두려움과 배움은 함께 춤출 수 없다-건강한 아이를 키우기 위한 대안공동체 만들기』, 대안교육 심포지엄 자료집, 교보생명교육문화재단.
최종렬 (2004), 「신뢰와 호혜성의 통합의 관점에서 바라본 사회자본 : 사회자본 개념의 이념형적 구성」, 『한국사회학』 제38집 6호.
한국도시연구소 엮음 (2003), 『도시공동체론』, 한울아카데미.

〈방송 및 신문 자료〉

MBC스페셜, 「그 산엔 길이 없다」, 「파랑새는 있다」, 2004/06/12~13.
SBS 오픈스튜디오, 「성미산학교」, 2005/05.
KBS 지방선거 특집기획, 「주민이 주인이다」, 2006/04.
노컷뉴스, 「도심 속 대안학교, 성미산학교 이야기」, 2004/08/08.
오마이뉴스, 「양장점, 꽃다방, 랄랄라아줌마…… 100.7㎒ 마포 FM의 색다른 실험」, 2006/05/30.
조선일보, 「사회주부란?」, 2005/01/21.

〈기타 자료〉

도시형 대안학교(가칭) 성미산학교 설립대회 및 설명회 초대장.
신상열 (2005), 「도시 속에서 마을을 꿈꾸는 성산동 사람들의 10년 이야기」, 마을 소개 발표자료.

이근행 (2006), 「도심에서 일구는 행복한 마을—성미산의 어제와 오늘」.

〈인터넷 자료〉

성미산차병원 www.sungmicha.com
성미산학교 www.sungmisan.net
참여와자치를위한마포연대 www.maponet.org
우리마을 꿈터 www.mapocoop.org/dream/soge-dream.htm
동네부엌 www.mapocoop.org/dongne.htm
마포두레생협 www.mapocoop.org
마포FM www.mapofm.net
성미산대책위 sungmisan.wo.to
성미산어린이집 www.sungmisankids.net
우리 어린이집 www.scwoori.or.kr
참나무어린이집 www.gongdong.or.kr/jsp/channel/cmt…home.jsp?CHIDX=82
청소년공동체학교 mapoteenager.cyworld.com
풀잎새 방과후 home.freechal.com/hover
희망나눔지원단 cafe.daum.net/maponanum

필자 소개

조형은 서울대와 이화여대 대학원에서 외교학을 공부하고 미국 하버드 대학교 대학원에서 사회학 및 동아시아학 전공으로 박사학위를 취득했다. 1975년부터 이화여대에서 사회계층, 정치사회학, 사회학방법론, 여성사회학 등을 강의해왔다. 주요 논문으로 「도시중산층 전업주부의 권력 : 구조적 무권력화와 구성적 권력화」(1997), "Sexual Violence Perpetrated against Women and Girls in Korea"(1991) 등이 있고, 공저서 『Gender Division of Labor in Korea』(1994), 『양성평등과 한국 법체계』(1996), 『여성의 시민적 권리와 사회정책』(2003), 『여성주의 가치와 모성 리더십』(편저, 2005)을 펴냈다. 최근에는 전지구적 변동기의 권력이동, 사회적 신뢰와 시민공동체, 시티즌십과 리더십 등에 대한 여성주의적 관점에서의 조망과 사회문화적 대안 모색에 관심을 갖고 있다.

윤혜린은 이화여대 한국여성연구원 연구교수로 재직중이며 한국학술진흥재단에서 지원한 〈지구화와 젠더〉 6년 프로젝트를 완수했고 최근에는 〈탈식민 여성주의 공간철학〉 프로젝트를 수행중이다. 박사학위 논문으로 「사회의 마음 : 그 실재성과 지향성」(1997)을 썼고 현재는 여성철학, 문화철학, 논술철학, 여성주의 리더십, 젠더와 공간 등으로 연구 및 교육 내용을 확장하고 있다. 공저로 『정보매체의 지구화와 여성』(2002), 『나의 삶 우리의 현실』(2004), 『지구화 시대 여성주의 대안 가치』(2005), 『여성주의 가치와 모성 리더십』(2005), 『Globalization and Feminism in Korea』(2005) 등이 있다. 주요 논문으로 「사이버 공간의 여성 : 몸과 마음의 새로운 경험」, 「정보공간의 여성주의적 수용」, 「카오스 나비효과를 통해서 본 여성주의 리더십」 등이 있다.

양민석은 이화여대 사회학과를 졸업하고 독일 베를린자유대학에서 문화사회학으로 석사학위를, 「문화 취향의 미적 가치 평가와 이데올로기의 사회적 연관성에 관한 연구」 논문으로 박사학위를 취득했다. 이화여대, 서울시립대, 아주대, 그리고 독일 오스나브뤽 대학에서 사회학과 여성학을 강의했다. 현재 이화여대 여성연구원의 연구교수로 재직중이며, 독일 프리드리히 에베르트 재단의 편집위원을 맡고 있다. 주요 논문은 「문화취향과 이데올로기」, 「한국 애니메이션 문화산업의 성별 정치학」, 「한국의 평생교육제도와 여성 노동교육에 대한 탐색적 연구」, 「모성의 사회적 확장과 여성 리더십」 등이 있다. 최근의 연구관심 분야는 문화콘텐츠와 여성재현, 여성주의 시티즌십, 문화와 권력, 조직문화와 여성 리더십 등이다.

양난주는 서울대 사회복지학과 박사과정(정책전공)에 재학중이다. 성공회대학교에서 시민사회와 NGO, 제3섹터에 대한 연구와 강의를 진행한 바 있고 현재 복지국가이론과 공적사회서비스 정책, 사회권에 관심을 가지고 있다. 『NGO 실무핸드북』(2000)을 엮었고, 공저로는 『NGO시대의 지식키워드 21』(2003)이 있다.

최진은 이화여대 이화리더십개발원 연구원으로 재직중이다. 이화여대 사회학과에서 「시민권론으로 본 보살핌노동」으로 박사학위를 취득했다. 주요 논문으로는 「여성의 노동권과 국가의 복지 서비스」, 「한국의 복지체계와 보육정책—보육의 공공성을 중심으로」, 「여성주의 시민권론과 양성평등정책」 등이 있다. 최근의 연구관심 분야는 여성의 경력개발과 여성주의 리더십 등이다.

이은희는 한국여성재단 기획홍보팀장으로 재직중이며, 이화여대 사회학과 대학원 박사과정에서 학위논문을 준비하고 있다. 크리스천아카데미와 이화리더십개발원에서 연구원으로 지내며, 한국 시민사회의 미래와 시민운동에 큰 관심을 가지고 있다. 지금은, 성미산사람들처럼 열심히 활동하지는 못하지만 성미산에 살고 있다.

여성주의 시티즌십의 모색

펴낸날 1판 1쇄 2007년 1월 31일 | **지은이** 조형 외 | **펴낸이** 최민숙 | **펴낸곳** 이화여자대학교출판부
주소 서울특별시 서대문구 대현동 11-1(우 120-750) | **등록** 1954년 7월 6일 제9-61호
전화 02) 3277-2965, 2966(편집부) 02) 3277-3164, 362-6076(영업부)
팩스 02) 312-4312 | **전자우편** press@ewha.ac.kr | **인터넷서점** www.ewhapress.com
디자인 정혜진 | **찍은곳** 삼광프린팅

ISBN 978-89-7300-727-1 93330

값 10,000원